KB178660

리영희저작집 4

리영회저작집 4
분단을 넘어서

지은이 · 리영회
펴낸이 · 김언호
펴낸곳 · (주)도서출판 한길사

등록 · 1976년 12월 24일 제74호
주소 · 413-756 경기도 파주시 교하읍 문발리 520-11
　　　www.hangilsa.co.kr
　　　E-mail: hangilsa@hangilsa.co.kr
전화 · 031-955-2000~3　　팩스 · 031-955-2005

상무이사 · 박관순
영업이사 · 곽명호
편집 · 배경진 서상미 김미진
전산 · 한향림 김현정
경영기획 · 김관영
마케팅 및 제작 · 이경호 박유진
관리 · 이중환 문주상 장비연 김선회

출력 · 지에스테크
인쇄 · 현문인쇄
제본 · 광성문화사

제1판 제1쇄 2006년 8월 30일
제1판 제3쇄 2010년 12월 20일

값 22,000원
ISBN 978-89-356-5692-9 04300
ISBN 978-89-356-5701-8 (전12권)

이 도서의 국립중앙도서관 출판시도서목록(CIP)은
e-CIP 홈페이지(http://www.nl.go.kr/cip.php)에서 이용하실 수 있습니다.
(CIP제어번호: CIP2006001662)

리영회저작집은 한국언론재단의 일부 지원을 받아 간행되었습니다.

리영희저작집 4
분단을 넘어서

한길사

어떤 서사 序辭

어둠의 시간에 그가 있었다.
아픔의 시간에 그가 있었다.
거짓에 길들여지는 시간에 그가 있었다.
그러나 이런 시간 속에서
그가 있었다가 아니라 그가 있는 것이다.

리영희!

그는 누구보다 더 이 산하의 아들이다. 그리하여 이 산하의 온갖 곳을 두 발로 걸어온 체험의 영역이 그에게는 유산이 아닌 생명체로 살아 있다. 혹은 38선 이쪽 저쪽 전쟁의 포화 속에서 양심의 꽃으로 피어났으며 혹은 그 전쟁이 휩쓸고 간 초토와 폐허 위에서 시대의 자막을 한 자 한 자 읽기 시작했다. 나아가 냉전과 독재의 지정학이 만들어낸 우상을 타파하는 진실로 자신의 존재이유를 삼아왔다. 언제나 그는 진실로부터 시작해서 진실에서 마쳤다. 그의 정신은 잠들 수 없는 밤에 깨어 있고 한낮에도 자행되는 지상의 숱한 기만들과 맞서 지향의 연대기를 찾아내고자 파도쳤다. 끝내 그는 누구의 사상이었고 누구의 실천이었고 또 누구의 전형이 되지 않을 수 없는 전환의 시간이었다. 그러므로 현재는 쉬지 않고 과거를 들어올리고 미래를 불러들이게 된 것이다.

리영희!

그는 한반도의 상공에 날고 있는 각성의 붕鵬이다. 이와 함께 그
는 한반도와 한반도를 에워싼 모든 힘의 논리를 이성의 논리로
이거내는 물질적 정화精華이다.

리영희!

그는 그 자신의 확인이며 모두의 기념이다. 그렇지 않은가.

2006년 여름
고은

□ 일러두기

- 이 저작집은 리영희 선생의 저작 11권과 새 저작 1권을 포함해
  총 12권으로 묶었으며, 편역서는 제외하였다.

- 제12권 『21세기 아침의 사색』은 1999년 이후
  단편적으로 발표되거나 공개되지 않은 새 원고로 구성하였다.

- 각 저작에 논문이 중복되어 실린 경우 수정, 보완된 쪽을 선택하였다.

- 본문의 큰 제목, 작은 제목은 본래 책대로 하는 것을 원칙으로 하되
  약간 손질을 한 부분도 있다.

- 외래어 표기는 저자의 방식을 존중해 그대로 두었다.

- 저자의 이름은 리영희로 표기하였다.
  단 제3자에 의한 공식적, 법률적 문건 등을 인용할 때는 이영희로 적었다.

분단을 넘어서

리영희저작집 4
분단을 넘어서

1

통일의 사상과 민족의 현실

2

시대상황과 지식인

3

영등포의 자유와 평등

마침 책의 편집 작업이 끝나 필자의 머리말을 쓰려는 날 아침에, 남쪽의 수재민을 위한 의연물자가 북쪽으로부터 휴전선을 넘어 도착했다는 소식이 들린다. 이 얼마나 상서로운 일인가!

해방과 분단의 40년, 휴전선이 생긴 지 30여 년 만에, 민족을 갈라놓은 굳은 장벽에 통로가 열린 것이다. 그것은 물리적으로는 작은 통로에 불과하지만 민족사적으로는 큰 의미를 지닌 돌파구다.

돌이켜보면 1972년, 남북의 지도자가 평화·자주·외세 불간섭의 정신으로 민족의 화합과 통일을 기약했고, 최근에는 우리 사회 안에서 40년 한 맺힌 이산가족의 대대적 재회가 이루어졌다. 그것은 모두 이 겨레의 슬기를 세계 만방에 과시한 민족적 쾌사였다. 이제부터 분단된 동포 간의 장벽을 넘으려는 의지가 더욱 굳게 합쳐져야 할 것이다.

한겨레는 갈라져 살 수 없다. 안으로는 대립의 요소들을 해소하고, 밖으로는 분단을 영구화하려는 조건들을 꾸준히 극복해나가야 한다. 우리 자신이 그 노력을 게을리한다면 다른 누가 그 무거운 짐을 대신 져줄 것이며, 그 험난한 길을 대신 걸어줄 것인가?

이 책에 담은 글들은 필자가 평소에 그런 마음으로 생각하고 써 온 것들이다. 이것이 부족함이 많은 글을 감히 내놓는 소위이다.

나는 내 이름을 붙여서 책을 내놓을 적마다 부끄러움과 두려움을 금할 수가 없다. 부끄러운 까닭은, 그 어느 것이든 남처럼 각고(刻苦)한 흔적이 역력한 학문적 결정도 아니고, 시대적 상황과 배경의 변화와는 관계없이 언제나 독자의 심금을 울리는 그런 글도 되지 못하는 목숨 짧은 글이라고 생각하기 때문이다. 두려운 까닭은, 이 같은 하찮은 내용의 글들인데도 적지 않은 독자들이 공감의 성원을 보내준 데서 느끼는 무거운 짐을 먼저 생각하게 되기 때문이다. 또한 그처럼 숨이 짧고 시한적인 내용의 글들인데도, 무슨 대단한 것이나 들어 있는 양, 비난의 소리를 높이는 쪽의 존재를 의식해서다.

이제, 1970년대에 내놓은 『전환시대의 논리』와 『우상과 이성』에 이어 다시 『분단을 넘어서』를 내놓게 되었다. 부끄러움과 두려움이 새로워진다.

여기에 수록된 글들은 80년대에 들어와서 발표한 것들이다. 다만 몇 개의 가벼운 비평 형식의 것은 70년대에 기고해 게재된 채 잊어버렸던 것을 출판사 쪽에서 용케 찾아내어 함께 묶어내게 되었다. 그것은 두 편에 지나지 않으므로 전체적 의미는 80년대 전반기를 반영하는 것이라고 말할 수 있다. 충실한 반영이냐 아니냐의 평가는 역시 나의 모든 글에 대해서 그러했듯이, 읽는 이의 이해관계와 관점에 따라 다를 것이라 믿는다. 결론은 독자에게 맡기고, 나는 다시 겸허하게 반응에 귀를 기울일 수밖에 없다.

글을 쓴 이의 개인적 의미로서의 80년대 전반기 몇 해는 역시 70년대 못지않은 고난과 시련의 시기였다. 차라리 70년대 그것의 연속이었다. 1980년 1월 초, 나는 이 나라의 70년대를 성격짓는 광란의 희생물로서 2년의 옥고를 치르고 나와, 4년간의 해직 끝에 대학에 복직해 강단에 서게 되었다. 그러나 3개월도 안 되는 5월에 다시 신체의 자유를 잃었고, 7월에는 다시 해직교수가 되었다. 그로부터 만 4년 동안 자신과 가족의 호구지책을 위해, 그 귀중한 시간을 주로 번역 일로 소비했다. 생각할수록 분하고 안타까운 세월이었다.

그러나 생각을 멈추고(思考停止) 머리를 숙인 채, 아무 말도 하지 않기로 마음먹은 필자의 눈앞에서 한반도를 둘러싼 사태는 숨가쁘게 소용돌이쳤다. 70년대와 마찬가지로, 몇 해를 가지 않아서 그 허구성이 드러나고야 말 온갖 요사스러운 '이론'과 '학설'이 시세에 편승하여 횡행하는 모습을 보면서 참다 못해 무엇인가 적어본 것이 이 책의 1부를 이루는 글들이다. 안 쓰려다가 쓰는 자신의 의지 박약과 수양 부족을 절감하면서 발표한 것들이고, 그러고 나서는 반드시 후회 때문에 괴로워했다.

80년대에 들어서서 나의 관심은 두 가지 측면에 집중되었다. 일본의 식민통치에서 해방된 지 70년이 되려는 시점에서의 한·일 관계의 참모습에 대한 것이 그 하나고, 초강대국들이 '무제한 군사 대결'의 결의를 선언하고 나선 국제 관계, 특히 동북 아시아 정세 속에서의 한국과 한반도의 장래에 대한 두려움이 다른 하나다. 한국과 일본은 해방 직후인 1940년대 중반에서 50년대에 걸친 관계의 진공 상태에서 60년대의 정치·외교 관계. 70년대의 경제 관계, 그리고 지금 80년대의 문화협력 관계로 돌진해 들어가고 있다. 그 40년간의 한·일 관계 추이와 진전으로 미루어보아 1990년대는 논리적으로 한·일 군사협력 체제의 단계로 파악된다. 한·일

두 나라를 바로 그와 같은 단계를 거쳐서 군사적으로 묶으려는 것이 북미합중국의 장기적 세계정책 구상이었음은 1965년에 한일 국교정상화 조약을 체결하게 했을 때(사실은 그 이전부터) 이미 분명해졌던 것이다.

일본과의 군사협력(동맹) 체제가 한국의 국민 이익과 어떻게 교접하며, 분단된 남북 민족의 통일 목표에 어떻게 작용할 것인가에 대해 나름대로의 시각을 정리하고, 독자의 공감을 얻고 싶어서 발표했던 것이다. 「해방 40년의 반성과 민족의 내일」「'한·일 문화협력'에 대하여」「다시 일본의 '교과서 문제'를 생각한다」가 그 것들이다.

조상에게서 이어받은 이 나라의 남과 북의 땅이 미·소 두 초핵 강대국의 이해를 겨루는 핵의 대결장이 되어가고 있다. 지구상에 나라가 많지만, 이 초거인(超巨人) 군사대국이 각각 상대방에 대한 예비 공격으로 상대국을 핵무기의 표적으로 선언한 것은 이 땅의 북과 남밖에는 없다. 어째서 이 꼴이 되었는가? 우리는 어째서 저들 초강대국의 국가이기주의를 충족하기 위한 그들의 '핵볼모'가 되어야 하는가? 우리 민족(국민)은 우리의 운명을 결정하는 정세 변화에 주체적으로, 능동적으로 대처하기 위해서는 어떤 시각을 가져야 하는가? 그리고 어떻게 행동해야 하는가? 이 같은 긴급한 물음에 대해서 나름으로 답해보고자 한 것이 몇 편의 논문이다.

이 같은 1부의 논문과 평론에 대해 관점을 달리하는 이도 있을 것으로 안다. 그런 이에게는 다만 한 가지만 간절히 부탁하고 싶다. 필자는 대한민국과 한반도의 주변에서 벌어지는 정세 변화에 대해 오로지 누구 못지않은 나라 사랑과 겨레 사랑의 충정으로 그같이 보고, 그렇게 써서 발표했다는 사실이다. 무엇보다도, 조상에게서 물려받은 이 땅 한반도의 겨레가 어쩌다 잘못 생각하여, 스스로 주변 초강대국들의 앞잡이가 되거나, 상상만 해도 가공할 핵전쟁의 볼모가 되기를 자청하는 과오를 범하지 않기를 바라는 간절한 염원으로 펜을 움직였다.

불행하게도 민족은 갈라졌지만, 서로가 배후의 핵강국에게 핵전쟁의 마당을 제공하는 일만은 절대로 있어서는 안 된다. 필자는 이 반도의 '비핵지대화'(非核地帶化)야말로 남북으로 갈라진 민족의 평화적 생존과 나아가 어느 날엔가는 이루어질 통일을 기약하는 '80년대 전제조건'이라고 생각한다.

지난 40년간은 분단과 대치의 상황이 우리의 의식을 규정했다. 우리는 그 조건으로 말미암은 고난을 극복하는 과정에서 객관적 상황에 구속되지만 않아도 좋을 만큼의 물질적·정신적·사상적 성장을 했다고 믿고 싶다. 그렇다면 이제부터 우리 국민이 해야 할 과제는 스스로의 의식으로 객관적 조건을 풀어나가는 일이라고 생각한다. 이 문제를 대하는 우리의 입장과 관점은 아직도 분열해 있고 대립해 있는 것이 사실이다. 그것은 우리 국민사회 내부와 개개인의 의식에 내재해 있는 '분단'이다. 나라 안팎의 '분단'을 해소하고 넘어서려는 노력만이 이 강토에 다시는 일본의 군대가 들어올 필요가 없는, 금수강산이 초강대국들의 핵볼모가 되지 않도록 하는 유일한 길이라고 믿는다.

그처럼 염원하는 마음으로 나라의 안사정을 관찰하고 생각하면서 썼던 것이 2부 '시대상황과 지식인' 그리고 3부 '영등포의 자유와 평등'에 재록된 에세이와 시평들이다.

그 속에 수록된 글 중에는 지금 시점에서는 다소 위화감을 느끼게 할지 모르는 부분이나 내용도 있을 것이다. 이 사회에 비이성적인 광신이 휘몰아쳤던 70년대에 쓰여진 옛글이 그렇다. 그렇지만 그것은 그것대로 그 시대의 반영이라는 점에서 굳이 가필하지 않은 채 남겨두었다.

끝으로 독자에게 몇 가지 너그러운 양해를 구하고자 한다.

첫째는, 제1부의 논문과 평론의 내용에 중복된 부분이 있다는 것이다. 이 글들은 지난 4년간, 각각 다른 시기에 다른 주제를 가지고 발표한 것이어서 그 자체로서 완결된 것이어야 했다. 따라서 전체 속의 부분적 소재가 서로 유사할 경우에는 같은 견해와 관점에서 유사한 내용이 제시되는 것이 불가피했다. 한 책에 수록하고 보니 중복되는 부분이 마음에 거슬린다. 그렇지만 각각의 논문은 독립된 것이기에 삭제하거나 수정할 수도 없었다. 큰 맥락 속의 유기적 일부인 까닭이다.

다음은, 바로 위에서 양해를 구한 대로, 각각의 글은 독립적인 주제인 까닭에 목차 배열의 선후 관계에 구애될 필요가 없다는 점이다. 교과서적 일관성을 지닌 글들이 아니기 때문이다.

나머지 수상과 수필들은 그 이름대로 가벼운 소재와 내용들이어서 굳이 설명할 필요가 없으리라고 생각한다. 다만 앞서도 말했듯이 한두 글은 70년대에 발표했다가 잊어버린 것을 찾아낸 것이어서 현 시점의 상(像)과는 반드시 합치하지 않는 면도 있을 것이다. 그 점 이해해주기 바란다.

1984년 9월 29일
리영희

1

해방 40년의 반성과 민족의 내일

독립군으로 나타난 머슴 문학빈

돌아가신 나의 어머니의 인생에는 저주할 사람이 한 분 있었다. 그의 이름은 문학빈(文學彬)이다. 자기 어머니가 미워하던 사람을 '놈'이라 부르지 않고 받들어 '분'이라고 모시는 데는 까닭이 있다.

나의 어머니는 나의 아버지가 가난한 선비의 집안이었던 것과는 대조적으로, 평안북도 압록강변, 벽동군(碧潼郡) 제일의 천석꾼 갑부의 딸이었다. 우리말의 '벽창호'라는 낱말로 변형된 벽동과 창성(昌城)의 억세고 미련한 소 '벽창우'(碧昌牛)로 유명한 산골 고장이다. 어머니는 자기 남편인 나의 아버지에 대해 불만이 있거나 할 때면 언제나 입버릇처럼 '천석꾼 부자 최봉학(崔鳳鶴)의 딸'을 들먹였지만, 실상은 백미 천 석이 아니라 잡곡이 대종인 천 석이었다. 그 천 석도 어느 정도는 과장된 듯싶기도 했다. 그래도 남한의 호남평야와는 달리, 저 북국 압록강변의 험준한 첩첩산중의 지세를 감안한다면, '천석꾼'이 대단한 부자였음은 틀림없을 것이다.

일자무식이었던 나의 외할아버지는 그 재산을 당신의 당대에,

오직 먹지 않고 쓰지 않고 주지 않는 것으로 자수성가한 분이었다. '문학빈'이라는 이는 그 같은 나의 외할아버지를 어려서부터 도와 천석꾼을 만들어주느라 '뼈가 빠지게' 고생한 머슴이었다. 문학빈의 아버지가 자기 아들이 머슴살이나 해서 인생을 마치기를 바라지 않았다는 것은 아들의 이름에 배울 '학'(學)자를 넣어준 간절한 부정(父情)으로도 짐작할 수 있다. 그러나 그 간절한 아비의 마음은 바람이었을 뿐, 아들 학빈이는 낫 놓고 ㄱ자도 모르는 일자무식으로 자라, 역시 일자무식인 나의 외할아버지 밑에서 머슴살이로 반평생을 보냈다. 그런 외할아버지의 딸인 나의 어머니 역시 일자무식이었다.

어머니는 자기가 한창 뛰어다닐 나이에도 충직하고 성실한 머슴 문학빈에게 업혀서 "발을 땅에 대지 않고 자랐다"는 것이 늘 자랑거리였다. 문학빈이라는 사나이는 그처럼 온 정성으로 주인 지주를 섬기고 주인의 딸을 자기 딸처럼 귀여워했던 것이다. 그런 문학빈을 어머니는 평생 동안 저주하다가 돌아가셨다.

1919년 3·1독립운동이 일제의 모진 무력탄압으로 진압된 지 몇 해가 지난 1920년대 초반에 '머슴 문학빈'은 한마디 말도 남기지 않고 '천석꾼 최봉학'의 집에서 사라져버렸다.

그러나 그가 어디로 가서 무엇이 되었는지는 곧 밝혀졌다. 어느 해 겨울날 밤, 외할아버지의 집 높은 담을 뛰어넘고 들이닥친 세 사람의 무장패가 갑부 최봉학 영감을 총개머리판으로 흔들어 깨웠다. 소스라치게 놀라 와들와들 떨고만 있는 최봉학 노인의 베갯머리에 서 있는 사나이는 몇 해 전 집을 나간 문학빈이었다. 그는 지난날의 주인에게 설득하듯 사과하듯 낮은 목소리로 말했다.

"놀라게 해드려서 미안하우다. 문학빈이웨다. 나는 3·1운동을 겪으면서 보았수다. 조선의 독립은 맨주먹으로는 이룰 수 없다는 것을 깨닫고 만주로 건너가 독립군에 가입했수다."

그러고는 독립군 군자금을 구하러 왔다는 목적을 설명했다. 이불을 뒤집어쓰고 있으라는 명령대로 꼼짝 않고 있던 어린 어머니의 귀에 들린 그의 말투는 공손했다고 한다.

"영감님, 빨리 내놓으시오. 우물쭈물하면 헌병대와 주재소에서 눈치 챌지도 모르고, 그렇게 되면 서로 위태로우니 빨리 내놓으시우."

생명의 위험을 알아차린 외할아버지는 다시는 오지 않는다는 약속을 받아내고, 안 먹고 안 쓰고 안 주고 모은 돈 얼마를 넘겨주었다. 세 사람은 들어왔을 때와 마찬가지로 가볍게 담을 뛰어넘어 북국의 삭풍이 몰아치는 칠흑의 밤 속으로 바람처럼 사라졌다. 두껍게 얼어붙은 압록강을 건너 만주로 간 것이다.

문학빈과 그의 일행은 이듬해 어느 겨울밤에 다시 외할아버지를 찾아왔다. 약속을 어겼다고 항의하는 노인을 총부리로 위협한 그들은 적지 않은 돈을 다시 빼앗아 달아났다.

내가 태어난 평안북도의 압록강변 지역, 초산(楚山), 창성, 벽동, 강계(江界), 삭주(朔州), 위원(渭原) 등에서는 만주에 본거지를 둔 독립군 무장부대와 일본 헌병대·국경 경비대·경찰과의 전투가 1930년대 말까지도 빈번히 벌어졌다. 그들의 소속이나 계보는 독립운동사가 말해주듯이 여러 갈래였고, 시기에 따라 합치고 헤어지고 했다. 사람들은 그들을 통틀어 '독립단'(獨立團)이라고 불렀다. 그 지역의 압록강 상류는 서울에서 한강이 홍수로 물이 꽉 찼을 때의 폭과 깊이와 수량과 같음을 자랑했다. 하류의 황해(黃海) 입구인 신의주와 그 상류까지를 연결하는 교통수단으로, 거대한 비행기 프로펠러로 바람을 밀어 움직이는 50톤 급의 여객선이 왕래하던 때다. 상류까지도 수심이 그렇게 깊었다. 12월 초가 되면 결빙해서 3월 초에야 해빙하는 긴 북국의 겨울에는 만주와 조선은 두꺼운 얼음으로 연결되는 것이다. 일본 경찰, 헌병대, 국경 경비대의 경비가 가장 강화되는 계절이기도 하다. 독립단 활동의 절호의 계절인 것이다.

1925년 겨울, 문학빈과 그 일행은 세 번째로 벽동군 제일의 부자를 치러 왔다. 두 번이나 당한 구두쇠 최봉학 노인은 그런 벽지에서는 볼 수 없는 송아지만한 도사견 두 마리를 사다가 기르면서 대비했다. 나의 어머니는 초산으로 시집을 갔으나 그해 겨울 마침 친정에 와 있을 때였다. 문학빈은 압록강변 지역에서 모르는 사람이 없을 만큼 용맹한 독립단원이 되어 있었다. 평안도 사람들은 독립단원들이 정말로 축지법을 쓴다고 믿고 있었다. 나도 어렸을 때 어른들에게서 독립단원은 키보다 훨씬 높은 담을 무장한 채 가볍게 뛰어넘고, 발 밑에 용수철을 달고 훨훨 날며, 밤중에 산길 백 리를 가는 것이 대낮에 보통 사람이 신작로를 가는 것보다 수월하다는 따위의 황당하지만 신나는 이야기를 들으면서 자랐다. 그들의 행동은 신출귀몰, 바로 그것이라고 했다.

겨울이면 특히 물샐 틈 없이 배치된 일본 국경 경비대 및 경찰의 감시초소와 진지들, 그리고 같은 조선인 경찰·앞잡이·첩자·밀정들의 악랄하고 치밀한 정보망을 어떻게 뚫고 왔는지, 문학빈을 비롯한 일당은 동이 트기 직전의 새벽에 들어섰다. 어머니는 그날의 이야기를 하실 때마다, "독립단 앞에서는 송아지만한 일본 개들도 짖지를 못하더라. 개소리 하나 나지 않았는데 문학빈은 벌써 아바지 자는 방에 들어와 있더라"고 미움과 감탄이 뒤섞인 채

옛날을 회상하시곤 했다.

최봉학 노인은 세 번이나 털리게 되자 격분해 필사적으로 저항했다. "나라의 독립이고 뭐고, 어떻게 번 돈인데 세 번씩이나 내줄 수 있느냐"고 대들었다. 그러는 사이에 밖의 어둠이 점차 엷어지고, 담 밖에서 망을 보던 두 동지의 억누른 기침소리가 들렸다. 위험의 신호가 분명했다. 문학빈은 할아버지의 가슴에 겨눈 장총의 방아쇠를 당겼다. 어머니가 총소리에 놀라 뛰어 들어갔을 때에는 문학빈은 벌써 간 데 없었고, 벽동군 제일의 부자 최봉학은 팔다리를 한참 허우적거리다가 그 많은 재산을 남겨두고 피투성이의 시체가 되어버렸다. 총소리를 듣고 일본 경비대와 조선인 순사들이 외할아버지의 집을 포위했을 때는 3인조 독립군은 이미 그들의 포위망을 멀리 벗어난 뒤였다.

이 사건은 당시의 조선 신문에 크게 보도되었다. 일본인과 조선인 앞잡이들이 '비적'(匪賊)이라고 불렀던 문학빈이 들어간 조직은 통의부(統義府) 군무위원장(軍務委員長) 오동진(吳東振) 장군의 휘하임이 그 후 밝혀졌다.

어머니는 1977년 말 돌아가시는 날까지 "배은망덕한 놈. 자기를 먹여 살린 주인을 총으로 쏴 죽인 나쁜 놈. 일본놈의 총에 맞아 뒈졌는지 만주 벌판에서 굶어 죽었는지. 아바지 원수를 못 갚고 마는구나"를 뇌셨다.

어머니로서는 당연히 그러실 수밖에 없었다. 나도 어렸을 때는 어머니가 푸념처럼 하시는 이야기를 들으면서 그를 극악한 놈으로 생각했다. 그러다가 해방이 되고 철이 들어 나라와 민족이라는 것을 생각하게 되면서부터는 외조부의 살인자인 문학빈이라는 인물을 존경하는 심정으로 바뀌게 되었다.

머슴살이를 박차고 독립운동에 몸을 내던진 번신(飜身). 일자무식의 인간이 숭고한 대의(大義)를 각성하는 사상적 비약. 머슴과 지주의 신분적·계급적 장벽을 뛰어넘어 민족혁명의 꿈을 품고 왜놈들의 추적을 비웃으며 만주 벌판과 평안도 일대를 종횡무진으로 신출귀몰한 풍운의 지사. 축지법과 야간 투시안을 가졌다는 신화 같은 전설을 남긴 문학빈. 나는 어머니의 "그 벼락맞아 뒈질 놈!"이라는 저주의 말을 들으면서 언제나 그가 '뒈지지 않고' 살아서 조국의 광복을 누렸기를 빌고, 또 만날 수 있기를 바랐다. 그러나 고향에서 내려온 친척 어른들에게 물어보았지만 그 후의 문학빈에 관해서는 그 누구도 확실한 것을 모르고 있었다. 1962년 3월 1일, 오동진 장군이 건국공로훈장 중장(重章)을 국가로부터 수여받았을 때에도 문학빈의 이름은 없었다. 만주에서 일본군에게 잡혀 오랜 옥고 끝에 변절했다는 이야기를 들은 일이 있지만 믿기지 않는다.

내가 독립유공자 포상에 관한 신문기사를 신문에서 빼놓지 않고 읽고, 사회면 맨밑에 검은 굵은 선과 함께 인쇄되어 나오는 독립유공자들의 죽음을 알리는 작은 부음기사를 꼭 읽고야 신문의 면을 넘기는 습관은 이렇게 해서 생겼다. 나는 외조부의 죽음이 비참했기 때문에, 더욱 민족의 운명이 암담했던 때에 독립운동에 몸 바친 애국지사들에 대한 경외를 가슴 깊이 새기게 된 것이다.

친일 세력에 짓밟힌 새 나라의 터전

나의 집안이 이 같은 서러운 일을 당했으므로 자연히 식민통치 밑에서 일제의 군대나 경찰 노릇을 한 사람들에 대한 나의 감정이

남달리 나빠졌다. 그중에서도 저들의 밀정 노릇을 한 한국인을 가장 경멸하고 미워하게 된 것도 그 때문이다. 당시 만주의 근거지에서 압록강을 넘어와 조선에서 활약하던 독립단은 거의 조선인 경찰과 밀정, 첩자들에 의해서 발각되고 체포되었다. 압록강변의 나의 고향에서도 그런 자들이 하늘 무서운 줄 모르고 거드럭거리는 것을 보면서 나는 자라났던 것이다. 해방 후 이북에서 내려온 피난민들은, 정부의 오도청(五道廳) 설치가 공식적으로 있기 훨씬 전부터 무슨무슨 도민회(道民會), 군민회, 면민회라는 조직으로 계절 따라 모이곤 했다. 실향민들의 서러움을 달래고, 해가 갈수록 고향을 그리면서 세상을 떠나는 이가 늘어가니, 실향 제1세대들은 서로 옛 얼굴을 보기 위해 모인다. 신문의 구석에 실리는 한 줄의 알림을 보고 도민회, 군민회, 면민회를 찾아가 헤어졌던 이들을 상봉하는 기쁨은 대단한 것이다. 참으로 아름다운 일이 틀림없다.

그런데도 나는 어떤 단위의 고향 모임에도 나가본 일이 없다. 나로서는 그럴 만한 까닭이 있다. 해방 후 그런 각급 단위의 '모임' 또는 '회'가 조직되었을 때 그것을 주도하는 이들 대부분이 일제시대 그 단위의 고장에서 주로 독립단의 뒤를 쫓는 직업과 임무로 출세한 사람들임을 알게 되자 정이 떨어져버렸기 때문이다. 그런 회의 활동에 열을 올리면서 감투를 쓰려고 다투는 정도만큼 과거 일제시대의 행적이 아름답지 못한 경우를 잘 알게 되었기 때문이다. 이런 사람일수록 일제 때를 포함해서, 특히 남하하기 전까지 자신이 자기 고장에서 '반공'투사였음을 자랑하는 경향이 있다. 반공으로 일제시의 친일행적을 은폐하려는 꼴은 참으로 가소롭기까지 하다. 그들에게는 해방된 새 나라에서 반성하려는 마음

가짐은 털끝만큼도 없었다. 그런데 이 같은 딱한 풍조가 그런 종류의 개인적 경향으로만 머물렀으면야 나라를 위해서 오죽이나 다행한 일이었겠는가. 그것이 신생 독립 대한민국의 일반적 풍조가 되어버렸으니 통탄할 일이 아닐 수 없었다.

해마다 8·15가 돌아오면 해방 기념일이라는 기쁨의 감회보다는 서글픔이 앞섰다는 것이 생각하는 이들의 숨김없는 심정이다. 일제 아래서 일본인의 총칼 차고 독립지사들을 뒤쫓았을 사람은 화려하게 꾸민 높은 단상에 서 있다. 그들에게 쫓기고 갖은 고초를 당했을 지난날의 독립운동자는 늙고 꾀죄죄한 모습으로 단 아래서 있다. 단상의 인물은 단하에 서 있는 사람에게 '대한민국'의 이름으로 훈장이나 표창장을 준다. 이런 광경을 3, 40년간 보아오면서 나라의 근본 정신이 잘못되었다는 생각을 금치 못하는 것이다.

식민 상태에서 벗어난 민족이 '새 나라'를 꾸려가는 작업은 결코 과거의 식민자가 남기고 간 것 위에서의 변장(變裝)이어서는 안 되는 일이다. 우리는 일제가 남기고 간 모든 것을 일단은 부정하고 그것들과 단절하고 극복해야 했던 것이다. 한마디로 '질적 변화'여야 했을 것이다. 말하자면 새 나라를 건설하려는 우리가 1945년 8월 15일 이후의 몇 해 동안에 했어야 할 일은 거족적 역량을 쏟아 일본인이 우리를 부정했던 그 '부정(否定)을 부정'하는 작업이었던 것이다.

새 나라, 새 사회를 건설하는 작업은 진실로 새 술을 새 부대에 담는 일이었어야 했다. 그런데 새 부대에 썩고 구린내 나는 술을 담아버렸다. 해방 후 미국 정부(군정)와 그 정책의 뜻을 대표한 이승만 씨는 썩어서 독기가 서린 술을 새 부대에 부어 넣음으로써 새 부대마저 상하게 만들었다. 민족정기는 꽃필 사이도 없이 싹으로 돋으려는 순간에 뭉개지고 말았다.

그 가장 근원적인 사건을, 친일파·민족 반역자들에 의해 반민특위가 해산된 일과 그 후에 일어난 일들에서 우리는 보았다.

나라와 동족을 외세에 팔아넘긴 매국노들과, 그 후 외세와 결탁 공모해 동포를 짓누르고 일제 식민지의 항구화에서 영화를 누려 온 악질 친일분자들을 처단하려고 창설됐던 반민족행위특별조사위원회와 그것의 법적 바탕인 반민족행위처벌법에 어떤 일이 일어났던가를 살피는 것은 1948년 당시 못지않게 오늘의 시점에서도 매우 중요하다. 1948년 9월 7일 제헌국회가 통과시킨 이 특별법과 위원회 창설안은, 이승만 초대 대통령과 미국의 대한(對韓) 정책에 빌붙고 떠받드는 바로 그 처벌 대상자인 과거의 친일파, 민족 반역자들의 세력에 의해 단 한 사람도 처단하지 못한 채 거꾸로 그들의 무력에 의해 강제 해산되고 말았다. 이것이 일제에서 해방됐다는 이 강토의 절반에서 새 정부를 세운 첫해에 한 일이다.

외세에 의탁해서 그 앞잡이로서나 그 뒤를 따르는 하수인이자 졸개로서 민족의 이익을 팔고, 동포를 먹이로 삼아 살찌고 영달하는 행위는 반드시 민족의 이름으로 준엄한 처단을 받게 된다는 새 나라의 원리와 정신이 그렇게 해서 뭉개지고 말았다. 두고두고, 개인이나 정권이나 지도자에 대해서 행동규범으로 확립되었어야 할 민족의 원리가 세워지지 못함으로 해서, 그 후부터 이 나라에는 외세, 외리(外利)와 결탁해 민족과 나라의 이익을 좀먹는 행위가 버젓이 용납되게끔 되었다. 그런 개인과 세력은 아무런 보복도 제재도 두려워하지 않아도 되었고, 오히려 온갖 합리화의 이론과 정당화의 요사스러운 구호를 앞세워 나라일을 농간할 수 있는 국민사회의 고질적인 자기부정적 내적 근거가 '확립'되어버렸다.

오호통재(嗚呼痛哉)!

바로 며칠 전까지만 해도 서슬이 퍼래서 '일선동조동근'(日鮮同祖同根)을 외치고 다니던 자들, '황국신민'(皇國臣民) 되기를 무상의 영광으로 목이 쉬게 설교하고 다닌 자들, 일제 천황폐하의 적자(赤子)로서, 일제와 천황을 위해 전쟁에 나가 목숨을 초개같이 바치라고 동포 청년들을 지원병으로 몰아낸 자들, 이런 '지식인'들이 해방된 신생 독립국가의 온갖 영역의 최고부를 장악한 채 종교, 문단, 예술…… 등 정신과 지식의 분야에서 한마디 반성이나 속죄의 말도 없이 그대로 그 자리에 눌러앉아 있지는 않았던가! 그 가장 두드러진 사례를 보자. 해방된 지 15년도 더 지난 1960년에조차 전국 경찰의 수뇌들은 거의가 일제 경찰의 전력자들이었다. 즉 그해 경찰 총경의 70퍼센트, 경감의 40퍼센트, 경위의 15퍼센트가 그들로 구성되어 있었다. 최고 간부의 70퍼센트를 일제 경찰의 전력자가 틀어쥔 대한민국의 국가권력 장치가 무엇을 했겠는가. 해방 직후와 건국 초기에는 그 비율이 더 높았으리라는 것은 두 말할 나위도 없다(『동아일보』, 1960.5.7; 길진현(吉鎭鉉), 『역사에 다시 묻는다』, 19쪽).

단상의 일군 출신, 단하의 독립지사

해마다 8월 15일이 되면 세종문화회관 같은 데서 광복절 기념식이 거행된다. 이 자리에서 진행되는 독립운동 유공자 수훈·표창을 나는 각별히 관심 깊게 지켜보아왔다. 지난 40여 년간, 수없이 되풀이된 그 식전에서 마땅히 있어야 할 일이 한 번도 있어본 일이 없다는 것은 흥미로웠다. 사실은 가슴 아픈 일이지만…….

일제의 모진 고문으로 손톱이 다 빠져버린 늙은 애국지사에게 훈장이나 표창장을 수여하는 높은 분은 으레 일본제국 황국군대의 육군 소위였거나 중위였던 사람이다. 해방된 나라에서는 오히려 멸시받고 배척당한 독립지사들을 줄세워놓고 높은 단 위에서 치하하는 분은 일본제국의 만주 괴뢰국 군대의 장교였던 이라고도 한다. 그 쌍방이 훈장을 주고받는 자리는 철두철미 형식적이다. 주는 이와 받는 이 사이에 마음에서 우러나오는 진실한 기쁨과 감회가 드러나 보이질 않았다. 격식은 화려하지만 감격이 없다. 고작 중고등학생이나 몇백 명 동원해 앉혀 자리를 채운 문화회관의 넓은 자리에는 규칙적인 박수는 있지만 뜨거운 눈물은 없었다.

이 같은 장면의 중계방송을 보면서 나는 해마다 이런 상상을 하곤 했다. "저 단상에 선 이가 과거에 일제에 충성을 맹세했던 만군 장교가 아니라, 단하에서 훈장을 받는 이와 마찬가지로 만주 벌판에서 피 흘리며 조국 독립을 위해서 싸운 사람이었다면……. 두 사람은 단상과 단하에서 표창장을 사이에 두고 무감동하게 대하기에는 심장의 고동이 너무도 벅차서 서로 부둥켜안고 만세를 부르거나 뜨거운 눈물을 흘릴 것이 아니겠는가." 나라의 정신이 동포를 위해 굶주리고 피 흘린 분들을 진심으로 사랑하고 존경하는 것이었다면, 그 축하식전에 만당(滿堂)한 사람들은 저도 모르게 뛰어나와 그 애국지사를 들어 올려 헹가래를 치는 감격스러운 장면이 벌어지지 않았을까. 그러나 이 땅에서 거행되는 해방 기념식은 홈런 치고 돌아온 한 운동경기 선수에 대한 것보다도 감격이 없었다.

단상과 단하가 바뀌었어야 하는 게 아닐까. 훈장을 주는 사람은 마음속으로 무슨 생각을 하고 있을까. 상을 수여받는 사람은 속으로는 주는 사람을 밀로 여기고 있을까. 일제하에서 서로 총부리를 맞대고 하마터면 한쪽이 한쪽을 쏘아 죽일 뻔한 사이는 아니었던지. 상상을 하면 할수록 축하식 장면은 아이러니이고 회화(戱畵) 같아 보였다.

나는 역사에 대한 이해가 부족한 탓인지 이 민족에 대한 일본 통치가 20년만 더 계속되었더라면 어떻게 되었을까 상상해보곤 한다. 일제의 통치술이 비상했는지도 모르지만 해방 전 어느 시기에서 이 민족은 이미 사실상 거의 일본인이 다 되었던 것이 아닌가 싶다. 베트남 민족은 1867년에 프랑스 식민지가 되었지만 100년 후에도 식민군대와 무기를 들고 전쟁을 할 만큼 끈질겼다. 알제리 민족은 1830년에 프랑스 식민지가 되어 120년이 지난 뒤에도 8년 간의 독립전쟁을 할 만큼 민족의식이 강했다. 인도네시아는 1602년에, 인도는 1600년에 각각 식민지가 된, 가장 긴 식민통치를 받았던 나라지만 300년 후에도 독립전쟁을 할 만큼 동화되지 않고 자기를 유지할 수 있었다. 우리의 36년간은 이에 비하면 거의 잠깐에 불과하다. 그런데 그 짧은 사이에 우리는 민족적 에네르기를 사실상 거의 상실했던 것이 아닐까. 과거의 원나라나 청나라의 허술했던 지배에서 되살아난 것을 가지고 이 질문에 단호하게 "아니다!"라고 답하기에는 일제 말기의 실태는 너무도 일본화되어 있었다는 것이 나의 숨김없는 심경이다.

생각해보자. 얼마나 철저하게 일본화되었으면 대부분 남의 힘으로 해방이 되어 새 나라를 꾸려가는 첫 마당에 모든 분야가 바로 과거의 친일파, 민족 반역자들의 부류에 속하는 자들의 손아귀에 들어가도록 허용했단 말인가? 인도, 인도네시아, 알제리, 베트남……, 그밖의 어느 해방 신생 국가의 예를 들어도 그런 일이 없을 뿐더러 국가의 최고 권력이 그런 이들에게 장악되도록 버려둔 민족은 세계에서 따로 찾아볼 수 없다.

몇 해 전까지만 해도 그러했던 엄연한 사실을 지적하며 해방 후 이 나라와 일본과 미국과의 관계를 걱정하는 나의 견해에 대해 어떤 저명한 역사학자(서양사)는 이렇게 논박하는 것이었다.

"그 과거의 친일파들이 반공에 앞장섰기에 우리나라가 지켜진 것이 아닙니까? 그리고 그것은 지나간 일이지요. 그것이 아무리 사실이라 하더라도 자꾸만 되새길 필요는 없는, 유쾌하지 못한 과거사가 아닙니까?"

나는 저명한 이 역사학 교수의 비역사적 사고에 놀라지 않을 수 없었다. 그의 이론은 이러했다. 이북에서 친일파, 민족 반역자들을 철저하게 숙청하여 그에 속한 사람들이 모두 이남으로 내려왔고, 그들이 그 피해의식 때문에 남한에서 철저히 반공에 앞장섰으니 대한민국으로서는 공이 크지 않은가? 하기는 그것도 그럴듯하다. 일리 있는 해석이고 관점과 이해관계를 달리하면 그런 논리도 성립되긴 할 것이다. 그러나 이런 논리가 안두희나 그 배후 인물들 같은 친일 행위자들에게, 김구 선생조차 "빨갱이다"라는 한마디로 암살해버리는 정당화의 도착된 면죄부로 통용되었다. 그 논리가 국토와 민족의 분단을 합리화하는 데 이용된 것이 아닌가.

"새 나라에서는 일제하에서의 행적을 묻지 맙시다. 새 민주주의 국가에서는 누구나가 국가 건설에 아무런 차별 없이 참여하도록 해야 합니다."

이런 주장은 주로 이승만 씨와 그의 주위에 모인 과거의 기득권 세력과 개인들의 입장에서 나왔음을 우리는 기억한다. 그런 주장을 하는 사람들은 이 사회의 토지를 많이 소유한 대지주들이 모인 정당을 대변하고 있었다. 그리고 해방 후 약삭빠르게 일본인 재산을 내 것으로 만들어 치부한 사람들이 그 말을 하지 않았더라면 좀더 대중적인 설득력이 있었을 것이다. 이 '과거를 묻지 마세요'론(論)은 유행가 가사만큼의 솔직성도 없다. 아무리 호의적으로 생각해도 역사학자답지 않은 역사관이 아닌가.

"그 사람들은 일본인에게서 배운 기술과 지식과 경험을 갖고 있습니다. 그 기술과 지식은 몽매한 대중을 새 나라의 일꾼으로 지도하고 훈련하는 데 필수불가결합니다."

부끄러워할 줄 모르고

이런 논리는 그들이 새 나라의 상층 권력을 각 분야에서 장악하는 면죄부가 되었다. 심지어 어떤 신문은 일본 만군(滿軍) 출신 인물이 그 후 갖게 된 엄청나게 높은 지위를 미화하는 어용 전기물에서 이렇게 강변하는 것을 보기도 한다.

"그는 조국의 독립을 미리 예측하고 독립 후 조국의 군대를 지도할 군사기술을 미리 배워두기 위해 일본 만주군대에 자진해 들어갔다……"

차라리 잠자코 있으면 좋겠다. 그런 말은 같은 시기, 같은 조건에서 같은 총을 쥐고 조국의 독립운동에 투신한 분들을 모독하는 말밖에 안 된다.

나는 여러 차례 조사기관에 끌려가 닦달을 받은 일이 있는데, 그 가운데 한 기관에서 상대하게 된 조사관은 특히 나를 감동(?)시켰다. 내가 고분고분 말을 듣지 않자, 나보다 나이가 열 살은 위인 뚱뚱하고 험상궂게 생긴 이 조사관은 이렇게 으름장을 놓는 것이었다.

"너 정말 맛을 못 봤구나. 난 이래 봬도 일제 때 만주에서 독립운동가들도 마음대로 주무른 사람이야. 똑바로 알아야 돼."

나는 그의 솔직함에 크게 놀랐다.

어느 날 국회의 독립기념관 건립과 관련된 무슨 토의 과정에서 친일파·반역자 문제가 논란이 되었던 모양이다. 자기에 대한 이야기도 아닌데, 자격지심에서 발언한 한 국회의원의 반론도 나를 감동시키고 놀라게 하기에 충분했다.

"……고등문관 시험은 조선 사람 누구나가 합격할 수 있던 건가요? 친일파니 뭐니 하지만 고등교육 받고 머리 좋은 사람이라야 됐지. 친일파 운운하지만, 그런 사람들은 자기가 능력이 없어 못 됐던 것을 시기해서 하는 말이에요."

이 국회의원은 결국 자기 발언을 취소했다는 신문기사였지만, 그 기사를 읽으면서 나는 "이 사람 좀 너무 하는군……"하고 생각했다. 누가 일제하의 군수 정도 했다고 친일파라 하는가. 해방 후 근 40년의 세월이 흘렀는데도 과거 그런 행적을 지닌 사람들 의식 깊은 곳에는, 자기 동족보다는 월등히 우월한 식민지 지식인으로서 자기와 일제 지배자들을 일치시켰던 세계관이 그대로 남아 있는 것 같다. 동족에 대한 우월감은 곧 식민지 상전들이 이 나라의 친일파 지식인의 머리에 심으려던 술책이었다. 그런 점에서 임종국(林鍾國)이라는 분은 참으로 훌륭한 일을 했다고 나는 생각한다. 나와는 일면식도 없지만 이 분의 『친일문학론』은 앞으로 세워질 독립기념관의 현관, 가장 눈에 띄는 위치에 진열될 만한 가치가 있다. 그 책 속에 이름이 나오는 길진현의 『역사에 다시 묻는다』도 그렇다. 얼마나 많은 각계의 지식인들이 해방 이후 오늘날까지 대한민국의 각 분야에서 핵심을 이루어왔는가를 읽는 것은 대단히 중요한 일이다.

어쨌든 이 같은 많은 측면과 사실을 놓고 보면, 이 나라 해방 이후의 정신사와 사상사는 실질적으로 일제 치하의 연장이라는 감마저 준다. 이 엄연한 사실을 가슴 아프게 여기지 않는 사람이 있다면 딱한 일이다. 한마디로 말해서 우리는 신생 독립국가의 '참뜻'에서의 존엄성을 확립하지 못한 것이다. 개인으로 말하면 남의 존경을 받을 '인격'을 닦지 못했으니 이웃의 멸시를 받을 수밖에 없다. 나라의 '국격'(國格)이 일본 통치의 잔재와 유제를 털어버리지 못했으니 지난날의 상전에게서 대등한 취급을 받기를 어찌 기대할 수 있을까. 그들의 '존경'은 접어두고라도 말이다. 그 연장선상에 현재의 일본과의 관계가 있다.

아니나 다를까, 해방된 지 40년이 되는 현재까지 대한민국과 대한민국 국민에 대한 일본인들의 업신여김이 계속되고 있다. 얼마 전의 일본 교과서 역사왜곡 문제만 하더라도 그렇다. 그리고 교과서 분쟁 과정에서 일본의 보수적 정치인들과 지식인들, 즉 현재 일본의 집권 세력인 자유민주당(자민당)을 구성하는 개인과 집단들은 사사건건 한국에 대한 멸시감을 노출하는 데 망설임이 없어 보인다. 오히려 그런 문제에서 혁신적 또는 좌익적 정당과 개인들이 그와 같은 일본 내 우익의 태도와 정신자세를 비판하는 것을 한국인들은 어떻게 이해하고 소화해야 할 것인가.

우리 국민은 지난 몇 해 사이에만도 여러 차례 일본 집권 세력의 오만에 가득 찬 발언을 들었다. 그러면 정부도 흥분하고 국민도 흥분해서 한 차례 격렬한 '반일 감정'을 뿜어낸다. 몇 마디의 제스처 또는 또닥거리는 표현이 쌍방 정부 당국자에게서 발표되면 일은 끝난 것으로 되고 다시 잠잠해진다. 신문들은 또 '한일 관계의 신시대가 오다'라느니 '한일 관계의 신기원의 개막'이니 하는 대문짝만한 활자로 사태를 얼버무린다. 대중은 그런 오도된 캐치 프레이즈와 구호로 한일 관계에 정말로 '신시대'가 열린 줄 알았고, '신기원'에 들어선 줄 믿었다. 그러고는 손가락 잘라 혈서 쓴 것도 영원히 과거사로 잊어버린다. 어딘가에서 시켜서, 머리에 띠 두르게 해서, 일본대사관 앞에서 손가락 자르게 했다는 외국 언론의 폭로가 나오고, 그 금액이 달러로 환산해서 얼마라는 숫자까지 제시될 때, 진실로 역사를 생각하는 사람은 차라리 부끄러움을 느끼곤 했다. 문제의 핵심이 바뀌었다고 생각하기 때문이다.

역사는 오늘과 내일을 규정한다

그런 발작적인 흥분 상태를 바라보면서 나는 책임 추궁의 방향이 잘못되었다고 생각하지 않을 수 없었다. 일본인의 오만을 규탄하고, 그들의 정신적 자세를 윽박지를 때, 우리 민중은 일본인을 향한 것 못지않은 분노와 회한으로 이 나라 지도층의 과거와 현재의 실태를 파헤쳐 반성할 필요가 있다. 그들이 남기고 간 제도와 인물과, 그들의 머리에 들어 있는 사상과 사고방식을 청산하지 못했는데, 어떻게 지난날의 지배자들을 긍지를 가지고 대등하게 상대할 수 있으리라고 기대하겠는가. 혹시 일본인들이 그래주기를 기대한다면 그것은 큰 착각이 아닐 수 없다. 이것은 자학이 아니다.

아까 그 역사학자처럼 '역사는 과거사'라는 비역사적 착각이 이런 결과를 초래한 것이다. 해방 이후, 즉 1945년의 식민지 구질서의 굴레에서 벗어난 신생 국가 가운데, 실질적으로 독립운동가나 혁명가들이 국가의 지도 세력이 되지 못하고 과거의 질서 유지자들이 국가를 타고 앉은 나라가 더 있는지가 몹시 궁금했다. 그래서 나는 기회 있을 때마다 찾아보았다. 남(南)베트남 하나가 있을 뿐이었다. "아, 그렇구만." 많은 의문이 저절로 풀리는 것 같았다!

이런 문제점을 보는 시각으로서 에이브릴 해리만이라는 사람의 견해는 하나의 사실을 시사한다. 해리만은 20세기 미국 정치의 거봉들 가운데 하나다. 미국의 대재벌 출신으로, 그의 아버지는 20세기 초에 조선과 만주의 철도 건설을 맡았던 철도왕이다. 에이브릴 자신은 전후 미국 민주당의 한 지도자로서 상무장관, 국무차관을 지내고 대통령 후보로 나서기까지 했던 인물이다. 그는 베트남전쟁 말기 한 시기에 베트남전쟁 휴전협상 미국 수석대표로 몇 해 동안 활약했다. 그가 어떤 뜻에서건 호치민(胡志明)이나 베트남민족해방전선(베트콩)을 편들 사상의 소유자가 아님은 두말할 나위도 없다.

그 해리만이, 본국 정부의 정권 교체로 8년 여의 파리 휴전협상 수석대표직을 사임한 직후, 기자회견에서 대체로 다음과 같은 견해를 밝힌 일이 있다. "북베트남(월맹)이나 남베트남의 민족해방전선의 지도자들 가운데는, 과거 프랑스 식민지 시대에 식민권력에 앞장섰거나 협력한 인물이 없을 뿐만 아니라, 그 대부분은 식민정권의 권력·행정·군대에 대항해서 민족해방, 독립투쟁을 평생 동안 해온 사람들이다. 그와는 반대로 남베트남(월남)의 정부·군대·종교·사회·문화 등 각 분야의 지도층 인물은 해방 후 국토가 분단되기 이전에 프랑스 식민권력의 관리였거나 군대의 장교·하사관으로서 자기 동포에 대해 적대적 입장에 섰던 사람들이다……." 이렇게 분석하고 나서 해리만은, 미국 정부의 한 지도자로서, 그것도 협상을 대표해온 당사자로서는 지나치게 솔직하게 들릴 만한 말을 했다. "그러니까 베트남의 '대중'이 어느 쪽을 더 존경하고 신뢰할 것인가? 어느 쪽 지도자들이 진정으로 베트남의 대중과 민족을 위해서 행동할 것인가? 이에 대한 답변은 자명한 것으로 보인다." 그러고는 그는 베트남전쟁은 "지는 전쟁"이라고 예언했다. 해리만의 이 판단과 예언은 그로부터 몇 해 지나지 않아 무서울 만큼 정확히 현실로 나타났다. 사실인즉, 그 당시 세계 어디서나(미국의 정부와 우리 한국민을 제외하고서는) 해리만의 견해가 지배적이었던 것이다.

남의 나라의 사실을 통해서도 역사는 '과거지사'(過去之事)가 아니라 현재(現在)를 규정하며 내일에 영향을 미친다는 평범한 진리를 깨달을 수가 있다. 이 같은 역사의식은 거꾸로, '오늘'(현재)을 바로잡고 '내일'(미래)에 착오가 없기를 바란다면 과거를 반드시 물어야 한다는 교훈을 준다. "과거를 묻지 마세요"가 아니라 "반드시 과거를 물어야 한다"는 말이다. 그리고 그 교훈을 앞으로 일본과의 군사협력체제(군사동맹)로 치닫는 현재와 내일에 비추어 생각하자는 것뿐이다.

두말할 필요도 없는 일이지만, 여기서 물어야 할 과거를 가진 '사람'(개인)을 지금에 와서 어떻게 하자는 것은 물론 아니다. 다만 나라(민족)의 운명을 그런 사람들에게 맡겨서는 안 되었다는, 우리 국민의 '직무유기'를 개탄하는 것이다.

우리와 일본의 관계를 이런 측면에서 비판적으로 생각할 뿐만 아니라 우리는 해방 직후와 그 후 오늘까지의 미국의 세계관이나 정책에 대해서도 비판적으로 볼 줄 아는 안목이 있어야 한다. '우방'이라고 해서 무조건 우리에게 옳은 일만 한 것은 아니다. 우리가 지난 40년간 그 같은 민족정기를 확립하지 못한 데는 미국의 책임이 크다고 보는 것이 마땅하다. 해방 후 깨끗이 씻어버렸어야 할 요소들이 바로 미국의 비호를 받고, 미국의 이익을 민족의 이익보다 앞세워 나가는 가운데 자기 자리를 더욱 굳혀버리지는 않았던가를 한번쯤은 냉철하게 생각해볼 필요가 있다. 그런 의미에서 송건호 씨 등 양심적인 민족지성들의 논리와 연구, 브루스 커밍스(Bruce Cummings) 같은 외국학자들의 한국 현대사 연구와 평가는 우리의 안개 낀 눈을 맑게 해준다.

어느 민족에서도 공통적인 사실인데, 민족의 독립을 위해 싸운 개인이나 세력은 민족(국가, 국민)의 도덕적 위대성을 중요시한다. 물론 물질(경제)적 발전을 무시하거나 소홀히 한다는 것이 아니라, 민족의 자주성·독립성·주체성·존엄성 등을 지도이념으로 하고, 물질적 발전을, 대외적으로는 민족적 존엄을, 대내적으로는 민족사회 내부 각 계층의 경제·사회·문화적으로 '균등한 발전'을 이룩하려는 '수단'으로 여기는 철학을 견지한다. 그와는 반대로 식민지에서 민족애를 몸으로 체험하지 않은 개인이나 세력은 민족(국가, 국민)의 도덕적 위대성과 존엄성보다는 물질적 발전에 치중하는 경향이 있음을 우리는 알고 있다. 전자는 '가치 지향적'이고 후자는 '몰가치적'이기 때문에 필연적으로 그렇게 될 수밖에 없다. 전자는 경제적 예속을 민족적 수치와 민족적 부정으로 엄히 경계한다. 후자는 진정한 의미에서 민족을 사랑했던 경험이 없기 때문에 민족적 존엄성을 모르며, 그것을 희생해서라도 외형적·물질적 성취를 민족의 위대성으로 착각하기 쉽다. 일제하에서 상전에게 봉사하는 대가로 얻은 사회(직업)적 지위 향상과 물질적 혜택의 향상이 그들 인생의 내용이었기 때문이다. 1960년대에서 70년대 사이의, 이른바 경제발전의 성격은 그것을 입증해주는 것 같다. 인간적 가치가 배제된 물량적 증식이 목표로 숭상된다. 이 땅의 그런 철학 소유자들과 친히 사귄다는 이른바 일본 내의 '친한파'(親韓派)들이라는 개인과 세력이 대체로 그런 경향에 속한다고 하겠다.

3·1운동 진원지 파고다 공원의 수난

미국의 압력으로 한일 국교정상화 회담이 강행되었던 1960년대 초기에, 구(舊)식민국가와 구피식민국가 간의 단절되었던 관계에 징검다리를 놓기 위해 비밀리에 오고간 일본 측 인물이 야츠구 가즈오(矢次一夫), 고다마 요시오(兒玉譽志夫), 기시 노부스께(岸信介) 등이었다는 사실부터 문제된다. 이들은 지난날 일본제국 군국주의 식민지정책의 주역들이었다. 일본의 '대동아공영권'(大東亞共榮圈)이라는 허무맹랑한 영토 팽창주의의 이름난 선봉장이거나 음흉한 모략·공작가들이었다는 것은 그 시대를 산 사람이면 모르는 사람이 없다. 어째서 하필이면 고르고 골라서 이런 성향의 인물들이 한일 관계의 '교량 역할'을 맡게 된 것일까. 여기서부터 오늘의 한일 관계의 성격이 결정되었다고 해도 크게 틀리지 않는다.

1960년대 전반 한일회담이 한창일 적에 오노 반보꾸(大野伴睦)가 와서 박정희 대통령과 만나고 가면서 구조선호텔에서 기자회견을 가졌던 일이 있다. 한·일 양국 간의 "새로운 시대"니 "두 국민의 위대한 역사적 화해"니, 왕년의 거물 모사(謀士)답게 그가 늘 어놓는 구호는 거창했다. 어떤 신문의 정치부 기자로 외교 문제를 맡고 있던 나는 잠자코 들으면서 기록하고 있었다. 왕년에 조선, 만주, 중국, 대만, 필리핀, 인도네시아 등을 들락거리면서 그곳의 지도자들을 말아먹던 '낡은 철학'과 '낡은 이념'을 늘어놓던 그는, 자기가 한국 지도자들과 만나 이야기했다는 앞으로의 한일 관계의 구상을 상징하는 표현으로, "나와 박정희 대통령은 부자지간이나 다름없는 친한 사이"라고 말했다. 다른 대목에서는 기록만 하고 듣고 있던 나도 이 대목은 도저히 그대로 넘겨버릴 수 없었다. 그래서 물었다.

"부자지간이라는 관계를 좀더 자세히 설명해줄 수 없을까요?"

이 왕년의 제국주의의 맹장은 흠칫하더니 말을 바꾸었다.

"아……, 나의 표현이 적절치 않았군. 부자지간이라기보다 '형제지간'이라 해야겠군."

이 기자회견의 발언은 그때 신문지상에서 잠시 말썽이 되었으나 며칠 안 가서 국민의 뇌리에서 잊혀져갔다.

그 후 경제·정치·외교적 협조의 70년대를 통해서 한국을 들락거리고 모든 사업의 중간 역할을 그들이 담당했다. 한국 정부가 이른바 '친한파'라고 좋아하고, 신문들이 '지한파'(知韓派)라고 동지처럼 대서특필하는 이들과, 일본에서 조직되고 있는 극우 반공·친군사독재 성향의 많은 단체가 과거의 조선총독부 관리들을 주축으로 구성되어 있다고 최근의 한 주간지가 보도하고 있다.

현재의 친한파=구조선총독부 관리 세력!

그렇다면, 지난 30여 년간 이들과 무릎을 맞대고 국사를 협의해온 이 땅의 주역들은 또 어떤 성분이었을까. 오노 반보꾸가 말한 '형제지간' 또는 '부자지간'이 망발만은 아닐 성싶다. 우리는 그런 종류의 일본인들과 '친'(親)자로 맺어진 것을 부끄럽게 생각할망

정 기뻐 좋아할 일이 못 된다. 역사란 과거지사가 아니라는 진리를 안다면.

'과거를 묻지 마세요'는 탕아와 탕녀의 성유희에서는 미덕일 수 있으리라. 그러나 해방된 지 20년이 될까 말까 한 1960년대 중반에 일본의 '경제원조'가 조금 들어오기가 무섭게, '대한민국 서울특별시'가 영천 밖 과거의 일인 묘지 자리에 '일본인 위령비'라는 것을 시비(市費)로 건립할 충성까지 발휘할 필요가 있었단 말인가. 몇몇 청년이 이 사실을 알고 달려가 망치로 그 비를 부숴버린 사건이 알려지자 서울특별시는 부랴부랴 헐어버린 추태를 벌였던 일이 기억난다. 우리는 너무 쉽게 과거를 잊어버리는 '미덕'을 가진 성싶다. 일본의 돈을 좀 얻어먹었다고 곧 비석을 세우기까지 해서야, 돈으로 사랑을 홍정하는 탕아와 탕녀의 관계가 되지는 않을는지.

곰곰이 생각해보면 이런 것은 모두 지도자의 일제 치하에서의 성분 탓이라고 생각된다. 독립정신이나 민족 주체성 같은 국민적 미덕을 숭상하도록 버려두면 마침내는 자신들의 친일적 경력이 국민의 관심에 노출되게 마련이다. 그러자니 교과서에서는 마지못해 독립운동의 역사와 인물들을 가르치지만 사회의 실제적 토론의 재료가 되는 것은 안간힘을 다해서 제도적으로 봉쇄해버린다. 국교정상화가 이루어지고, 구시대 일본인들의 왕래가 잦아지고, 일본 돈이 경제협력이라는 이름 아래 들어오기 시작하고, 약삭빠른 세력가들이 일본과의 관계에서 권세와 치부를 할 기회가 다시 생겼을 1960년대 중반에, 3·1운동의 성지 파고다 공원을 추한 가건물 상가(아케이드)로 느닷없이 둘러싸 가려버린 것은 우연한 일이었을까. 나는 파고다 공원을 장사치들의 돈벌이 장소로 둘러치는 공사가 진행되는 것을 목격했을 때만큼 이 나라가 근본부터 잘못되었다고 실감한 때가 없었다. 그 후 20년간 종로 거리를 지나면서 나는 늘 나라의 장래에 대한 걱정을 금할 수가 없었다. 그들은 독립운동의 사적을 가능하면 몽땅 헐어 뭉개버리고 싶었을는지 모른다. 차마 그러지를 못하니 그러한 기상천외의 발상이 나왔을 것이다. 과거의 친일분자들이 민족이나 국민의 존엄성을 생각하기보다 물질주의적 '발전'(?)으로 자기들의 치부를 국민대중의 관심에서 가리려 했다는 것이 이 한 가지 실례로도 분명하지 않은가? 파고다 공원의 폐쇄는 전형적 상징 그것이었다. 그러나 최근 3·1운동의 발상지에 둘러쳤던 장사방들이 헐리고 공원의 옛 모습이 되살아나는 것을 보면서 나는 꽉 막혔던 숨통이 트이는 것을 느꼈다.

우리나라에는 적지 않은 동상이 세워져 있다. 그런데 이상한 것은 그것들이 모두 일제 통치시대는 공백으로 두고 한결같이 고대나 중세, 근세 이전 인물들의 동상이라는 사실이다. 세종대왕의 동상, 이순신 장군의 동상, 을지문덕의 동상…… 그밖의 모든 동상. 다 좋다. 그러나 기이한 것은 일제시대의 독립지사, 혁명투사의 동상은 과문한 탓인지 세워졌다는 말을 들은 일이 없다. 물론 서울 남산 음악당 자리에 백범 김구 선생의 동상이 하나 서 있기는 하다. 그렇지만 그것은 친일적 정권의 수령이었던 우남 이승만을 타도한 4월혁명의 감격 속에서 친일세력과 친일사상에 대한 해독제로 세워진 것이지, 그 후 나라의 권력을 쥔 세력이나 개인들에 의해서 세워진 것이 아니다. 남산을 거닐 기회가 있을 때마다 나는 김구 선생의 동상을 보면서 이런 상념에 잠기곤 한다. "그들에게는 김구 선생의 동상마저 얼마나 눈엣가시처럼 비치고 있을까?" 독립지사들의 기념물을 세울 생각을 못(안)한 심리적 상태를 파악하기는 어렵지 않은 것이다.

진정한 독립기념관이 되려면

투쟁을 통해 독립한 신생 국가들에서는, 독립과 동시에 착수하는 사업이 으레 혁명기념관을 세우거나 독립기념관을 짓는 일이다. 어느 나라나 예외가 없었다. 그런데 대한민국에서는 어째서 해방된 지 40년이 가까운 세월에 독립기념관 하나 세우지 못했는가(않았는가). 그 많은 공장이 세워지고, 시골 논두렁까지 포장해 자가용이 굴러다니게까지 물량적 '발전'을 이룩한 당사자들이 어째서 독립기념관을 세워볼 생각을 안 했을까. 곰곰이 생각해봐야 할 일이다. 해리만이 베트남을 두고 한 술회는 아무리 우리의 비위에 거슬린다 하더라도 정곡을 찌른 것만 같다. 일제시 독립지사가 해방 후 사랑하는 대상과, 친일파가 해방 후 사랑하는 대상은 그 성질이 전혀 달랐다. 이것이 과거 아닌 오늘의 역사다.

1982년 가을, 일본 교과서 역사왜곡 분쟁의 흥분으로 겨우 독립기념관 건립안이 구체화되었다. 만시지탄(晚時之歎)도 이만저만이 아니지만 그나마 이루어진다니 다행이라 할 일이 틀림없다. 그렇지만 모든 큰일이 그렇듯이, 특히 민족의 이름으로 이루어지는 일이란 적어도 그 동기와 발상이 주체적이고 순수하며, 자발적이고 능동적이어야 할 것이다.

독립기념관 건립 발상은 일본 교과서 사건을 둘러싼 흥분의 부작용으로 시작되었다는 인상을 받는다. 일본 교과서 사건이 일어나지 않았더라면 독립기념관 건립 발상이 있었겠는가를 생각하게 되는 것이다. 그리고 너무도 즉흥적이고 발작적이었다는 인상이 짙다. 40여 년간 아무런 생각도 없다가 하루아침에 느닷없이 발상되는 흠이 없었다면 앞으로 세워질 독립기념관을 위해서 훨씬 축복할 일일 것이다.

순수하고 능동적 발상이 못 된다는 데는 그만한 이유가 있다. 일본 교과서 분쟁이 점점 대중의 역사의식을 자극해, 차츰 분쟁을 보는 시각의 초점이 과거의 친일파와 그들의 현존 상태로 옮겨가는 듯한 기운이 짙어지기 시작하는 시점에서 그 건립안이 대대적으로 선전된 것은 단순한 우연이 아니다. 건립안이 나옴과 때를 같이하여 일본 교과서 분쟁은 부랴부랴 쌍방 정부의 외교적 언사로 마무리지어지고, 다시는 거론되지 않게 되었다. 독립기념관 건립준비위원회 명단이 발표되자, 그 속에 과거 친일행각을 한 인사들이 들어 있다는 사실로 한 차례 잔잔한 파동이 일더니 마침내 그 이름들은 사라지고 다른 이름들로 메워졌다. 그런 성스러운 민족적 사업에 끼겠다고 나섰거나 이름이 난 것을 보고 즐긴 사람들의 마음씨도 측량하기 어렵거니와, 그보다 중요한 일은 해방이 된 지 40년이 되는 오늘도 그런 이름들이 이 국가와 국민 사회에서 최고의 '명사'(名士) 자리를 차지하고 있다는 사실이다. 그 '어둡고 괴롭던' 36년간보다도 더 긴 시대를 그들은 여전히 영화를 누렸고, 또 누리고 있다는 사실이 신기하지 않은가.

나는 개인적으로 독립기념관 건립안을 충심으로 기뻐하는 사람 가운데 하나다. 지금까지 한 말은 어떤 뜻에서건 이 좋은 일에 재를 뿌리려는 심사에서가 아니라는 것을 알아주리라 믿는다. 오히려 너무 오랜 세월을 두고 독립기념관의 실현을 고대했던 충정 때문에 더 많은 생각을 하게 된 것에 지나지 않는다.

그러면서도 나는 앞으로 건립될 독립기념관에 대해서 한 가지 바라는 마음이 있다. 그것은, 독립을 위하여 사용했던 적극적·능동적 성격의 전시물들과 함께, 민족의 독립과 해방을 방해했던 민족 반역적·친일적 인물, 행각, 물적 표상 들을 아울러 나란히 전시해주기를 바라는 것이다. 민족정기를 확립하여, 다시는 그 어떤 외세에도 빌붙어서 나라와 겨레를 팔거나 먹이로 삼아 영달을 꾀하는 자들이 나오지 못하게 하는 교육적 효과를 위해서 그렇다. 나의 견해로는 현정권은 그것을 주저할 까닭이 없다고 믿기 때문이다. 겨레의 얼을 살리기 위해서 정성으로 기릴 것과, 바로 같은 목적과 효과를 위해서 민족사적 심판을 내려야 할 것이 아울러 전시되지 않는다면 그 의의는 반감되지 않을까 걱정된다. 1953년 소련에서 스탈린이 사망한 후의 일은 퍽 교훈적이다. 스탈린의 죄상을 낱낱이 까발려서 국민의 환심을 사고, 역사의 가려졌던 부분을 드러내어 진실을 복권시키려고 서두른 소련 지도층은, 몇 해 안가서 그 작업을 유야무야로 처리하고 말았다. 진실을 가려낼수록 소련 사회의 상층부에 군림하고 있는 오늘의 권세자들의 발 밑이 위태로워지기 시작했던 것이다. 이 작업은 역사의 진실을 드러낸다는 명분은 좋았지만 현존하는 기득권자들에게는 역사적 진실이 밝혀지는 것보다는 그대로 가려두는 것이 더 큰 이익이었기 때문이다.

솔제니친이나 사하로프가 왜 나왔을까? 무슨 정치적 이데올로기의 차이보다는 역사적 진실을 계속 가리는 데서 이익을 얻는 요소들에 대한 안티테제가 그 발생학적 원인이다. 우리 사회에는 그런 요소들이 없는지……. 독립기념관이 고대사나 고작 한일합방까지의 유물 진열관이 되어서는 안 될 것이다. 독립기념관은 기본적으로 일제 식민지 통치에서의 민족해방 운동과 관련된 것이지 6·25전쟁과 관련된 것은 아닐 것이다. 그러므로 6·25 관계는 별 도로 '6·25기념관'이라든지 적절한 것으로 하는 게 좋다고 생각 한다. '독립기념관'에 6·25 관계를 합칠 경우, 기념관에 크게 전시 돼야 할 친일파·반민족행위자들의 역사적 행적이 흐려지기 쉽다. 혹시라도 바로 그런 목적이 있어서 그렇다면 모르거니와, 어디까 지나 동기와 목적이 순수한 '독립'기념관이라면 해방 후에 누가 무엇을 했건 일제 식민통치 아래서의 진실은 그대로 밝혀져야 한 다고 믿는다. 그것으로 상쇄시키는 형식은 용두사미가 되거나 고 작해서 양두구육이 되지 않을까 두렵다.

두고두고 후세의 겨레에게 불변하고 확고한 민족정기를 가르치 기 위해서라도 소련에서와 같은 전철을 밟을 필요가 어디 있겠는 가. 우리 사회에는 그런 내용의 기념관이 되는 것을 두려워하는 개인이나 세력은 없으리라고 나는 믿어 의심치 않는다. 특히 우리 국민은 무엇이든 쉽게 잊고 쉽게 미화하는 미덕이 있는 반면, 비 판에서 철저하지 못한 결점이 있다고 하니까 말이다.

물질 만능주의가 가져오는 결과

작년 말 어느 날인가의 일본 신문에서, '그해 일본 국민의 해외 여행자 성별 통계'라는 재미있는 기사를 본 일이 있다.

나는 한국으로 여행가겠다는 남자가 대만보다 3퍼센트 높았던 것이 인상적이어서 그 숫자를 기억하고 있다. 유럽 지역 여러 나 라들과 미국에는 남녀간에 큰 차 없이 관광을 가고 있다. 필리핀 에는 일본인 남자 82명에 여자 18명이 가고 있으니 필리핀에도

여행하러 가는 나라	남자	여자
유럽 지역 및 미국	51	49
필리핀	82	18
대만	91	9
한국	94	6

일본인 남자만을 유혹하는 무엇이 많은 것이다. 대만과 한국은 남녀 비율이 비슷한데, 이는 압도적으로 일본인 남자들만의 관광천국임을 말해준다. 대만보다 한국이 3퍼센트만큼 더 일본인 남자의 낙원이다. 나는 하도 부끄러워서 이 통계풀이를 더 이상 하고 싶지 않았다.

언젠가 우리나라 여성계에서 김포공항까지 나가 이른바 '일본 남성 기생관광 반대'라는 시위를 했다고 한다. 신문, 라디오 들이 일본인 남자의 이른바 '기생관광'이라는 것을 비난하고, 빈정대고 규탄하는 글과 말을 자다가 봉창 두들기듯이 들먹거리는 것을 나도 보고 읽은 기억이 있다. 그런데 몇 가지 납득이 잘 가지 않는 게 있다. 솔직히 말해서 여자는 어느 정도일지 잘 모르겠지만 남자란 성적으로 공격적인 동물이 아닌가. 조물주가 그렇게 만들어준 것을 피조물인 인간이 어찌할까. 그리고 성의 쾌락을 싫어하거나 마다하는 남자가 몇이나 될까. 있다면 그 사람은 성기능이 비정상이거나 종교적 또는 독신주의적 신념 때문에 승화시키거나 자제하는 것이지 없는 것은 아닐 것이다. 내가 여성 단체의 시위나 한국 언론의 태도를 보면서 그들이 뭔가 핵심을 잘못 잡고 있다고 느꼈는데, 그것은 그들이 '도덕주의'에 빠져 있다는 점이다.

일본인 남자와 여자가 비등하게 여행간다고 해서 유럽 국가나 미국이라는 나라의 인간들이 우리보다 유별나게 도덕적으로 깨끗하다고는 말할 수 없다. 미안하지만 우리나라 남자가 일본인 남자들보다 도덕적으로 순결하다고도 자랑할 수 없다. 그러고 보면, 우리 여성들이나 보도기관들이 일본인 남자들에 대해서만 도덕성을 강요하거나 설교하려 드는 것은 어쩐지 방향이 빗나간 것 같아 보인다.

문제는 어느 나라의 남성의 도덕성이 아니라 한국이라는 나라의 정책과 사회정신이 아닌가 싶다. 일본인 남성이 옛부터 성에 탐닉한다는것은 널리 알려진 사실이다. 일본 전통미술의 한 장르인 '우끼요에'(浮世繪)를 보면 남녀 간의 섹스가 전통적으로 문란했다는 것을 쉽게 알 수 있다. 어쩌면 자유로웠다고 할 수 있을지도 모르겠다. 그렇다 하더라도 그 같은 일본인이 유럽이나 미국을 갈 때는 어째서 남녀가 동반해서 비등한 비율로 가고, 대만과 한국에 올 때에는 여자는 떼어놓고 남자들만 오게 될까. 이렇게 시각을 달리해 보면, 문제는 일본인 남성에게 있기보다는(없다는 것이 아니라) 대만이나 한국 사회의 어딘가에 있는 것이 아닐까 하는 생각이 든다.

'외화'(外貨)라는 것을 이 나라에서 정책적으로 '신위'(神位)로 섬겼던 1970년대에(오늘날도 본질적으로는 마찬가지겠지만), 우리 정부는 외국인 관광객 유치를 숭고한 '국가적 사업'으로 추진한 일이 있다. 어려운 말 쓸 것 없이 '돈벌이'가 국가의 목표였던 것이다. 즉 국가가 '장사꾼'을 자처하고서도 아무런 부끄러움을 느끼지 않았던 때의 일이다. 정부가 외국인 남자 관광객을 더 많이 유치하고, 더 많은 '즐거움'을 베풀어주려는 목적에서 머리를

50

짜낸 것이 '밤의 꽃' 아가씨들에게 '관광요원'이라는 자격증을 주는 것이라고 들었다. 이 자격증을 소지한 이 나라의 젊은 여성에게는 그 무시무시한 야간 통행금지 시간에 자유롭게 나다닐 수 있는 '특권'이 부여되었다고 한다. 간단히 말하면 갈보에게 국가의 특권을 주어 외국인 남자들에게 몸을 팔아서 외국 돈을 뽑아내라는 것이었다.

달러와 엔(円)을 벌기만 하면 됐지, 서서 벌건 누워서 벌건 무슨 차이가 있는가를 묻지 않는 논리다. 무역을 해서 벌건 동포인 여성의 몸을 팔아서 벌건 그 돈에 어떻게 벌었다고 표시될 것도 아니지 않는가라는 얘기다. 그러니 외국인 남성에게 몸 파는 나라의 여성들이 '관광요원'이 되고도 남을 일이지. 피를 나눈 이 겨레의 꽃다운 딸들이 일본인 남자에게 술 팔고, 웃음 팔고, 몸 파는 것을 국책으로 삼을 정도가 되었으니, 찾아오는 일본인 남자에게 무슨 죄가 있는가? 여성 단체와 여대생들이 시위를 해야 한다면 시위의 대상은 누구이며 무엇인가? 중공도 가난하기로 말하면 한국보다 평균적으로 훨씬 가난한 나라다. 그 나라에서 외화가 필요한 정도는 우리 못지않다. 그러기에 최근 몇 해 사이에 그 나라도 관광사업으로 열을 올리고 있다. 그런데 듣자하니 일본의 항공회사가 관광 소개 사업으로 그 나라 도시에 뿌리고 붙일 관광선전 포스터에 중국인 여자의 반나체 그림을 넣었더니 중공 정부는 그 관광 포스터의 배포를 금지시켰다고 한다. "우리는 외국의 돈은 필요하지만, 우리나라 여성은 외국인 관광객의 쾌락의 대상물은 아니다"는 정부 당국자의 말을 신문기사에서 본 적이 있다.

물질 만능주의·돈 숭배사상·경제 우선주의가 나라의 정책이나 목표가 되면 그 나라의 국민은 비인간화되게 마련이다. 차라리 몇 푼의 외국 돈을 덜 벌고 동족의, 국민의 존엄성을 기리는 것이 정부가 할 일이 아니겠는가? 그렇게 해서 일본인 남자들(특히 지체 높은 분들이나 장사꾼)의 환심을 사야 일본(인)이 대한민국에 호감을 가지게 되고, 정치·경제적으로 뒷받침해주는 '우방'이 될 수 있다는 생각에서 그런다면 그런 우방관계는 다시 생각하는 것이 낫지 않을까. 딸을 팔아 번 돈으로 부자 된 아버지는 동네의 비웃음을 사게 마련이다. 돈과 딸을 바꾸어서 권세 있는 사위를 들여오면 그 집은 사위의 것이 될지도 모른다. 여성 단체 회원들의 시위는 할 만한 일이다. 그렇지만 행동에 앞서서 자기들의 공격 대상이 진정 어디에 있는가를 정확하게 가려내는 냉철한 문제의식이 없다면 김포공항과 서울 시내 호텔 주변을 매일같이 싸돌아다녀도 헛수고가 되지 않을까 민망스러워진다.

친일 잔재 정신의 희생물 '연예인'

서서 벌건 누워서 벌건 돈만 벌면 된다는 사상이 이 겨레의 딸들을 비인간화하는 실례는 다른 곳에도 있다. 나라 안으로 들어오는 일본 남자들만을 몰아내려 하지 말고, 일본에 내보낸 이 나라의 딸들을 살펴봐야 할 문제도 있다. 최근 보도에 따르면, 일본의 도시들에는 한국의 젊은 여성 '연예인'이 3,000명이나 있다고 한다. 세상 물정에 어두운 나는 이렇게도 많은 여성 '연예인'이 일본에까지 진출해서 대한민국의 국위를 떨치고, 이 나라의 우수한 문화를 소개하는 큰일을 하고 있는 줄은 미처 몰랐다. 연약한 몸으로 몇 해씩 홀로 가서 이 민족의 문화선전을 위해 고생하는 것이 너무도 고맙고 한편 가슴 아팠다. 그런데 실지로 전해지는 사실을 들으니 그게 아니라고 한다. 3,000명이나 되는 이 '연예인'들은 '외화 획득'을 위해 지난 여러 해 동안 일본 도시를 떠돌아다니면서 역시 일본인 남성을 즐겁게 해주는 '특수한' 연예활동에 종사해왔다니 기가 찰 일이다.

이 겨레의 딸들이 그곳에까지 가서 놀라울 만큼 성과를 올린다는 그 '특수 예능'이 어떻게 특수한지, 그리고 어떤 종류의 예능인지를 웬일인지 우리 보도기관도 상세히 설명하기를 꺼리는 눈치여서 나처럼 원래 비예술적 성향의 사람이 가늠할 길 없다. 그렇게 둔감한 나인데도, 재일동포들이 부끄러워서 낯을 들고 다니질 못하겠다는 불평이 높다라든가, 일본인 여성이나 가정주부들이 남편과의 가정불화 때문에 우리의 '연예인'들을 백안시한다라든가, 일본 정부 당국이 범람하는 범죄 때문에 골치를 앓게 되었다든가 따위의 이야기가 들리는 것으로 짐작컨대 예사스러운 예능활동이 아닌 것만은 사실인 듯하다. 이들 역시 서서 버는 재주보다는 누워서 버는 연예의 특기자들이라고도 한다. 일본에서는 그들을, '밤의 꽃'이라고 한다나……. 나라 안팎의 모든 일을 거미줄처럼 치밀하게 꿰고 있는 우리 정부 당국이 그들의 출국과 소재와 행동을 모르고 있었다면 정부의 명예에 관한 문제다. 그러니까 알고 있었을 뿐더러, '외화 획득의 역군'으로 내보냈다고 해야 명예에 손상이 안 갈 것이다.

이제 그들에게 소환령이 내려졌다고 한다. 더 쉽게 말하면, 일본 사회에서 독소적 존재로 인정되어 쫓겨나는 것이다. 무엇이 잘못되었기에 이 나라의 많은 딸들이 국제적인 천덕꾸러기가 되어 버렸는가? 왜 그렇게 되도록 했는가? 누가 그렇게 했는가? 의문만이 무성하고 답변은 없다. 누구도 캐어묻지 않고, 누구도 그 발상의 책임을 지려 하지 않는구나, 오호통재!

이 나라의 지도자들이 일제 치하에서 동포를 죽도록 사랑한 나머지 독립투쟁에 몸 바친 사람들이었다면, 해방된 지 몇 해도 안 되어서 동포의 딸들을 옛 상전(적)의 나라에 '밤의 꽃'으로 내보내어 돈벌이시킬 생각은 못했을 것이다. 그들이 환장을 하지 않고서야 어떻게 그런 발상을 할 수 있겠는가? 그들에 의해서 민족적 긍지와 정기와 동포애가 이 사회의 정신으로 이어질 수 있었다면 이런 작태는 상상할 수조차 없을 것이다.

이 3,000명의 여성 '연예인'은 웃음 팔고, 몸 팔고, 정신 팔고, 마침내는 혼까지 팔아서 돈을 버는 작태의 여성적 표현이다. 그렇다면 일본과의 관계에서(그리고 마찬가지로 미국과의 관계에서) '연예인' 노릇을 하는 '실업가'는 없는지? 연예인 노릇을 하는 '문화인'은 없는지? 연예인 노릇을 하는 '학자·교수'는 없는지? 연예인 노릇을 하는 '과학자·기술자'는 없는지? 연예인 노릇을 하는 '관료'는 없는지? 연예인 노릇을 하는 '자본가'는 없는지? 연예인 노릇을 하는 '장군'은 없는지? 연예인 노릇을 하는 '정치가'는 없는지? 그들의 공장에서 이 나라의 노동자들이 정당한 권리를 주장하지 못하고, 파업권도 박탈당하고 시키는 대로 일만 해야 하는 경우는 없는지? 혹시라도 있다면 이 나라의 노동자들도 '연예인' 노릇을 하고 있는 셈이다. 나는 그와 같은 사례가 결코 없을 것을 희망하는 시민인 까닭에 그와 같은 질문에 낱낱이 '없다'고 답변하고 싶다. 그렇지만 확신은 없다.

한일회담을 추진한 아무개 국무총리는 "제2의 이완용(李完用)이 되더라도……" 운운하는 용기를 만천하에 천명한 일도 있다. 70년대의 한 시절, 이 나라 국민의 뜻을 대표한다는 국회 국방위원회 위원장이라는 권위를 지닌 분이(그는 육군참모총장직을 지낸 분이다) 일본에 가서 일본 국회의원들과 가진 '간담회'에서 "대한민국 군대는 일본을 지켜주기 위해서 있다. 그러니 일본이 군사원조를 안 해주면 한국 군대를 해산시키겠다……"라는 뜻의 발언을 하기도 했다. 이것은 일본 신문에 보도되었고, 돌아와서 국회에서 야당의 공격을 받고 "그런 말 안 했다"로 유야무야되기는 했지만, 그런 일들을 전해 듣다 보면 높은 분들 가운데 '연예인'이 없다고 자신 있게 단언하지 못하고 망설이는 것이 안타깝다. 보도되지 않아 우리 시민에게는 알려지지 않지만 얼마나 많은 '연예인'들이 있겠는가를 생각하게 된다.

과거의 역사는 현재에 숨쉬고 있고, 내일의 우리를 규정할 것이라는 까닭이 여기에 있다. 내일을 위해 과거를 물어야 한다. 다만 상대방에게만 묻지 말고 자기 자신에게 더 준엄하게 물어야 한다. 그것이 우리가 일본과의 관계나 문제를 정확하게 그리고 거시적으로 처리해나가는 요체가 될 것이다.

봇물 터진 문화협력이란 무엇인가

우리나라와 일본의 관계가 해방 후 어떤 과정이나 단계를 거치면서 오늘에 이르렀는가를 살펴보면 내일의 관계를 예상할 수 있으리라고 믿는다. 1945년 직후 우리나라는 일본보다 우월한 독립국가로서 50년대에는 공백 관계 상태로 지냈다. 60년대에는 미국이 일본을 북아시아에서 가장 긴요한 동맹국으로 만드는 정책 전환을 함에 따라 한국을 일본에 연결시키는 국교 개설로 정치적 관계가 맺어지고, 70년대에는 경제적으로 비약적 발전을 이룩한 일본으로 하여금 한국에 대한 경제적 후원 국가가 되게 했다. 80년대는, 패전 당시 일본인들이 "20년이면 다시 돌아올 것이다"라고 장담했던 것보다는 다소 늦었지만, 바야흐로 군사대국으로 재등장하는 과정에서 미국을 주축으로 하는 한·미·일 군사동맹체제가 서둘러 형성되고 있다. 그러나 군사관계란 역사상 어느 시대 어느 나라의 관계 변화에서건 최종 마무리의 단계에 이루어진다. 그러므로 제도적인 한·일 군사체제는 그에 앞서 문화적으로 두 나라 국민(대중)이 서로 친구가 되는 노력의 단계가 선행될 필요가 있다. 그러고 보면 80년대의 성격은 90년대에 예상되는 군사적 일체화의 정지(整地)작업으로서 문화적 융합 노력의 단계로 보인다. 그것이 이루어지면 군사적 일체화가 미국의 소원대로 완수된다고 보는 전문가들이 많다고 한다. 정치, 경제, 외교, 문화, 군사의 모든 면에서 일본보다 열세한 한국인으로서는 깊어지는 한일관계가 진정 대등하고 평등한 관계일 것인가 하는 데 국민의 관심이 쏠리는 것은 당연하다 하겠다.

개인 간에도 그렇듯이 국민 개개인이 마음을 주지 않으면 정치도 경제도, 더욱이 군사적으로는 하나가 되기 어렵다. 80년대에는 한·일 간에 문화, 예술, 사상, 가치관, 취미, 관습, 생활양식 등 여러 면에서 급속한 접촉과 교류가 촉진될 것이라 믿는 근거가 여기에 있다. 다시 말해서 우리 국민이 물(物)적 차원에서는 이미 일본을 별다른 큰 저항감 없이 수용하게 되었으므로 남은 것은, 일본의 군대가 들어와도 저항감을 느끼지 않도록 정신적으로, 사상적으로, 감정적으로 무마하는 작업이다. 즉 마음을 열게 만드는 작업이다. 그것이 미국과 일본 정부의 장기 정책이라는 사실을 우리는 인식할 필요가 있을 것이다.

아니나 다를까, 1983년 초에 나까소네 야스히로(中曾根康弘)라는 일본국 총리대신이 어려운 이 나라 살림을 위해 40억 달러의 선물 보따리를 가지고 왔다 갔다. 두 나라의 높은 이들의 합의 사항을 밝히는 공동성명에서 특히 주목된 것은 양국 국민대중과 각계 각 분야 간의 문화적·인간적 교류를 촉구한다는 점이었다. 그 뒤부터 갑자기 청소년들에게 인기가 높다는 우리나라 유행가 가수가 일본의 라디오, 텔레비전, 무대 등에서 일본인의 대환영을 받게 되었다고 들린다. 우리 대중은 굉장히 흐뭇해하고 자랑스러운 마음에 도취되어 있는 것 같다. 또한 운동경기가 활발히 교류되고, 여론 조작의 기수인 지식인, 언론인, 문인들이 뻔질나게 왔다 갔다하게 된 것 같다. 우리나라에서 가장 훌륭하다는 대학에 일본을 연구하는 기관이 처음으로 설치되어, 그 운영에 필요한 돈이 어디서 왔느니 안 왔느니 하는 신문기사들도 나왔다. 우리나라 말 방송을 일본 국영방송에서 확장했다는 소식에 우리는 기뻐하기도 했다. 그런가 하면 우리 어린이 800명을 일본에 보내서 일본 사회와 그곳의 소년 소녀들과 친숙하게 만들 계획도 발표되었다. 계획이 아니라 최근에는 일본 어린이 몇백 명이 이 땅에 오기도 했다. 두 나라의 군대도 이미 서로 장교와 군함과 지식을 교환, 훈련하고 있다는 뉴스가 전해진다. 우리의 마당극, 영화, 창(唱), 가곡 등등을 하는 사람들을 일본에서 갑자기 다량으로 불러가고, 일본인들에게서 박수갈채를 받고 있다고도 한다. 앞서 이야기된 3,000명의 '특수 연예인' 여성들이 이상한 절차로 국위를 드높인 것까지 합치면, 이제는 우리나라에서 안 가는 것이 없을 성싶다. 여태까지 문화적 시비가 있을 적마다 한자(漢字)와 도자기를 가르쳤다는 것으로, 우리 선조들의 업적을 들먹이는 것으로 열등의식을 보상하는 데 기를 써온 우리들로서는 굉장한 보람이라 아니할 수 없다. 모든 것이 홍수처럼 건너가고 건너오고 있다.

그런데 나라와 나라 사이의 관계는 '호혜'(互惠)라는 국제적 원칙과 정신이 있다. 이렇게 많은 우리의 것들을 '문화협력'의 이름으로 일본이 받아들이고 있으니 의당 일본의 대응물들이 '호혜원칙' 아래 우리 사회에 들어오게 된다 해도 의아스러울 것이 없다. 우리가 문명국민인 이상 문명사회의 원칙과 정신을 거부할 수는 없다. 거부해서도 안 된다. 국민적 체면이 말이 안 된다. 그러니 머지않아, 일본 정부가 우리의 것들을 허용한 것처럼 우리 정부도 하나 둘씩 일본의 것들을 허용하게 되리라는 것은 상식에 속한다.

일본 대중의 국가별 선호도에 관한 여론조사를 보면 해마다 '한국'은 맨 아래 어느 나라 다음의 두 번째였다. 지난 30여 년을 두고 한 번도 변한 일이 없다. 일본 대중은 한국과 한국인과 한국의 문화를 밑바닥에서 두 번째로 여겨왔다. 그런데 어떤 변이 일어났기에 갑자기 작년부터 이렇게도 급변했다는 것일까. 알다가도 모를 일이어서 어리둥절해질 뿐이다.

최근에는, 일제시대에 우리의 어린 딸들을 일본 군대의 위안부로 끌어내는 일의 책임자였다는 과거의 조선총독부 관리가 어느 텔레비전 방송에 나와 "깊이 사과한다"고 머리를 숙이는 일막이 있었다. 자연스러운 데가 한 점도 없이, 스크린 뒤에 연출자의 존재를 느끼게 하는 어색하고 딱딱한 언동이었다. 나까소네 총리대신이 와서 우리 지도자들과 이야기를 하고 간 뒤부터 갑자기 봇물이 터진 듯이 홍수를 이루는 이 교류라는 행사들은 무엇을 뜻하는 것인지? 보기에 따라서는 너무도 질서정연하게 이루어지는 것 같아서 불안스러워진다.

국가와 민족의 주종관계를 상징했던 현해탄을 다시 잇게 된 부관(釜關)연락선 갑판 위에서 두 나라의 각계 지식인들이 "옛날을 묻어버리자"는 노래와 술의 잔치를 벌였다고 한다. 일본 측 한 대표가 한국 측 대표에게 "빠가야로!"라고 했다고 해서 또 매스컴이 시끌시끌하다. 일본어의 '빠가야로'는 두 가지 뉘앙스로 쓰인다. 너무 다정한 사이에서도 쓰이고, 멸시할 때도 쓰인다. 언제 그렇게 다정해졌는가 놀랍기도 하고, 여전히 한국인은 그들에게 '빠가야로'밖에 안 되는구나 하는 서글픔이 있기도 하다. 그 어느 쪽이건 두 나라 지식인(국민)의 정서적 자세를 표현하는 것일 수가 없어 보인다.

　우리 유행가 가수가 '히트'해서 유행시키고 있다는 「돌아와요 부산항에」라는 노래도 퍽 석연치 않은 인상을 준다. 침략의 출입구였던 부산으로 일본인을 다시 불러들이는 발상 같아서 말이다. 이것은 신경과민 탓이겠지. 하필이면 식민통치의 신작로였던 현해탄의 부관연락선 위에서 그런 작태를 부리는 발상부터가 쌍방에 어딘가 잘못된 데가 있다는 감을 느끼게 된다.

　뭣인지 모르지만, 우리 대중에게는 알려지지 않은 막후에서 일이 착착 진행 중이라는 인상을 받는다. 그렇지 않다면 좋겠다. 좀 더 시원스럽게 일이 되어가면 좋겠다. 무슨 일이건 후련하게 되는 것이 좋은 일일 테니까 말이다.

다시 들어오는 일본 군대

　부관연락선 이야기가 나왔으니 말이지만, 그 항로가 약 25년 만에 다시 개통되었을 때 일본의 유명한 신문에 실렸던 사회만평이 생각난다. 우리 신문의 사회면 만화처럼 일본 신문의 만화도 네 장면으로 구성되어 있다. 첫 장면에는 제비처럼 날씬한 연락선이 과거의 저주스러운 관계를 씻는 듯이 '페리'라는 모던한 이름을 선수(船首)에 그려가지고 등장했다. 둘째 장면에는 '하오리', '하까마'(일본 남녀의 전통 복장)를 입은 일본인 관광객들이 떼를 지어 한국으로 가기 위해 페리선에 올라탄다. 셋째 칸에는 일본 군대의 지프가 페리호의 아가미로 줄지어 들어간다. 마지막 장면은 일본 군대의 탱크가 '히노마루'(日章旗)를 높이 꽂고 페리호를 타고 한국으로 가는 것으로 끝난다. 무슨 그런 만화가 있었을까 하겠지만, 그것은 어딘지 모르게 예언적인 만화였다.

우리는 일본의 문화·사상·관습·제도를 두려워하거나 미워할 필요가 없다. 운동경기가 있을 때마다 아나운서나 선수들이 "일본만은 꼭 이기겠어요"니, "아, 방금 일본 선수를 보기 좋게 눕혔습니다. 고국의 동포들 기뻐하십시오!" 따위의 차원 낮은 민족감정을 애국심으로 착각하는 시대는 하루속히 사라져야 한다. 해방 이후 이 소리를 듣거나 그런 장면을 볼 때마다 얼마나 구역질이 났던가. 그 같은 도착된 말초신경적 애국심을 누군가가 우리 대중에게 불어넣고 있는 동안 문제의 핵심인 대일 자세와 친일 반역자 세력에 대한 정확한 비판의식이 마비되어가고 있다는 사실을 대중은 모른다.

이제는 볼 것을 똑바로 보고, 틀림없이 알고, 속지 말아야 할 단계다. 일본 선수에게 져도, "일본 선수의 기량이 훌륭했습니다. 우리는 배워야 할 것이 많습니다"라고 할 줄 아는 국민이 되어야 한다. 그래야 일본이라는 나라와 우리나라가 국가 차원에서 이기고 지는 진실로 중대한 국면이 시야에 들어올 게 아닌가.

일본은 군사대국이 되었다. 미국은 일본의 군사력과 대한민국 군사력의 결부를 통해 미국의 국가 이익을 추구하는 정책을 추구한 지 오래다. 우리의 국가적·민족적 이익이 어느 점까지 합치되고, 어느 단계가 지나면 민족의 통일에 장애가 될 것인가 등의 대국적 민족주의와 애국주의를 지침으로 해서 사태를 살펴야 할 단계가 급속히 다가오고 있는 것 같다. 나라의 원수가 일본에 다녀온 직후인 이 해의 '국군의 날'에는 또 일본 군대의 최고 수뇌들이 정복 차림으로 버젓이 참석 초대를 받아 오게 되었다고 한다. 이 나라는 일제 치하에서 해방된 지 40년에 다시 어디로 가려 하는가?

　선진 문화는 그것이 설혹 일본의 것이라도 두려움 없이 흡수해도 좋겠지. 일본의 메이지 유신(明治惟新)이 그랬고, 중국의 무술변법(戊戌變法)이 그랬고, 우리의 갑신정변(甲申政變)이 그랬다. 일본은 성공했고 중국과 우리의 조상들은 실패했다. 성공과 실패의 가름길은 여러 가지였겠지만 가장 중요한 것은 대중의 자발적인 동조와 찬성을 얻으려 하지 않고 소수의 사람들이 자기 중심적으로 일을 서두른 결과는 아니었던지?

　우리와 일본, 우리와 미국의 관계는 어느 선까지는 공동의 이익이 되고, 어느 선을 지나면 분단된 민족의 화합과 통일의 염원에 어긋나는 국면이 있다. 군사대국화한 일본 정부는 겉으로는 이 민족의 화해와 통합을 바란다고 한다. 그러면서 뒤에서는 "영구 분단된 한반도가 가장 일본의 이익에 맞는 상태"라고 실토하고 있다. 이제부터 '호혜'로 진행될 군사협력의 홍수가 통일을 향한 길을 든든하게 굳혀주면 오죽이나 좋으랴. 제발 가뜩이나 위태위태한 민족화합과 통일의 길을 싹 휩쓸어 썻어버리는 군사동맹의 길을 다지는 작업이 아니면 오죽이나 좋으랴. 일제 통치때부터 친일분자의 염원은 민족의 분열이었고, 독립 애국지사의 염원은 민족의 분열이 아니라 화해였음을 해방 40년의 날에 되새겨본다.

• 1984

'한·일 문화협력'에 대하여

올림픽의 일본 선수들

며칠 전, 비스듬히 앉은 편한 자세로 올림픽 첫날 각국 선수단 입장식을 텔레비전 중계로 즐기고 있던 나는 어느 한 장면에서 찔끔 놀라 나도 모르게 반듯이 일어나 앉았다. 일본 선수단 행렬이 앞을 지나가고 있었다.

일본 선수단의 입장은 보행이라기보다는 군대의 '분열행진'이었다. 그것도, 고도로 훈련되고, 비인간적일 만큼 엄격한 규율을 자랑하는 '대일본제국'의 황국군대의 그것에 방불했다. 300명 가까운 선수가 하나같이 멀리 정면을 응시하고, 옆으로 눈알을 돌리는 선수는 하나도 없었다. 행렬의 대(隊)와 오(伍)는 바로 그 위에서 바둑을 두어도 될 만했다. 나의 머리에는 40년 전, 중학교 때 보았던 대일본제국 황국군대의 모습이 떠올랐다. 선수들은 시쳇말로 한결같이(거의 인형처럼) 어깨에 힘을 주고, 목을 빳빳이 세운 자세로, 머리끝에서 발끝까지 한 점 나무랄 데 없는 '세계에서 으뜸가는' 황국 육군의 후예들로 보였다. 대개의 나라와 지역의 민족과 인종을 대표하는 선수단이, 심지어 중공과 루마니아, 유고슬라비아 등 공산국가 선수단도, 올림픽의 정신과 분위기에 어울리게 미소와 우호의 표시를 지으며 들어오는데 유독 일본 선수단만이 대쪽 같은 자태로 들어오니 놀라지 않을 수 있겠는가? (그만은 못하지만 그런 식으로 행진한 또 하나가 한국 선수단이었다.) 중학교 시절, 40년 전에 이 땅에서 보았던 대일본제국 황국군대의 행진은 일본 선수단의 그 장면과 겹쳐서 나의 눈앞을 환각처럼 지나갔다.

치졸하다는 느낌 다음에 '무서운 독종이구나!' 하는 생각에 몸이 가볍게 떨렸다. 일본인들이 우리를 이해하지 못하듯이 우리에게도 일본인은 파악하기 어려운 국민(민족)인 것 같다. 일본 선수단은 100여 나라 지역 선수단과 세계의 눈앞에 일본 민족의 '우월성'을 그렇게 과시하려는 것이었는지. 그렇다면 거꾸로 나의 눈에는 그들의 열등의식의 표현 같기만 했다.

이렇듯 이중성이 강한 국민과 우리는 '전면적'인 문화협력의 단계로 들어가려 하고 있다.

『국화와 칼』에서 루스 베네딕트(R. Benedict) 여사가 관찰한 일본(인)관은 굉장히 시사적이다. 일본인은 다음과 같은 특색을 갖고 있다고 베네딕트 여사는 말한다.

① 호전적이며 온순하다.
② 군국주의적이면서 탐미적이다.
③ 불손하면서 예의 바르다.
④ 완고하면서 순응적이다.
⑤ 순종하면서 괴팍하다.

⑥ 충직하면서 배신한다.

⑦ 용감하면서 비겁하다.

⑧ 보수적이면서 뭐든지 새것을 좋아한다.

물론 이것은 외국인의 이해를 돕기 위해서 의도적으로 단순화한 도식적 표현이기는 하지만, 이중성이 '풍부'한 일본 국민성의 특징은 거의 완벽하게 그려져 있다. 이것이 일본의 국민성이다.

얼마 전, 현해탄의 바다 위에 배를 띄워놓고, 그런 국민성을 대표하는 이른바 일본의 '지식인'들과 서로 "과거를 묻지 마세요"를 합창하던 '한국의 대표적 지식인'들이라는 명사들이 일본인한테 "빠가야로!"의 일갈을 당했다는 소식이다. 하필이면 하고많은 곳을 두고, 그 '현해탄' 위를 골라 가서 일본인들에게서 "빠가야로!" 소리를 들어야 했나.

무척 상징적이다. 그 이야기를 들으면서 생각했다. '영락없이 "빠가야로"들의 발상이고 작태로구나!'

과문한 탓에 세상 물정에 어두워 몽롱한 상태로 살고 있는 나에게도 웬일인지 최근 들어 여러 가지 소리가 들려온다. 가로되, '한·일 문화교류 촉진' '한·일 군사안보 확고' '한·일 국민 간 친선 모임'…… 그래서 철없는 신문과 텔레비전은 매일같이 "한·일 관계의 신기원!" "과거에 집착하지 말자!" "누구 누구의 방문, 한·일 새 시대 개막"이라고 소리 높여 떠들어댄다.

그런 차원의 이야기는 하고 싶지도 않지만, 우리나라 무슨 유행가수의 노래가 일본을 '휩쓸'고, 사물놀이니 마당극이 일본에서 '대유행'이고, 국내에서는 이름도 듣지 못한 영화 한 편이 일본 어느 도시 한구석에 있는 영화관에서 상영되거나 문화재 전시회를 한번 열기만 하면, 마치 우리나라의 문화·예술이 일본의 예술·문화재를 압도한 것처럼 야단법석이다. 양국 정부가 뒤에서 조정한 그런 제1단계적 각본을 연출해놓고는 언필칭 내세우는 것이 일본 영화, 가수, 유행가, 운동경기…… 따위의 '호혜평등 원칙'에 입각한 한국 상륙의 허용 당위론이다.

이것은, 도쿄의 한 백화점에서 일본 사람이 한국산 상표가 붙은 양말 한 켤레를 사들고 가는 것을 보고 감격한 나머지, 한국의 자본·상품·시설 시장이 일본의 생산품이 아니고서는 요동도 하지 못하게 묶여버린 현실을 보지 못하는 것이나 다름없다. 이 민족의 비극 6·25전쟁으로 전후 일본 경제를 잿더미에서 재건한 혜택, 1965년의 국교 재개에 따른 이름도 아리송한 '청구권'과 '경제협력' 명목으로 그들의 낙후된 산업 시설을 한국에 팔아 처분해 고도 산업으로 발돋움을 완성한 사실, 그 후 70년대에는 공해산업을 이전해 이 나라가 일본 공업의 시궁창이 되어버린 오늘의 현실……. 이것이 모두 '호혜'의 원칙과 '평등'의 정신으로 이루어진 결과가 아닌가. 이 나라의 근로자들이 저임금에 시달리면서 만들어 세계 각지의 시장에 팔아서 얻은 무역 흑자가 고스란히 일본과의 무역에서 해마다 일본 측의 흑자로 넘어가고 있는데도, 일본의 정부와 실업계는 선진 기술의 이전에는 얼마나 인색한가? 일본의 실업가들이 한국의 기술적 경쟁을 두려워하는 까닭이야 이해할 수 있다 하더라도, 나라를 대표한다는 일본 대사까지 나와서 "기술이 필요하면 돈으로 사오면 될 게 아니냐?"고 거들먹거리는 데에 이르러서는 해도 너무한다는 생각이 든다.

하기는 그렇다. 자본주의 제도에서 필요한 것은 '돈'으로 살 일이지 구걸할 일은 아니지 않은가? 돈은 '호혜'의 매개이며 '등가 교환'일 때는 '평등'의 상징이기도 하다.

최근 들어 갑자기 열을 올리고 있는 한·일 두 나라 정부와 매스미디어 및 그 업무 대행 '지식인'들이 내세우는 '한·일 우호증진'과 '한·일 문화협력 촉진' 운동이 어쩐지 그와 같은 도착된 '호혜' 원칙과 '평등'주의를 명분으로 하는 것 같아 마음이 언짢아진다. 호혜와 평등은 진실로 대등한 관계가 아닌 양자 사이에서는 어느 일방의 이익을 위한 속임수의 말재주임을 모르는 현대인은 없다. 분명히 밝히고 이야기하는데, 이 글을 쓰고 있는 사람은 절대로 쇄국주의자가 아니다. 오히려 인류의 보편적 이익과 복지를 위해서 국수주의 사상에는 반대하고, 세계의 모든 국가, 모든 국민과의 문화교류에는 적극적으로 찬동하는 세계관의 소유자다. '가장 가까운' 일본 국민과의 그것도 덮어놓고 비판적이거나 반대하는 것은 아니다. 현해탄 바다 위의 연락선 갑판에서 일본 지식인들과 만날 수도 있겠지만, 그러나 거기까지는 준엄하게 짚고 넘어가야 할 몇 가지 선행 조건의 충족과 자체 반성이 필요하다는 말을 하려는 것이다.

과연 호혜·평등인가

우선, 한·일 문화교류를 서둘러야 한다는 양국 정부의 공식 합의부터 음미할 필요가 있겠다. 정말 '호혜'와 '평등'으로 이루어질 것인지를 원칙적 토대에서부터 알아보기 위해서다.

1965년 6월 22일 조인되고 12월 18일에 발효된 '대한민국과 일본 간의 문화재 및 문화협력에 관한 협정'은 양국 정부가 "양국 국민의 문화관계를 증진시키기 위하여 가능한 한 협력한다"고 공약한 최초의 의사 표시다(제1조). 그리고 일본이 식민통치 시대에 반출해간 이 민족의 문화재를 협정 효력 발생 후 6개월 내에 인도한다고 했지만(반환이 아닌 점에 주의할 것), 그것조차 "양국 정부 간에 합의되는 절차에 따라" 일본 정부가 '일방적으로 작성한' '부속서'(附屬書)에 열거한 것들이다(제2조). '인도'된 우리의 문화재가 수적으로나 질적으로 보잘것없었다는 것은 당시에 이미 알려진 사실이다. 일본은 우리의 수많은 국보급 문화재를 반환하기를 거부하고, 그것을 얼버무리기 위해 양국 정부는 "각각 자국 내의 미술관, 박물관, 도서관 및 그밖의 학술문화에 관한 시설이 보유하는 문화재에 대하여 타방국(상대방)의 국민에게 연구 기회를 부여하기 위하여 가능한 편의를 제공한다"고 정했다(제3조). 우리의 박물관, 도서관, 미술관, 대학연구…… 등에 있는 일본의 문화재가 얼마나 되며, 일본의 그것들에 소장되어 있는 우리의 문화재가 얼마나 되는가를 비교하면 이 제3조의 진의는 명백해진다. 또 서로 "연구의 편의를 최대한 부여"한다는 합의는 얼핏 보기에 '호혜·평등'의 구현 같지만, 이것은 "보고 싶으면 와서 보라. 돌려주지는 못하겠다"는 말이 된다. 이 모든 합의가 양국 간 문화교류의 숭고한 정신을 노래한 이 조약의 전문(前文), "양국 문화의 역사적인 관계에 비추어 양국의 학술 및 문화의 발전과 연구에 기여할 것을 희망"한다는 염원에서 조인된 것이다. 일본 측의 일방적 권리와 편의를 인정해준 법적 근거다. 그리고 우리 국민의 문화재를 포함한 모든 물(物)적 권리는 한·일 정부 간의 이른바 '재산 청구권' 협정으로 법적으로 해결되어버렸다. 즉 "일본 엔(円) 1,080억 원으로 환산되는 아메리카 합중국의 3억 달러와 동등한 가치를 가지는 일본국의 생산물과 용역"을 10년간에 걸쳐서 '무상

공여'받는(제1조) 대가로, "완전히, 그리고 최종적으로 해결된 것이 된다는 것을 확인한다"로 끝내버린 것이다(제2조). 우리는 몇 푼의 돈으로 우리의 각종 물적·문화적 권리를 양도한 셈이다.

시대는 변해 작년(1982) 초에 나까소네 일본 수상은 40억 달러의 경제원조(협조) 보따리를 들고 왔다가 돌아갈 때는 그 보답으로 쌍방 정부 간에 합의된 '한일 문화협력 촉진'의 한국 측 서약(제12항)을 손에 쥐었다. 역시 돈과 교환한 형식이다. 그리고 다시 금년 7월 초, 이 문제의 구체적 토의를 위해서 내한한 일본 외상은 문화협정과 나까소네 방한시의 양국 정부 공동성명 합의에 따른 한·일 문화교류를 지식인 교환을 포함해 "대대적으로 그리고 본격적으로 전개할 것"이라고 밝혔다. 그 구상과 계획은 사실상 작년부터 슬금슬금 국민의 눈치를 살펴가면서 본격화되어가고 있다.

우리 정부의 의도와는 관계가 없기를 바라지만, 한때 대학생들이 한일 관계를 풍자하며 애창하던 노래 「독도는 우리 땅」이, 일본 정부 외무대신이 화를 냈다는 보도와 함께 '금지곡'이 되었던 사실에는 뒷맛이 쓰다. 요사이 일본인들 사이에서 「돌아와요 부산항에」라는 우리 노래가 애창된다는 것도 굉장히 상징적이다.

일본인 가운데 진보적 또는 혁신적이라는 사람들이 반드시 그렇지 않다는 것은 아니지만, 적어도 우익·보수적 세력과 지도자들은 '부산항으로 돌아가'는 꿈을 꾸고 있는 사람들이다. 그들은 주로 과거의 침략주의자들이거나 '대동아공영권' 신봉자들, 또는 그 정신을 지금에 되살려서 화려했던 '대일본제국' 시대의 향수에 젖은 사상과 세계관의 소유자들이다. 우리가 부산항으로 돌아오라고 하기도 전에 벌써 그들은 서울에 들어앉아 둥지를 튼 지 20

년이 지났다. 우리가 초대를 하지 않아도 그 노래를 부르며 속속 들어올 판이다. 가수 누군가가 불렀다는 그 노래가 그자들의 심정에 완전한 하모니를 일으키고 있는 것은 백번 당연하고 자연스러운 일이다.

이런 현실들을 걱정하는 사람들에게 이 나라의 지도층은 "과거를 묻지 말자"고 가르치고 있다. 일본의 수상과 외상이 다녀간 뒤에 지도자의 입에서 나온 말이 "과거에 집착하지 말자"였다. 좋은 말이다. 한 개인에게 과거에 얽매이는 삶이 퇴보의 길이듯이, 국민이나 국가에게도 과거보다는 미래를 바라보는 명(明)이 있어야 한다. 그런가 하면 일본의 과거를 "잊지는 말자. 그러나 용서하자"는 말이 요사이는 유행어처럼 되었다. 이 같은 철학은 단순히 "과거를 묻지 말자"보다는 한 단계 더 높은 우리 민족의 도덕적·정신적 위대성을 지향하는 것이어서 더욱 좋다. 그 같은 정신은 이승만 대통령 이래 지난 40년간 역대 정권이 편협한 '반공·반일' 정신을 정권 유지의 이데올로기로 삼아왔다는 견지에서도 국민의 정신세계의 수평선을 활짝 열어주는 성장의 표시이기도 하다. 우리 사회는 너무도 오랜 세월을 불모(不毛)의 사상이 지배해왔다. 이제 비약을 해야 할 단계에 온 것이다.

강요된 용서와 강요된 관용

그런데 비약을 하기 위해서는 그에 앞서서 자기점검을 할 필요가 있다. 허약한 체질로 날 생각만 하면 비극이 따르기 쉽다. 고상한 슬로건을 외기에 앞서 잠시 생각을 가다듬어보자.

세상은 지금 온통 과거를 "묻지 말자" "집착하지 말자" "용서하자"의 아름다운 멜로디의 교향곡 시대다. 앞으로는 한일 양국 정부가 결정한 계획대로 두 나라 국민대중들 사이에서 그 합주곡이 더욱 소리 높이 불려질 것으로 예상된다. 바야흐로 '4천만 총기억상실증'의 시대가 도래하려 하고 있다. 그 속에서 이 나라 국민은 '기억상실증 환자'가 되고서도 도덕·정신적으로 위대해진 것 같은 환각에 도취될까 두렵다.

'용서'라는 것은 용서를 안 해도 되는 강자가 할 수 있는 자기 선택이지, 선택의 여지가 없는 약자가 자청해서 할 수 있는 미덕이 아니다. 용서란 승자가 베풀 때에는 도덕적 위대성을 과시하는 미덕일 수 있지만 패자가 부르짖으면 꼴불견이 된다. 비굴의 자기기만일 수가 있다. 작금의 대일 관계에서 마치 국민적 성숙의 표시처럼 고창되고 있는 "잊지는 말되 용서하자"는 구호는 40여 년 전 진주만 기습공격 사건을 놓고서 미국 국민이 일본인에 대한 화해의 정신으로 한때 유행했던 슬로건에서 착상된 것 같다. 그러나 분명히 가려서 생각할 일이 있다. 피해자이면서 승전국인 미국인들은 패전국이자 과거의 가해자인 일본에 대해서 과거를 잊지 않아도 되고, 용서 안 해도 됐지만 그렇게 한 것이다. 열등한 자의 강요당한 망각과 관용이 아니라 우월한 위치에서의 자발적 선택이었던 것이다. 그렇기 때문에 그 정신에는 도덕적 우월함이 있다.

식민지 시대는 접어두고라도, 해방 후 지난 40년간에 형성된 한일 두 나라의 현실적 지위 관계에서 우리가 어설프게 과거를 "잊자"니 "용서하자"니 말할 수 있게 되었는가? "용서하지 말자"는 주장이 아니다. 용서의 의미가 없다는 말이다. 정치·경제·외교·군사·문화적으로 우월해진 상대방에게 선택을 강요당한 '용서'에 무슨 의미가 있단 말인가? 우리 지도자나 이른바 '지식인'들은 무식한 대중에게 좀더 솔직하면 좋겠다. "일본 사람들이 과거를 잊고 용서하라고 윽박지르니 별수 있습니까. 과거지사를 잊고 용서한다고 해야 나의 지위도 안전하고 앞으로도 뭘 좀더 얻어올 게 아니겠습니까?"라고 말이다. 이렇게 나라의 실정과 지도자들의 딱한 사정을 털어놓고 하소연하면 우리 국민은 원래가 너그럽고 건망증이 심한 존재라 쉽게 잊어버리고 쉽게 용서할 것이다. 모두 좀더 솔직해지자.

문화협력의 내용도 문제된다. 한·일 양국 간의 문화 '협력'은 앞에서 보았듯이 불평등한 한·일 국교정상화의 기본 관계에 관한 조약, 재산 청구권, 문화재 및 문화협력, 재일교포의 법적 지위 등에 관한 협정을 바탕으로 사실상 '호혜'와 '협력'의 이름 아래 일방적이고 문화침략적인 성격이 짙다.

우리에게 필요한 일본의 문화에서 이 나라에 들어오지 않은 것이 무엇이 있는가? 심지어 이 국민의 도덕적·정서적 타락을 부채질하는 온갖 퇴폐적 문화가 공식, 비공식 경로로 이 사회에서 홍수를 이루고 있는 현실이 아닌가. 이 나라 국민의 가치관을 규제하는 강력한 요소인 생활양식과 생활용품, 기호물도 무제한으로 들어오고 있다. 학술교환, 공동조사·연구도 활발하다. 양국 매스컴 관련 간부들은 이미 60년대부터 매년 도쿄와 서울에서 번갈아 회동하면서 보도평론의 야합을 하고 있다. 스포츠와 오락의 교환은 포화 상태다. 이 나라의 권세 있고 돈 있는 사람들은 일본을 앞뒷집 드나들듯이 왕래하고 있으며, 그들과 그들의 가족은 간단한 눈병만 나도 국내 병원을 제쳐놓고 일본의 병원을 찾아가고 있다. 국민의 눈에 비치지 않는 군사와 정보 관계 외의 분야에서라면 교류되지 않고 있는 유일한 것이라고는 일본의 영화 정도가 아닌가 싶다. 심지어는 일본을 향해 배례를 한다는 일련종(日蓮宗)까지 우리 사회 안에서 버젓이 포교활동을 하고 있는 판이다.

일본의 첨단산업 기술이야 "돈으로 사거라" 하니 차차 돈으로 해결될 것이지, 일본 영화의 자유 상영을 이쪽이 허가한다고 해서 공짜로 줄 까닭도 없을 것이다. 일본의 영화가 어쩐지 '문화협력'의 큰 초점인 듯이 논의되고 있는 것 같다. 국내 영화산업과 영화 이권 관계자들의 입장을 꼭 보호할 생각은 없지만 일본 영화의 '질'과 '내용'이 문제다. 우리나라의 편협한 이데올로기적 경향에 비판적이거나 반대하는 진정한 평화 애호적 소재와 내용의 영화물(텔레비전 필름을 포함)은 우리 당국이 불허할 것이고 보면, 인류 보편적 가치를 담고 예술적 가치가 높은 영화, 텔레비전물은 기대하기 어렵다. 그리고 일본의 도색문화는 세계적으로 유명하다. 무엇인들 안 들어오겠는가.

일본은 놀라운 속도로 군사대국화의 길을 치닫고 있다. '대일본제국' 황군(皇軍)의 위대성을 찬양하는 출판물과 영상물들이 지금 일본 문화계를 풍미하고 있다. 지난 몇 해 사이에 본격화한 경향이고 풍조다.

역사의 우물에 자신을 비추어보자

무슨 의도를 품은 것인지는 알 수 없으나, 최근 이 나라의 관영 텔레비전은 일본인의 미덕과 장점을 찬양하는 내용물에 열을 올리고 있다는 느낌이다. 일제시대에 친일파였던 상당수의 고령층 인사들은 눈으로 직접 보지 않아도 '일본 숭배'적이다. 이제는 우리의 청소년들과 해방 후 세대들에게까지 무의식중에 일본을 숭배하고 동경하는 심정의 싹을 심어주려는 것 같아 보인다. 일본인에게서 배워야 할 것이 많음을 우리는 잘 알고 있다. 이승만 시대와 같은 맹목적이고 쇄국적인 반일사상은 이 나라 국민의 지적·정신적 왜소화를 초래한 사실을 잊어서는 안 된다. 문제는, 왜 이렇게 한 극단에서 다른 극단으로 돌변하게 되었으며, 그 돌변의 이면에 숨어 있는 양국 정부 간의 의도가 무엇인가 하는 의문이다.

국내의 대학에 여섯 개의 '일본연구소'가 설치되고 드디어 국립 서울대학에 일곱 번째의 본격적인 일본연구소가 설치되었다. 일본어 장려 정책도 대단하다. 일본 연구는 물론 필요한 지적 활동이다. 그렇지만 일본 정부가 재벌의 손을 거쳐서 미국 하버드 대학에 500만 달러의 기금으로 일본연구소를 설치한 것과 일본 정부의 돈 100만 달러로 슬그머니 국립 서울대학에 같은 것이 설치된 것은 문제가 다르다. 하버드 대학의 일본연구소는 일본 문화가 미국을 지배하는 데 첨병이 될 수 없지만, 국립 서울대학의 그것은 우리 정부가 뒷받침하고 있다는 뜻에서도 충분히 그럴 위험성이 있다. 돈의 원천과 수수 경위를 시원스럽게 밝히지 못한다는 것부터 음흉한 분위기를 조성하고 우리의 경계심을 일으키기에 족하다. 우리는 일본 문화와의 관계에서 대원군의 전철을 밟는 어리석음을 범해서도 안 되지만, 순진하게 김옥균처럼 후꾸자와 유끼치(福澤諭吉)식 문화숭배를 되풀이해서도 안 된다.

우리가 한·일 '문화협력'을 진행하는 데 시급히 선행해야 할 작업이 있다. 하나는 역사에서 교훈을 찾는 노력이고, 하나는 현실적 요소들에 대한 냉철한 인식을 하는 일이다. 두 과제는 합쳐서 진정한 민족적 주체의식을 확립하는 자세로 귀일된다고 본다.

일본에서 지금과 같은 '문화협력'에 앞장서는 개인이나 집단 또는 세력의 과거 성분을 알아두자. 그들이 주로 왕년의 제국주의자, 군국주의자, 왕년의 조선총독부 관리들, '대동아공영권' 정책의 주역들이라는 것은 흥미롭다. 이들과 이들의 지지자인 우익 인사와 단체들이 이른바 일본 역사교과서에서 과거를 청산하기를 거부하는 세력으로 알려져 있다. 그리고 바로 이들이 소위 '친한파'니 '지한파'니 하여 대한민국을 지지한다는 것이다.

일본의 전후세대와 앞으로 일본의 주인이 될 청소년들은 대체로 전쟁 반대, 평화 지향적이라고 들려온다. 젊은이들의 그런 경향은 왕년의 군국주의자인 지금의 일본 지배세력에게는 불안스러운 요소가 된다. 일본 정부와 각 분야의 주도권을 장악하고 있는 왕년의 제국주의자들이 '친한파'이고, 그들이 교과서 왜곡에 앞장서고 있다는 것은 '문화협력' 운동을 이해하는 데 도움이 된다(『동아일보』, 1982.8.5, 홍인근 도쿄 특파원의 이 부분 기사는 지극히 교훈적이다).

그들이 '반공'적 사상의 소유자라고 해서 그들이 앞장서 추진하는 '한·일 문화교류'가 진정한 의미에서의 문화교류가 될 것이라는 보장은 아무것도 없어 보인다. 그들은 한일 관계의 과거를 '잊자'거나 '용서하자'는 생각이 없을 뿐더러 한반도를 다시 자기들이 좌지우지해야 할 나라로 확신하고 있는 무리들이다. 얼마나 위험한 사상의 소유자들인가를 우리는 똑바로 인식해야 한다. 「돌아와요 부산항에」라는 노래에 그들은 입이 찢어질 듯 회심의 웃음을 짓고 있을 것이다.

역사에서 배우지 못한 잘못은 우리에게도 있다. 대한민국은 건국 이래 과거 36년 동안 일본의 그런 자들과 결탁해 동포를 먹이로 삼고 입신 영달했던 민족 반역자, 친일분자를 한 사람도 처단한 일이 없다. 이것은 제2차 세계대전으로 해방된 많은 민족국가들 중에서 과거의 남베트남 공화국과 우리밖에 예가 없는 일이다. 타민족의 억압에서 해방된 나라의 민족정기를 확립하려던 1948년의 반민특위와 그 법률은, 대통령 이승만을 정점으로 하는 친일파들의 권력에 의해서 거꾸로 무력으로 탄압받고 해산되어버렸다. 독립운동가와 애국지사 혁명가들을 총칼로 위협하고 고문하고, 이 겨레를 온통 일본 천황의 신민(臣民)으로 만들기 위해서 날뛰고, 일본의 아시아 지배를 위한 전쟁을 '성전'(聖戰)이라고 치켜세우면서 이 나라의 아들딸들을 그 전쟁의 대포밥으로, 일본인 군대의 위안부로, 노동자로 몰아세우던 자들이 해방 이후 얼마 전까지도(어쩌면 지금도) 국민생활, 국가활동의 모든 분야에서 우두머리 자리를 차지하고 있었던 것을 우리는 알고 있다. 자신을 역사의 거울에 비추어보자.

3·1운동의 성지인 파고다 공원을 장사꾼의 성채로 둘러쳐서 동포의 눈에서 가려버린 박정희 대통령 시대의 발상, 광주학생운동 기념일 폐지, 식민지 통치 기간보다도 긴 해방 40년 등, 특히 박정권 아래서 수천, 수만 개의 공장과 도로와 유흥시설을 건설하면서 유독 민족적 정신문화의 상징이어야 할 독립운동비 하나 건립하지 않은 국민임과 국가적 체질을 우리는 반성해야 한다.

해방된 지 16년, 대한민국 정부가 수립된 지도 13년이나 지난 1960년, 전국 경찰 총경의 70퍼센트, 경감의 40퍼센트, 경위의 15퍼센트가 일제 치하의 일본 경찰이었다는 사실(길진현, 『다시 역사에 묻는다』, 삼민사, 19쪽)은 그 당시 이 나라의 국가적 성격은 물론 그 후 한일 관계의 성격을 가름하는 데 많은 점을 시사한다. 또한 중국에서 전투적 무장 독립운동가였던 약산(若山) 김원봉(金

元鳳)이 대한민국 정부 수립 당시, 과거 일제 경찰의 한 우두머리였던 노덕술에 의해 수갑이 채워져서 수도경찰청장(장택상) 앞에 끌려갔다 돌아와서, "여기서는 왜놈(친일파를 가리킴)들 등쌀에 죽을지도 몰라" 하면서 사흘 꼬박 울다가 이북으로 가버렸다는 대목(같은 책, 20쪽)은 앞으로의 한일 관계를 생각하는 데 우리의 시각을 바로잡아주는 재료가 되어준다.

애국자 윤동주(尹東柱) 시인이 우물에 비친 자신의 얼굴에 정이 떨어져 돌아섰듯이, 우리는 이 나라와 국민의 얼굴을 역사의 거울에 비춰보면서 부끄러운 줄을 알아야 한다. 이유와 명분이 무엇이든 우리는 준엄하게 자기반성을 하지 않았다. 그 결과 그런 자들과 그런 세력이 틀어쥐었던 국가권력과 체제는 민족정기를 확립하기는커녕, 그들의 자기 보신책 때문에 민족적 자주성과 독립정신은 시들었다. 외세에 예속되기를 거부하는 독립·애국지사들은 오히려 학대를 받아야 했다. 그들은 일제 식민지 아래서의 자신의 경력을 숨기려 하기는커녕 오히려 자랑하면서 현관고직(顯官高職)에서 영화를 누린 것을 우리는 안다. 그들에게 무슨 '진정한' 동포애가 있고 국민적 주체정신이 있었겠는가. 그들은 어느 외국인이건, 새로운 강대국이나 그 개인과 세력에 영합했다. 그렇게 해서 우리의 민족적·국가적·국민적 자주의식은 싹트지 못하고 말았다. 학문, 예술, 사상, 철학, 과학, 기술, 종교⋯⋯에서 해방 후 민족의 독창적이고도 자주적인 문화를 우리가 발전시키지 못한 것은 너무나도 당연하다. 고작해야 밤낮 고려자기니 석굴암이니 팔만대장경이니, 우리의 조상들이 남겨놓은 문화를 들먹일 뿐, 지난 40년간 우리가 이룩한 자랑할 문화는 무엇이 있는가. 무엇을 가지고 '문화교류'를 하자는 것일까. 우리의 문화는 온통 미국과 일본의 잡탕 문화가 되었다.

우리는 40년 늦게나마 이제부터라도 과거 일제의 잔재와 유제(遺制)를 청산하는 작업을 다그쳐야 할 것이다. 적어도 그 같은 민족의식에 눈을 떠야만 앞으로의 '한·일 문화협력'에서 일본의 쓰레기 문화의 홍수를 막을 수 있을 것이다. 동포에 대한 진정한 사랑이 없는 지난 40년간의 집권자들은 이 나라 국민생활을 극단적 '물질주의'로 병들게 했다. 민족의 도덕적 위대성을 거부하는 지도자는 물질주의로 타락하게 마련이다. 민족, 국가, 국민의 도덕적·정신적·사상적 왜소화를 경제발전, 물질숭배, 외화획득으로 상쇄할 수는 없는 일이다. 미국과 일본의 물질의 대가로 우리는 민족의 도덕적 인격을 양도했다 해도 과언이 아닐 것이다.

분단 고착화의 의도를 간파하는 지혜

우리는 역사와 과거를 너무도 쉽게 '잊어버린' 것이 아닐까? 일본인들은 하나도 잊으려 하지 않는데 말이다. 용서해선 안 될 자들과 사실들을 너무도 쉽게 '용서'해버린 것이 아닐까? 나는 '한·일 문화협력' 본격화에 앞서 이처럼 '잊었던 것'들을 분명하게 상기하고, 너무도 쉽게 용서해버린 사실들을 다시 민족 양심의 심판대에 올려 준엄하게 따져봐야 하리라고 믿는다. 국민적 자기반성 없는 '문화협력'이 흘러갈 종착점이 나는 두렵다.

앞으로의 한·일 문화협력에서 마지막으로, 그러나 가장 큰 경계심을 갖고 지켜보아야 할 한 가지 위험이 있다. 그것이 이 민족의 분단 상태를 고착시키려는 의도에서 나왔거나 그 결과가 되지 않을까 하는 의구심이다. 그리고 일본과 군사적 일체화를 지향하는 과정에서 국민 상호간의 감정적·심리적 마찰 요소들을 제거하려는 장기 계획의 일환이 아니기를 바라는 마음 간절하다. 레이건 미국 대통령은 취임 직후에 미국을 정점으로 하는 하위 동맹국가(국민)들 사이에 존재하는 역사적·심리적(즉 문화적) 갈등을 제거해 군사동맹적 체제를 강화하는 것을 국제 문화정책 목표로 설정했다. 나까소네 일본 수상은 작년 초에 서울을 방문한 뒤 그 길로 와싱톤으로 날아가 한국(한반도)에 대한 미국의 역할을 분담할 것을 선언했다. 한·일 간의 군사적 협력체제 강화가 그 궁극 목표로도 밝혀졌다. 그 목표를 위해서는 한·일 양국 국민 간의 문화적 갈등을 제거할 필요가 있다. 이것이 앞으로 전면적으로 추진되려는 이른바 '문화협력'의 기본 동기이자 목적이라 여겨진다.

일본의 집권세력은 겉으로는 이 민족의 통일을 바란다고 말하지만, 그 기본 정책은 한반도의 영구분단에 있다. 1970년대 중반에 한·일 협력체제가 최고조일 때, 우시지마(牛島) 미국 주재 일본 대사는 미국의 유수 대학들에서 한 순회강연에서 "일본에게 가장 이상적인 한반도 상태는 분단 상태"라고 명백히 공언했다. 일본 외교에서 대사 서열 제1호인 주미 대사의 이 발언은 곧 일본 정부의 본심인 것을 잊어서는 안 된다. 분단된 민족 사이의 내부적 대립 관계를 일본과의 군사동맹으로 뒷받침하려는 발상과 사람들을 경계해야 할 것이다.

분단된 남북의 민족이 주로 외부 정세의 변화 때문에 4반세기 만에 처음으로 민족화합과 통일을 지향하는 '7·4남북공동성명'을 발표했을 때 제일 당황한 것이 바로 일본의 정치가들과 경제인, 실업가들이었다.

가장 가까운 거리의 두 국민은 문화교류에 힘써야 한다. 그럼으로써 서로 적지 않은 혜택을 입을 것이다. 그렇지만 그 동기와 목적은 순수해야 한다. 숨겨진 목적이나 대중에게 밝힐 수 없는 내용의 문화협력이 행해져서는 안 된다.

앞으로 어떤 기회에 그 같은 일본 집권세력이 천황을 시켜서 한·일 관계의 과거에 관해 무슨 말을 하리라고 한다. 한반도의 절반을 다시 움켜쥐어보려는 그들이 천황을 시켜 하는 아리송한 말과 선전에 우리는 넋을 잃어서는 안 된다.

양국 정부가 다그치려는 소위 '문화협력'이 일본의 한국 지배권을 강화하는 데 도움이 되거나 두 나라의 군사적 동맹화를 지향하는 과정으로서의 정지(整地)작업 같은 성격이 되면, 우리는 오늘의 불찰을 두고두고 후회하게 될지 모른다.

• 1984

다시 일본의 '교과서 문제'를 생각한다
• 이데올로기 및 국제정치적 측면

총리대신의 야스구니 신사 공식 참배

일본국 수상 나까소네는 1983년 4월 21일 오전 9시 21분 야스구니 신사를 참배했다. 수상 취임 후 처음으로 참배한 나까소네 수상은, 대일본제국이 약 60년 동안 수행한 수십 차례의 이민족 침략전쟁과 전역(戰役)에서 사망한 대일본제국 황군의 '전몰용사'를 봉치한 야스구니 신사의 참배자 방명록에 '내각총리대신 나까소네 야스히로'(內閣總理大臣 中曾根康弘)라고 기입했다.

구일본 제국주의·군국주의 정신의 국가적 상징이던 야스구니 신사는 제2차 대전 패전 후 '민주 일본'으로 재생하면서 국가의 예산 지원에서 배제되었다. 국가의 직접 운영도 금지되었고, 수많은 침략전쟁의 광적인 역사를 기억하는 양식 있는 민주주의적 일본인들은 이 제국주의·군국주의·천황 파시즘의 상징을 혐오했다. 그 때문에 '황국군 전몰용사'의 제단은 해방 후 극우파를 제외한 일본 국민에게 외면당해왔다. 종전 후 일본의 국회와 정부는, "국무대신이 공식 자격으로 야스구니 신사를 참배하는 것은 헌법 위반"이라는 통일 견해를 견지해왔다. 그러나 10여 년 전부터 일본 정부 대신들은 '사인'(私人)의 자격으로 하나 둘씩 참배하는 것을 기정 사실로 만들어왔다. 그러다가 나까소네 수상 취임(1982년 겨울) 후에는 각료 거의 전원이 집단적으로, 그러나 '사인'으로 참배했고, 드디어 나까소네 수상이 패전 후 38년 만에 '일본국 내 각총리대신'의 공식 직함을 버젓이 방명록에 기입하면서 참배함으로써 일본의 국가이념은 하나의 전환점을 기록했다. 38년간에 걸쳐 치밀하게, 조직적으로, 끈질기게 추진되어온 야스구니 신사의 명예회복과 복권이 이루어진 것이다. 이 사실은 무슨 의미를 지니는 것인가? 이 글은 작년(1982) 후반기에 걸쳐서 우리나라를 괴롭혔던 이른바 일본의 '정부 검정 교과서' 문제를 이데올로기적 측면과 국제정치적 측면에서 정리해보려는 것이다.

교과서는 한 시대의 한 국가(사회)가 그 국민(시민)에게 이상적 가치관과 세계관을 제시하는 집약적 표현이다. 거꾸로 말해서, 한 사회의 교과서는 그 사회(국가)의 이데올로기의 집약이다. 우리나라에서는 작년의 일본 교과서 분쟁을 단순한 '역사교과서'로 착각한 경향이 있었다. 실제로 일본의 교과서가 일본 국내에서 문제되는 까닭은 그것이 단순하게 '역사'로서의 '과거'에 관한 기술을 왜곡하고 있기 때문이 아니다. 오히려 그들 나라와 사회 내부에서 문제되는 까닭은, 과거보다 '현재'를 왜곡하고 있고 그 현재의 사실에 대한 왜곡이 '내일', 즉 앞으로의 일본이라는 나라의 진로에 심각한 불안감과 의구심을 갖게 하기 때문이다. 우리 사회에서 일본의 교과서 문제를 '역사 기술 왜곡'이라는 시각에서만 본 까닭에 우리 국민의 시선은 '고대사'에 못박혔거나 고작해야 일제 식민지 시대에 관심이 국한되었다. 그와 같은 인식이나 관점이 문제의 본질을 전혀 파악하지 못한 것은 아니라 하더라도, 교과서를 통해서 판단되는 일본 정부의 현재와 특히 '내일'이 우리에게 얼마나 심각한 경각심을 요구하는가에 관해서 전혀 초점이 빗나간 반응을 일으키게 했다.

그 적절한 실례로서, 우리의 정부 당국은 일본 정부 검정 교과서가 왜곡 기술했다는 일곱 가지 예를 제시했다. '사실과 다른 미화기술'(美化記述)이라고 해서 신문에 보도시킨 사례인데, 그것은 다음과 같다(『동아일보』, 1982.7.27).

왜곡된 일곱 가지

한국침략: 진출 본격화, 내정권(內政權) 접수

주권탈취: 양위(讓位) 재촉, 군이 저항 진압

지사탄압: 조선인의 권리·자유 제한

토지약탈: 토지조사 후 관유지(官有地)로 접수

3·1운동: 데모·폭동이 조선에 파급

국어금지: 조선어·일어가 공용어로

신사참배: 강요 안 하고 장려했을 뿐

이상과 같이 우리 정부가 일본 교과서 문제를 '과거형'으로 지향시키는 바람에, 이 나라 식자들의 대응도, '임나일본부'(任那日本府)의 실재 여부 문제니, '발해와 일본 관계'의 왜곡이니 하는 구름잡는 이야기로 맴돌다 말았다. 고작해서, 시대적 하한선을 내려봐도 반세기 이전 이야기가 분쟁의 초점인 듯한 논쟁을 벌이다 말았다. 그러다가 교과서 문제와는 다른 독립기념관 건립 운동으로 전환되면서, '외교적 타결'이라고 하여 해결이 난 듯 착각하고 만

것은 당연하다 할 것이다.

미국에 레이건 행정부가 들어서고, 교과서 분쟁이 절정에 이른 무렵, 일본에 나까소네 수상이 취임하면서부터 한반도 주변에는 갑자기 긴장감이 고조되기 시작했다. 군사력 강화만이 모든 문제의 해결책이고, 군사력의 미비가 모든 문제의 원인인 듯, 한시도 쉴 사이 없이 놀라운 발언이 고조되고 있다. 심지어는 수십만 리 떨어진 중동의 아랍 어느 곳에 분쟁이 나도 미국은 이 민족이 사는 한반도 위에 핵폭탄을 투하할 결심임을 공언하는 사태에까지 이르렀다. 이와 함께 일본은 한반도의 해상봉쇄니 일본 군대에 의한 한반도에서의 군사작전이니 하는 말을 서슴지 않게 되었다.

일본 정부 검정 교과서 문제는 이 같은 국제정치와는 얼핏 보기에 관련된 현상이 아닌 듯싶다. 그러나 사실은 일본 정부가 일본의 소·중·고등학교 교과서를 검정하고, '역사'뿐만 아니라 '현재의 사실'까지 왜곡하는 까닭은 그 같은 관계선상에서라고 이해된다. 사실이 그런지 아닌지, 그 연관성의 여부를 찾아보려는 것이 이 글의 의도다.

독일과 일본의 비교

동·서양에서 무력에 의한 지배를 꿈꾸다 참패한 일본과 독일 민족이 종전 이후에 보여준 태도는 대조적이었다. 문제의 교과서를 놓고 보더라도 그렇다. 공산주의 정권인 동독은 파시즘에 대한 전면적 말살정책을 취했다. 서독도 1949년 브라운슈바이크에 국제교과서연구소를 설치해 서독의 역사가와 교사들이 파시즘, 나치의 피해를 입은 주변 인접 국가들의 학자·교사들과 함께 왜곡된 역사적 기술, 표현, 평가를 바로잡는 공동연구 작업을 추진했다. 과거를 비판하고 학문적 양심에 입각해서 다시는 범죄적 국가와 민족이 되지 않도록 새 세대를 교육할 근본 사상으로서 교과서 수정 작업은 국제적으로 이루어졌다. 대체로 다음과 같은 단계적 성과가 이루어진 것으로 알려져 있다.

범죄적 과거의 책임 규명

1950년대에 걸친 이 작업은 '게르만 민족 선민(選民)사상'이 저지른 범죄행위를 도덕적으로 단죄하는 책임 규명의 작업으로서, 이 단계는 주로 전승 연합국 측의 작용에 호응하는 노력이었다.

범죄적 행위의 원인 분석

1960년대에 걸친 노력으로서, 범죄행위의 여러 사건을 놓고 그 원인을 분석하는 케이스 스터디 형식. 연합국 측의 작용에 호응하는 수동적 자세에서, 유럽 사회에 되돌아갈 민주주의적 세계관을 심어주려는 자발적·능동적 자세로 추진되었다.

구조적 해부 작업

1970년대의 노력으로서, 나치체제·권력구조의 특성 및 권력 엘리트의 성분구조, 정책 결정 과정에서 그들의 위치와 역할 등 종합적인 구조적 차원에서의 해부 작업.

이상과 같은 단계의 노력을 거치는 동안에 독일 정부와 국민은 파시즘, 군국통치의 악몽을 털어버리고 민주국가로서의 변신(變身)을 위해 적극적으로 노력했다. 서독 사회(국민)의 이 같은 자기

반성에는 두 가지 큰 요인이 외부적으로 작용한 것이 그 추진력이 되었다. 하나는 나치즘의 피해자인 미·영·불·동유럽 나라들이 다 같이 종전 후의 대독(對獨) 처리에 동등하게 참여한 까닭이다. 미국은 그 가운데 주요 국가이기는 하지만 직접적 피해 국가인 유럽 국가들이 독일 민족국가의 근원적 개조에 대등한 발언권을 가졌기 때문이다. 다음은 파시즘의 최대 희생자였던 소련이 미국보다 오히려 더 강력하게, 그리고 더 큰 발언권을 가지고 나치 '전범재판'을 철저하게 '비나치화' 방향으로 몰고 갔기 때문이다. 뉘른베르크 재판이 말해주듯이, 미국은 나치 범죄자들의 처벌에 소극적이었던 것에 비해서 소련은 나치즘의 발본색원적인 철저하고 완전한 숙청을 요구했다. 그리고 그렇게 결말지어졌다.

일본의 경우는 이와 대조적이다. 결론적으로 말하면, 일본인들이 종전 후 40년 가까운 세월이 지났는데도 작년에 일어난 것과 같이 자기반성의 기미조차 보이지 않는 주요 원인은 전후 미국의 일본 점령정책 탓이라 할 수 있다. 미국의 일본 '전후처리'는 독일에 대한 것과 아주 다른 길을 걸었다.

일본과 싸웠던 연합국들은 포츠담선언(1945.7.26)을 비롯한 공식 선언들과 비밀 합의에 따라서, 독일에 대한 일반적 조건 외에도 추가 조건으로 전후 일본국의 지위를 구상했던 것이다. 그것은 특히 '대일 전쟁배상' 조건에서였다. 기본 원칙으로는 '대독 전쟁배상'의 경우와 같은 3원칙이다. 미국 정부의 「일본 항복 후의 대일 기본 정책」(1947.7.11)은 모두 ① 일본의 군수생산에 도움이 되는 공장, 기계, 시설의 철거와 파괴, ② 일본 국민이 최저한의 생활 수준을 유지하는 데 필요한 것 이상의 경제능력 전면 말살, ③ 점령 상태 아래 일본 국민의 최저 생활 수준 유지에 필요한 수입품 대가로서의 물자 인도의 우선적인 인정 등을 결정했던 것이다.

이 세 조건 중에서 가장 중요한 것이 제1항과 제2항이다. 미·영·소·중 4대국은 이 원칙에 따라서, 구체적으로는 일본이 다시는 군사적 능력을 갖지 못하도록 하기 위해서 제1항과 같이 현재(당시)의 군수산업뿐만 아니라 "군용품 생산에 도움이 될 수 있는" 공장, 기계, 기구, 설비까지를 완전 철거해 피해국들에 전쟁배상으로 인도하기로 합의했다. 둘째로, 일본의 경제는 일본이 침략전쟁을 시작한 청일전쟁(1895) 당시의 수준으로 환원시키기로 합의했다(제2항의 세부 합의 내용).

일본 점령통치의 권력기관인 연합국 총사령부(GHQ)는 위의 구체적인 목적을 위해서 '군수공장 시설'과 '군수생산에 이용될 가능성이 있는 민간공장 시설'을 합쳐 845개를 완전 철거 또는 파괴한다는 지령을 내렸다. 그러나 1949년 봄까지 사이에 극히 적은 분량이 철거, 인계된 단계에서 미국의 대일 점령정책은 급선회했다. 이 시기에는 유럽에서 왕년의 동맹 소련과의 냉전이 시작되었고, 중국에서는 장개석 국민당 정부가 망하고 모택동 공산당 정부가 수립되었다. 그런 국제정세의 변화 과정을 배경으로 해 미국 정부는 이미 1946년 8월에 폴리(Poley) 조사단의 최종 보고, 국무성의 1947년 11월 대일 정책안, 「스트라이크 조사단 보고」(1948. 3), 「존스톤(Johnstone) 조사단 보고서」(1948.5)…… 등을 통해 전쟁 중의 대일 전후처리에 관한 연합국의 합의를 백지화하는 방향으로 가고 있었다. 드디어 1949년 6월, 미국 정부는 일본의 전쟁배상 전면 취소를 선언했다. 일본의 경제력과 국민생활 수준을 일단 청일전쟁 시기로 환원시키고, 현재의 전쟁능력 생산력뿐 아니라 "그 목적에 도움이 될 수 있는 잠재적 생산능력을 일본에게서 발탁한다"는 연합국의 정책은 백지화되었다.

이 같은 미국의 일본 전후처리 정책 반전에 대해서 소련은 강력히 반대했다. 그러나 일본의 실제적 점령통치 권력인 연합국 총사령부는 사실상 미국의 단독사령관(더글러스 맥아더 원수)의 군정부였다. 일본 점령정책에 대한 연합국의 자문기관인 대(對)일본 연합국이사회도 그 이름뿐이고 미국 정부 단독기관이나 다름없었다. 일본을 동북아에서의 미국의 강력한 공업·군사기지로 만들려는 미국 정부의 정책을 저지할 힘은 연합국의 누구에게도 없었다.

일본 군국주의, 제국주의, 식민주의, 천황 파시즘의 원흉들을 처단하려는 '극동국제군사재판'도 사실상 미국의 단독적 재판이었다. 미국 정부를 대표해 1948년 1월 6일 로열 육군장관이 일본을 아시아 공산주의에 대한 방벽으로 만들 것이라고 연설함으로써 미국으로서는 바로 3년 전의 그 전쟁범죄자들을 '동맹자'로 받아들이게 되었다. 공산주의자보다는 군국주의자, 제국주의자, 식민주의자, 국수주의자, 파시스트, 천황주의자가 미국에게는 벗이었다. 1948년 11월 12일, 도쿄전범재판은 도조 히데끼(東條英機) 원수 등 7명에게 교수형, 16명에게 종신형을 선언하고 막을 내렸다. 그러나 6·25전쟁이 일어난 직후인 1950년 10월 13일 과거 전쟁범죄자들은 전원 석방되어 다시 공직으로 되돌아갔다. 그뿐 아니라 종전 직후 공직 추방을 당했던 일본의 과거 범죄의 각 분야에서의 주모자급 10,090명이 모두 해제·복직되었다. 일본의 정치, 경제, 군사, 문화의 모든 분야에서 왕년의 '전쟁범죄자'들이 최고권력을 다시 잡게 되었다. 그 후 그들의 얼굴을 우리는 소위 '친한파' 명단에서와 일본 교과서 문제에서 다시 보게 되는 것이다. 전쟁범죄자의 이 같은 처리는 나치 전범자들이 최후까지 한 명도 석방되지 않은 독일의 경우와 너무나 대조적이다. 여기서 우리는 그 후의 일본의 국가적 체질의 위험스러운 변질과 교과서 문제가 그들의 이데올로기적 표현임을 알게 되는 것이다. 1950년 6월 6·25전쟁이 일어나자 미국 정부는 일본 정부에게 '재군비'를 명령했다. 이에 따라 1950년 8월 경찰예비대가 창설되어 일본 재군비가 시작되었고, 54년 7월, 현재의 위장된 대군사력 자위대가 발족했다.

일본 재군비와 교과서의 관계

일본의 '헌법'을 흔히 '평화헌법'이라고 부른다. 그 명칭은 일본국 헌법 제9조의 다음과 같은 규정에서 연유한다.

제1항: 일본 국민은 정의와 질서를 기초로 하는 국제평화를 성실하게 희구하여 국권의 발동인 전쟁과 무력에 의한 위하(威嚇) 또는 무력의 행사는 국제적 분쟁을 해결하는 수단으로서는 이를 영구히 방기(放棄)한다.
제2항: 전항의 목적을 달성하기 위하여 육·해·공군 및 기타의 전력은 이를 보지(保持)하지 않는다. 국(가)의 교전권(交戰權)은 이를 인(정)하지 않는다.

군사력을 보유하지 않고, 교전권을 인정하지 않으면, 군사력에 의한 국권의 발동과 수행을 영원히 포기하기로 한 것이다. 이 '군사력 포기' 헌법은 앞서 설명된 바와 같이 전시 중 연합국들의 합의에 의해서 일본을 영원히 비군사화한다는 기본 방침에 따른 것으로 1947년 5월 3일에 시행되었다. 그런데 이 헌법은 사실상 3년 간밖에 시행되지 않은 셈이다. 1950년 7월에 과거의 '일제 황국 군'을 주축으로 하는 군대가 창설되었기 때문이다. 같은 해 8월 '경찰예비대'라는 겉치레를 한 '일본군'의 재등장과 공직 추방조 치가 해제되면서 일본 사회 각 분야의 최고위층에 되돌아가 자리 잡은 10,090명의 과거 제국주의·국수주의자들의 이데올로기가 바로 원천적으로 일본 교과서의 성격을 규정하는 것이다. 우리나 라의 선량한 국민들은 그것을 32년이나 지난 뒤에야 비로소 깨닫 고 그토록 놀라고 흥분한 것이다.

태평양전쟁 패망 후 잠시 숨을 죽이고 기회를 노리던 극우·국 수주의적 제국주의, 국가지상·반민주적 세력은 재군비 개시를 신 호로 일제히 무대의 표면으로 뛰어올랐다. 전쟁 기간 중 그 세력 의 사상적인 교조(敎祖)였던 사학자 히라이즈미 기요시(平泉澄)도 그 가운데 한 사람이다. 그는 그해 6월『국가와 헌법』을 저술하여 민주적 헌법을 부정하면서 전전(戰前) 이데올로기와 국가체제로 복귀할 것을 제창하고 나섰다.

히라이즈미는 제국주의 시기에 도쿄대학 사학과 주임교수로서 일본 군국주의 이론으로 학계와 일본 군대 및 사회 전반의 정신적 지도자였다. '히라이즈미 사상'의 특징은 극단적으로 관념적인 정 신주의이며, 일종의 광신적인 '천황 중심적 일본 가족국가' 사상 이다.

재군비 반응과 때를 같이하여 1955년에는 패전 후 처음으로 국 정교과서에 대한 검정 강화 조치가 취해졌다. 문부성에 교과서 전 담 조사관직이 설치되고, 교과서 '검정위원회'의 설치와 그 예산에 관한 행정·입법조치가 취해졌다. 패전 직후에는 연합국의 일본국

체질 개선 정책에 따라서 정부기구의 하나인 내무성이 폐지되었다. 내무성은 경찰과 첩보·정보기관을 장악 지휘한 무서운 사상통제 기관이었다. 패전 후 많은 내무성 관리들이 문부성으로 그 자리를 옮겼다. 특히 히라이즈미를 비롯한 그의 국수주의·국가지상주의 사상의 추종자와 제자들이 신설된 교과서 관계 기관에 막강한 세력을 확립했다.

미국에 의한 일본 재군비 촉진과 그 정책에, 과거 영광의 재현을 노리는 일본인 복고주의 세력의 합동작전은 이해에 최초의 '교과서 사건'으로 알려지게 되는 '이에나가 사부로오 교과서 사건'을 낳았다. 도쿄 교육대학 교수인 사학자 이에나가 사부로오의 고등학교 역사 교과서 『신일본사』는 일본 군국주의 침략전쟁의 본질을 기술하고 그 구체적 행동을 사실대로 묘사한 내용이었다. 그의이 저서는 1952년에 교과서로 채택되어 많은 고등학교에서 사용되어온 것이었다. 말썽 없이 사용되어온 교과서가 재군비의 개시와 동시에 300군데나 되는 수정 지시를 받게 되었다. 집권세력의이데올로기를 대표하는 히라이즈미 등 교과서 검정기관의 본보기적 저격을 받게 된 것이다. 이 교과서 분쟁은 교과서와 관련된 최초의 '위헌 소송'으로 확대되었다. 그 소인(所因)은 ① 정부에 의한 교과서 검정이 일본 헌법에 규정된 학문, 양심, 언론, 사상 등자유와 권리에 대한 침해, ② 교과서 불합격 처분에 따르는 피해에 대한 국가의 배상 청구다. 이 소송은 1심과 2심에서 엎치락뒤치락하면서 사건 발생 이후 30년이 지난 현재까지도 일본 대법원(최고재판소)이 최종 판결을 내리지 않고 있다.

일본 집권세력의 종합적 정치권력인 자민당은 이 단계에서 양심적 교과서 저술에 대한 반대 운동을 공공연히 전개하기 시작했

다. 1955년 자민당이 공표한 『자민당 정책 해설 팜플레트』는 히다까 로꾸로오(日高六郎)·나가스 가즈지(長洲一二)가 함께 쓴 『일본의 사회』까지 문제 삼아, 『신일본사』와 함께 제국주의, 식민주의, 군국주의 시대의 사실적 기술에 제동을 걸었다. '과거 반성'을 거부하는 이들 집권세력은 그 같은 반성이 담긴 교과서를 '좌경적' 또는 '진보적'이라고 낙인 찍으면서 비판하고 나섰다. 『자민당 정책 해설 팜플레트』3 「걱정스러운 교과서 문제」(うれうべき 教科書 問題)는 그 후 검정의 지침이 되었다. 그들은 어째서 과거의 반성을 거부하려 했는가? 앞에서 보았듯이 보수적 우익 자민당 집권세력과 그 정치권력을 구성하는 각 부문의 최고 지도급 인사들은 거의 예외없이 미국의 일본 재군비화 정책으로 전쟁 범죄자나 공직 추방에서 풀려난 제국주의 이데올로기의 책임자들이었다. 과거의 반성은 필연적으로, 논리적으로 그들의 과거 행적에 대한 비판이 될 수밖에 없다. 마치 우리나라에서 해방 후 일제시대에 대한 근본적인 비판이나 반성이 이루어지지 못하고 넘어온 것이나 다름없는 상황이다.

일본 재군비와 문화정책의 관계

그러나 교과서 분쟁은 재군비와 관련된 한 부문에 지나지 않는다. 그것은 일본을 다시 '군사대국화'하기 위해 선행돼야 할, 또는 병행 또는 수반돼야 할 제도, 사상, 가치관, 관습, 심리, 정서……등 한마디로 문화 전반의 반동화 노력이다. 사회의 문화활동 전반에 걸친 그 같은 역동(逆動)은 1960년대로 접어들면서 가속화되었다.

1958년부터 일본은 본격적인 군비 방법으로 제1차 5개년 군비 확장 계획에 들어갔다. 특히 정치적으로는 제1차 재군비 계획에 들어간 이 해가 기시 노부스께가 수상이 된 첫해임을 알아둘 필요가 있다. 기시는 만주와 조선, 중국 침략통치 및 아시아 민족 수탈의 원흉인 제국주의 시대의 최고위 재무·상공 책임관료였다. A급 전쟁범죄자로 무기징역 선고를 받았던 장본인이 어느새 전후 '민주 일본'의 총리대신으로 들어앉은 사실은 우리에게 많은 것을 시사해준다.

1960년대에 두 차례의 재군비 5개년 계획이 진행되는 동안, 군대는 차츰 일반적으로 기정 사실화되어갔고, 군가가 부활했다. 태평양전쟁이니 과거의 제국주의 식민지 영토 팽창에 대해서도 정당화론이 서슴없이 나타났다. 평화헌법의 수정 또는 폐기가 보수 세력의 강령이 되었을 뿐만 아니라 핵무기를 소유해야 한다는 주장마저 생겼다.

1964년의 사토 에이사꾸(佐藤榮作) 수상 내각부터는 군사대국 지향적인 국민사상 '세뇌' 작업이 자민당 세력을 구성하는 여러 집단과 계층의 중요한 협동 노력으로 표면화했다. '메이지 100년제'가 거행되고, 천황 통치의 신화적 토대인 '기원절'(紀元節)의 부활, 침략전쟁 전사자의 위령 안치소인 야스구니 신사에 대한 국가 예산 배당과 그 국가 운영 요구, 각료의 야스구니 신사 참배, 지배자 철학과 사상통제의 성전(聖典)인 교육칙어(敎育勅語) 부활 노력, 천황을 명목적이 아닌 실권자적 원수(元首)로 바꾸려는 주장, 냉전사상, 좌우 이데올로기를 구실로 하는 각종 민권·인권의 제한조치 요구 등이 지배세력의 공공연한 또는 은밀한 선도와 방조 아래 대대적으로 전개되었다.

군국주의화 경향에 반대하는 일본 사회당의 당수 아사누마 이네지로오(淺沼稱次郞)가 그 세력의 행동대원에 의해서 공개석상에서 칼에 찔려 죽는 사진은 전 세계의 생각하는 사람들에게 일본의 가는 길에 처음으로 두려움을 품게 했다. 같은 해, 유력한 지식인 종합잡지 『중앙공론』(中央公論)은 작가 후까자와 시찌로오(深澤七郞)의 소설 『월류우담』(月流憂譚)을 실었다. 소설에 천황과 황태자가 등장하는데 극우적 천황 숭배 세력은 이것을 황실 모독이라고 일대 선전·선동 캠페인을 전개했다. 『중앙공론』 사장 하도나까(鳩中鵬二)는 암살당했다. 그들의 행동과 이념은 왕년의 5·15와 2·26 사건과 같은 '청년장교'들의 극우 쿠데타였다. 이들은 반공을 지도이념으로 하면서 동시에 소박한 반자본주의, 일본의 특수성과 토착성의 비이성적일 만큼의 강조, 민주주의 및 개인적 자율성의 부정, 생활의 집단화와 일사불란한 명령체제 속에서의 희열, 부족관념적 일본문화 숭배사상…… 등이 그 정서적 토대다.

1970년대에 들어오면서 그들의 활동은 단순한 선전에 그치지 않고 행동적 단계로 고양되었다. 1972년부터 76년까지는 제4차 5개년 군비강화 계획이, 1977년부터 81년까지는 제5차 5개년 군비강화 계획이 맹렬하게 진행되었다(군비 증강의 구체적 성격과 내용에 관해서는 뒤에서 자세히 살피기로 한다).

1970년대에 들어선 첫해 10월, 젊은 작가 미시마 유끼오(三田島由紀夫)에 의해서 이 위험스러운 추세는 극적으로 다시 세상에 드러났다. 일본 자위대를 그 세력의 물리적 폭력기구로 동원하여 쿠데타를 선동 시도하다가 실패한 이 관념적 천황주의, 일본 민족주의자는 '사무라이'식 자결로 그 본질을 과시했다. 이 사건은 우리나라에서도 그 당시 화려하게 보도되었다. 우리나라 이념·사상

풍토에서 미시마 사건이 대체로 호의적으로 받아들여진 듯했던 것은 무리가 아니다. 어떤 문인은 미사마의 자결과 그것이 상징하는 정신에 찬사를 아끼지 않는 글을 쓰기도 했다.

미시마는, 일본 자위대의 문민(文民) 통솔 체제, 그 민주적 편성, 전쟁 기피 성향 등을 규탄하고 과거의 '일본 제국군대'와 같은 사무라이 군대정신의 복고를 외치는 우익 복고주의 세력의 정신적(행동적) 영웅이 되었다. 미시마 사건을 전후해서 특히 영화, 소설, 연극 등 문예 분야에서 '전쟁물'이 절정에 이르렀다. 왕년의 '군국 일본'을 기리는 노스탤지어와 예찬이 오히려 시세를 이끄는 주류가 되었다.

일본의 생산력과 군사대국화의 관계

1954년을 전후해, 평화국가적 성격에서 군사대국화로 전환함을 기점으로 진행된 일본의 군사력 증가는 어떤 성격과 내용을 지니는가를 살펴볼 필요가 있다.

일본 정부는 군대(자위대) 창설 3년 후인 1957년부터 5차에 걸쳐 5개년 계획으로 군사력을 증강해 현재(1983)는 이른바 '포스트(post) 5차'의 단계에 들어서 있다. 군사력의 물질적 전력(이를테면 병력, 탱크, 함정, 비행기, 야포, 미사일…… 등)을 낱낱이 열거하는 것은 이 글의 취지가 아니므로 생략한다. 군사비의 비교와 추세만으로도 이러한 상황은 충분히 짐작할 수 있다.

위의 각차 군사예산에서 보듯이 일본의 군비는 5개년마다 거의 정확히 2배씩 증가했다. 일본 정부는 작년(1982) 12월 30일 포스트 5차의 1983년도 방위예산을 종래의 국민총생산에 대한 비율

제1차(1957~61)	4,572억 엔(円)
제2차(1962~66)	11,635억 엔
제3차(1967~71)	23,400억 엔
제4차(1972~76)	58,000억 엔
제5차(1977~81)	110,000억 엔
포스트 5차(1982~)	

0.9퍼센트라는 정책적 상한선을 깨고, 0.978퍼센트로 인상한 2조 7,542억 엔을 심의 의결했다. 이 군사비는 의회의 동의를 얻어야 하는 것이지만 대체적 지표로 사용할 수 있다. 이 액수에 각종 수당, 보험, 사용료…… 등 군사예산 내의 2.1퍼센트를 합쳐 일본의 군사비는 군대 창설 이후 처음으로 국민총생산(GNP) 대비 1.00 퍼센트가 되었다. 국민에게 공약해온 '1퍼센트선 이내'가 깨어지고, 미국이 끈질기게 요구하는 2퍼센트 선을 향한 출발을 한 셈이다. 각 항목을 보면 다음과 같다.

1983	국민총생산(예상)	198조 5,000억 엔
	군사예산(a)	2조 7,542억 엔(0.876%)
	인건비 등 추가액(b)	2,310억 엔
	군사비 총액(a+b)	2조 9,852억 엔(1.00%)

국민총생산(예상) 일본의 1983년도 1년간 군사예산(방위예산)

3조 엔은 약 130억 달러에 해당한다. 이것을 우리나라의 국방예산과 비교해보자. 1982년도를 예로 들면 아래와 같다

국민총생산	약 55조 원≒750억 달러
국가예산	13조 원≒175억 달러
국민총생산 대	국방예산 6%≒45.5억 달러

　몇 가지 기타 요인이 있어 약간 수정이 필요하겠지만, 쉽게 말해서 일본의 금년도 군사예산(130억 달러)은 우리나라 작년도 정부예산 총액의 약 3분의 2에 가까우며, 국방예산 약 45.5억 달러의 약 3배가 된다는 것을 알 수 있다. '세계 제 몇 위'를 자랑하는 우리나라 군사예산의 3배 가까이 되는 일본의 군사력이 얼마나 막강할 것인가를 이 비교로 알 수 있을 것이다.

　일본이라는 나라의 성격은 우리들이 흔히 얕잡아보는 감정으로 말하는 '트랜지스터 세일즈맨'은 이미 아니다. 국민총생산의 '1퍼센트'라는 그 작은 비율에 속아서는 안 된다. 미·소 다음가는 세계 제3위인 경제 생산력을 지닌 국민총생산의 1퍼센트라는 절대 액수는 엄청나다고 보아야 한다. 실제로 일본은 이미 영국, 프랑스 다음으로 세계 제5위 또는 제6위의 군사대국이 되었다. 게다가 일본의 군사력은 자체적인 막강한 생산력에 의해 뒷받침되는 군사력임을 생각할 때 주요 무기에서 의타적인 우리나라와 비길 바가 아니다.

　미국은 새로운 '제2의 냉전' 전략으로 소련에 군비경쟁을 부채질함으로써 소련의 경제·사회적 약화를 초래하여 군사·정치적 굴

복을 얻어내려는 것이 레이건 행정부의 전략으로 알려져 있다(와인버거 미국 국방장관이 1982년 3월 22일 서명한 레이건 정권의 대소 전략에 관한 기밀 문서 「국방지침, 1984~88 예산연도」, UPI통신, 1983.1.16). 이 같은 미국 전략의 요구로 일본의 군사비가 국민 총생산 대 1.5에서 2퍼센트에 달하게 될 몇 해 뒤에는, 일본의 군사력은 동남아에서 중국을 제외한 한국, 북한, 대만, 인도네시아, 타이, 베트남, 말레이시아, 캄보디아 등 9개국의 군사력 합계와 맞먹게 된다는 일본인 자신들의 평가도 있다. 이것은 과거 일본 제국주의 식민주의가 침략하고 점령했던 '대동아공영권' 전역에 해당한다.

특히 1973년 이후 1차 석유위기를 계기로 경제성장률이 저하되고, 세계 무역전쟁의 격화 때문에 일본의 방대한 경제력, 생산력은 '군수산업화' 전환을 서두르고 있다. 일본 산업은 이미 제4차 5개년 군비증강 계획이 끝난 시점에서 일본 군대의 무기, 장비, 시설의 80퍼센트를 자체 생산하고 있다(도야마 가즈유끼(富山和去), 『日本の防衛産業』, 東洋經濟출판사, 1979). 계속 증강될 일본 군대, 게다가 정부에 의해 판매와 소비가 보장된 군대에 공급, 그 높은 이윤…… 등의 이유와 유인으로 말미암아 일본 산업의 급격한 군수화가 진행 중이다. 국내시장만으로 소화할 수 없는 '규모의 경제'로 대량 생산될 일본의 무기류는 당연한 논리로 주로 아시아 지역 국가들을 그 대상으로 해 흘러나갈 것이 예상된다.

일본 정부는 무기 수출을 금지하는 '3원칙'을 산업에 적용해왔다. 다음의 경우는 원칙적으로 수출이 금지된다.

① 공산주의 국가.

② 유엔 결의에 의해 무기 수출이 금지된 국가나 지역(예 : 남아 공화국).

③ 국제분쟁의 당사국 또는 그럴 위험성이 있는 나라 또는 지역.

그러나 일본은 벌써 무기상의 후발자로 활발히 움직이고 있고, 군수산업화, 무기 수출을 위한 국내의 압력은 억제하기 어려울 만큼 강해졌다.

일본의 국가예산을 절약해야 할 필요성 때문에라도 우리는 무기 수출을 촉진해야 한다. 무기 수출에 의해서 무기가 양산되면 생산원가가 내려가고 방위지출도 그만큼 줄 것이다(미쯔비시 상사 다나베(田部) 사장, 1977.7.7).

7월 7일은 1937년 일본의 재벌과 군대가 결탁해 중국 침략을 본격화한 중일전쟁이 개시된 날이다. 하필 그 40주년 기념일에 이러한 발언을 했다는 것도 그대로 흘려보낼 수는 없는 일이다. 작년(1982) 말, 일본과 미국 사이에 일본의 무기 생산용 광학, 전자공학…… 분야의 기술, 정보, 기재를 수출하기로 합의한 사실은 사실상 미국이 일본의 제3국에 대한 무기 수출의 문을 열어준 것으로 일본 정부는 해석하고 있다(미국과의 무기수출 마찰 문제는 이 글의 범위 밖의 일이다).

일본은 또 '비핵 3원칙'이라는 것을 가지고 있다. 세계에서 원자폭탄의 유일한 희생국인 일본 국민의 염원으로서, 일본이 핵무기 국가가 되지 않겠다는 다짐인데 그 내용은 다음과 같다.

① 일본은 핵무기를 생산하지 않는다.

② 일본 영토(영해·영공) 내에 핵무기를 들여오지 않는다.

③ 일본 영토 내에 핵무기를 두지 않는다.

그러나 일본의 우파 세력은 핵무기 생산을 서두르도록 압력을 가하고 있고 실제로 일본의 핵무기 생산 잠재력은 핵국가들과 다름이 없는 수준이다. 현재와 같이 군비경쟁이 광적으로 추진될 경우, 일본의 국수주의자들은 머지않은 시기에 독자적 핵무기 개발과 소유를 기정사실화할 가능성이 없지 않다. 재래식 군사력의 소유조차 영원히 포기했던 '평화헌법'이 제정된 지 3년 만에 유명무실해지고, 그 후 30년간 계속된 군비증강의 과정을 보면 결코 부인할 수 없는 가능성이다.

1982년부터의 행동 목표와 교과서

1982년에 교과서 문제가 폭발한 것은 단순한 우연이 아니다. 물질적 군사력의 기본 목표는 제4차에서 제5차 5개년 증강계획으로 달성되었다. 1982년부터 시작되는 '포스트 5차' 기간은 지난 25년간 강화된 물리적 군사력이 '아무런 제약 없이' 군대로서 행동할 수 있도록 거추장스러운 각종 제약 조건들을 제거하는 데 목표를 두고 있다. 다시 말해서 일본 국가 사회의 각종 '상부 구조'를 군사화 또는 군사 적응형으로 개편하려는 작업이다.

그 속에는 다음과 같은 것이 포함된다.

① 군대의 보유를 금지하며 전쟁권을 포기한 평화헌법의 수정 또는 폐기(이른바 '개헌').

② 일본 자위대의 외국 사태 개입 또는 해외 파견.

③ 비핵 3원칙을 폐기하여 미국의 핵무기를 일본 영토(영공·영해) 내에 공식적으로 배치할 수 있도록 할 것(미국의 핵추진·핵무장 항공모함 엔터프라이즈 호의 영해 내 기항이 그토록 일본 국민의 반대를 받는 현상과 관련시켜 생각할 일).

④ 궁극적으로 일본의 독자적 핵무기 개발의 문을 열어놓을 것.

⑤ '비상사태법' 또는 비상입법의 권한을 정부에 부여할 것.

⑥ 무기 생산 및 무기 수출의 합법화.

⑦ 자위대가 국민에게 총기를 사용할 수 있는 경우의 입법.

⑧ 평화산업의 군수산업 전환 보호조치.

⑨ 군사기밀보호법의 입법화.

⑩ 간첩(스파이) 방지법 입법(1982년 가을, 일본의 경제·실업계 등 요인들 47명이 전 도쿄 주재 소련 KGB 공작원과 금전적으로 접촉했다는 발설로 미국 정부가 그 명단 공개를 암시한 것 같은 움직임은 간첩방지법, 기밀보호법 등의 입법화를 위한 원격조정이라고 일본 내에서는 해석되고 있다).

⑪ 군대차량의 우선적 통행권 부여. 자위대 이동에 장애가 되는 사유재산의 철거, 이동, 군대에 의한 교통 정리권.

⑫ 자위대 사용을 위한 사유재산(토지, 시설, 건물 등)의 강제 수용권.

⑬ 위험지구 설치, 민간인 통행금지, 강제 퇴거를 명할 수 있는 권한.

⑭ 전 국민의 준군사적 조직화를 위한 '향토방위대' 조직법.

⑮ 그밖의 여러 가지 기도에 대한 국민의 반대를 처벌할 수 있는 민주적 기본권과 인권에 대한 제한적 입법조치.

이처럼 일본 군대가 '합헌적 군대'로 행동하게 하기 위해서 제거해야 할 또는 신설해야 할 상부구조적 작업은 적지 않다. 그런데 일본 국민의 상당수가, 지난 30년간의 조직적이고도 치밀한 단계적 세뇌작업에도 불구하고 아직도 위에 열거한 것과 같은 움직임에는 강한 거부 반응을 보이고 있다. 군사대국화를 목표 삼는 세력의 당면 목표가 그 같은 국민의 '반전(反戰) 알레르기'를 서서히 약화 마비시키는 데 있음은 당연하다.

1982년 1월 1일 현재 패전 후에 출생한 사람이 일본 인구의 55퍼센트가 되었다고 한다. 이들 일본인의 과반수는 그들의 아버지, 어머니, 형님들이 지난날 군국주의적·국가지상주의적 사상으로 저지른 범죄행위를 혐오하며 '역사에 대해서 무죄'임을 주장한다. 이들 전후세대는 다양한 가치관에 입각한 민주주의적 의식을 체질화한 새 세대다. 그러나 그들은 그와 동시에, 그들의 아버지와 형님 세대가 저지른 짓에 대한 죄책감 때문에 일본이 전후 시기처럼 움츠리고 살아야 할 이유를 알지 못한다. 다시 말해서 그들은 '떳떳하고, 강대하고, 어깨를 쭉 펴고 살' 일본의 장래상을 원하기도 한다. '경제대국→정치대국→군사대국'으로의 심정적 경향이 그들의 머리와 가슴에는 아울러 내재하고 있다. 반군(反軍), 반전(反戰), 반(反)제국주의, 평화헌법 수호, 외국에 대한 간섭 반대……의 이데올로기와 경향이, 경제적·정치적 군사대국화, 핵무기 보유까지 합헌화하는 새로운 내셔널리즘으로 치닫게 될 요소가 될 수도 있다. 그 어느 쪽으로 전후세대가 기우느냐 하는 것이 군사대국화를 지향하는 현 집권세력의 중대 관심사가 아닐 수 없음은 쉽게 알 수 있다. 그리고 전후세대의 진로는 교육 내용에 달렸고, 교육 내용은 교과서 내용에 달려 있다. 여기서 일본 정부의 '검정 교과서' 문제가 단순히 역사적 사실의 표기 왜곡 차원의 하찮은 문제가 아님을 비로소 인식하게 된다. 교과서 사건이 어째서 1982년에 폭발했는가의 시간적 의미도 명료해진다. 교과서 검정은 군국주의를 지향하는 세력이 전 국민, 특히 인구의 55퍼센트를 넘게 된 전후세대에 대한 치밀하고 조직적이고 장기적인 일대 '세뇌' 정책인 것이다.

일본 교과서 문제와 우리의 반성

우리는 이미 30년간이나 진행되어온 일본 정부와 집권세력의 방대한 계획에 의한 교과서 정책을 겨우 1982년 가을에서야 깨닫고 놀란 셈이다. 국민의 분노와 아우성을 무마시키면서 정부는 결국은 일본 측의 '반성각서'라는 것을 수교받고 '외교적'으로 해결되었다고 분쟁을 마무리지었다. 위에서 상세히 검토했듯이 소위 일본의 정부검정 교과서가 상징하는 문제는 외교적으로 결말지을 성격의 문제가 아니다. 문제의 근본은 오히려 더욱 확대되고, 그 뿌리는 더욱 깊이 박혀가고 있음을 위에서 보았다. 설혹 외교적으로 '해결'되었다 하더라도 그 나름대로 문제점이 있다. 일본 정부가 작년 8월 26일에 우리나라와 중국에 수교한 '반성각서'라는 것의 성격과 내용을 검토해보자.

그 각서는 중국에 대해서는 1972년 9월 27일 일·중 국교정상화 공동성명에서, 그리고 우리나라에 대해서는 1965년 2월 20일의 한·일 국교정상화 기본조약 가조인식의 공동성명에서, 일본이 과거를 '사과'한 것을 인용했다. 그런데 이 각서가 인용하여 '사과'의 토대로 삼은 것은 우리나라와 중국에 대해서 각각 상이한 중요한 뉘앙스를 지니고 있다. 중공과의 공동선언에서는, 먼저 일본의 다나까 수상이 "과거에 일본국이 전쟁을 통해서 중국 인민에게 중대한 손해를 입힌 사실에 대하여 그 책임을 통감하고 깊이 반성한다"라고 말한다. 그 사과를 받아 주은래(周恩來) 수상이 다음 항목에서, "중·일 양국 인민의 우호를 위해 중국은 일본국에 대한 전쟁 배상 청구권을 포기한다"고 말했다. 즉 일본국 '수상'이 '먼저' '자발적'으로 사과하고 중국이 그것을 받아들인 형식이다.

한·일 기본조약 조인식에서 문제의 일본의 '사과'는 그와는 다르다. 여기서는 이동원 외무장관이 먼저 "과거의 한 기간에 양국 국민 사이에 불행한 과거가 있었음으로 해서 생긴 한국 국민의 대일 감정에 관해 설명했다." 불행했던 일이 무엇인지 알 수 없는 모호한 표현이다. 사과를 요구한 것도 아니다. 뭔가를 설명했을 뿐이다. 이것을 받아서 시이나(椎名) 일본 외상이 "이 외무장관의 설명에 유의하여 그와 같은 과거의 관계는 유감이며 깊이 반성한다"라고 답변했다. 일본이 중국에 대해서처럼 먼저 분명하게, 자발적으로 사과한 것이 아니라 한국 외상의 설명에 대한 답변 형식이다. 반성을 표명한 직위도 수상과 외상으로 다르고, 반성의 농도도 다르다. 이런 내용은 국민에게 설명하지 않은 채, 중국에 대한 '사과'와 동격의 사과를 받은 것처럼 또 하나의 '외교적 타결'이 지어졌던 것이다.

교과서 분쟁이 이 나라에서 절정에 이른 그 시각에도 사실은 일본의 보수세력 지도자들은 한국에 대한 모욕적 언사를 계속했다. 해방 후 37년간, 무슨 일이 있을 때마다 대한민국이라는 국가에 대해 반복되어온 '대한민국에 대한 일본 식민통치의 유익론'이다. 그리고 이번에도 우리는 저들의 발언을 '망언'이라고 하여 또 한 차례 반박하고, 흥분하고 끝났다. 모든 분야에 일본 집권세력과 그 개인들은 어째서 이토록 그들의 지배기간보다도 더 긴 세월을 두고 대한민국과 그 정부와 지도자와 국민을 모욕하는 망언을 서슴지 않는가? 교과서 문제에서도 실제로는 그것을 시정할 필요성이나 타당성을 거부했다.

우리는 그것을 일본인의 교만으로만 나무랄 수 있을까? 우리는 어째서 저들 왕년의 식민통치자들의 멸시를 계속 받아야 하는가? 혹시라도 우리 국가, 사회, 개인 내부에 그럴 만한 까닭이 있지는 않을까? 그런 망언을 정말 못 하게 할 수는 없을까? 이에 대해 맹자의 말은 현대적인 의미를 가진다. "무릇, 남이 나를 업신여길 때에는, 나 자신이 떳떳치 못한 데가 있기 때문이다"(夫人必自侮 然後 人侮之). 지난 가을의 교과서 문제를 놓고서 우리가 보여준 흥분 속에 이 같은 자기성찰의 노력은 거의 볼 수 없었다. 감정적 반발을 잠시 억제하고, 냉정하게 우리 국가의 실태에 눈길을 돌려보자.

해방 후 이 나라의 정치, 행정, 군대, 경찰, 경제, 사회, 문화, 종교, 교육, 사법…… 등 온갖 분야에서 그 최고위층과 지배집단의 상층부에 앉았던 '인물'들이 일제 식민통치 아래서 무엇을 한 사람들인가를 살펴보자. 식민통치의 분야마다에서 식민자의 교육을 받아, 그들에게 적극적으로 자발적으로 봉사하고 그들의 식민통치를 방조한 인물은 아니었던가? 그런 행적을 가진 인물들이 '대한민국'의 건국 후와 오늘에 이르기까지 일제 식민지 시대의 그 분야, 그 자리에서 행세한 것은 아니었던가? 만약 그러했다면 "일본의 제국주의 식민지 교육은 대한민국에 유익"했던 셈이다. 우리 가운데 일본인의 이 논리에 자신 있게 "아니다!"라고 항변할 수 있는 사람이 몇이나 있을까?

이에 대한 준엄한 규명이 있어야 한다. 무릇 노예 상태에서 해방된 민족은 신생 독립국가를 건설하는 마당에서, 지난날 식민통치의 하수인이었거나 방조자였던 '인적(人的) 요소'는 일단 말끔히 청소했어야 할 것이다. 그래야만 비로소 그 국가는 과거의 식민지 통치자와 대등한 도덕적·정신적 권위를 인정받을 수 있다. 그것 없이는 민족정기의 확립을 기대할 수도 없다. 이 민족정기의 확립이 없으면 그 반민족 부역자들이나 새로운 권력층이 또 다른 강대국에 빌붙고 나라를 예속화하는 유혹을 막을 길이 없게 된다.

그런데 우리는 어떠했던가? 역사적 사실, 그것도 멀지도 않은 바로 지난 37년간의 역사적 사실에 물어보자.

친일 매국노와 반역 행위자를 민족의 이름으로 처단하려던 '반민족행위처벌특별법'과 그 집행 권력기관이었던 '반민족행위특별조사위원회'는 한 사람의 친일 주구와 매국노도 제대로 처단하지 못했다. 오히려 그자들의 세력에 의해 반민특위는 무력으로 해산되었고, 그들에게 박해를 당하는 꼴이 이 나라에서 버젓이 허용되었다. 그리고 그들은 그 후 다시 일본에 빌붙는 주역 노릇을 하지는 않았던가? 과거의 식민통치자들이 교과서 내용의 시정을 거부하면서 여전히 "우리 식민지 교육이 대한민국에 유익했다"고 뇌까릴 수 있는 것은 바로 우리 사회 내부의 그 같은 분명한 사실을 두고 하는 말일지도 모른다. 새겨 들어야 하거니와, 그들의 말은 무슨 측량기술을 가르쳤다거나, 정조법 모내기 방법을 지도했다거나, 선반 돌리기 기술을 훈련시켰다는 따위의 저차원적 우월감에서 나오는 것이 아니다. 간단히 말하면 이 나라가 친일파의 나라였다는 말이라고 해석할 수 있다.

일본 교과서 분쟁이 가열되자 국내 언론들도 이상과 같은 관점에서의 발언을 조심스럽게 비치기 시작했다. 그러나 이 논쟁이 차츰 지난 37년간의 우리나라 내부 문제에 대한 언급으로 들어가려는 순간, 교과서 문제는 '독립기념관' 건립 모금운동으로 전환되었다. 일본 교과서에 관한 논쟁도 더 이상 공개적으로 논의되지 않고 말았다.

그러던 어느 날 독립기념관 건립 추진위원회 명단이 공표되었다. 그 명단에 과거에 친일·반민족적 행적이 있던 이들의 이름이 적지 않게 보인다는 비난이 들리기도 했다. 그러자 어느 날 그 명단은 아무 설명도 없이 바뀌었다. 단순한 우연이었을까? 생각하면 수치스러운 일이 아닐 수 없다.

다른 많은 해방·신생·독립국가들은 대개 수도에 '혁명기념관'이나 '혁명박물관'을 가지고 있다. 혁명을 이룬 용맹스러운 민족의 경우다. 또는 그렇지 못하더라도 '독립기념관' 정도는 독립국가 수립의 1차적 사업으로 건립하고 있다. 남들이 다 세운 그런 기념관 하나 우리는 어째서 37년이 지나도록 세우지 못했는가? 걸핏하면 국민총생산액이 얼마고, 생활수준이 어떻고, 공업생산이 누구보다 어떻고 하는 나라의 지도자, 정부, 국민이 해방 후 37년간이나 그런 것 하나 세우지 못한(않은) 까닭을 곰곰이 생각해보자. 그러면 비로소 일본 교과서의 역사 기술이 왜곡될 수밖에 없는 까닭도 어렴풋이 이해될 것이다. 일본 보수주의자들의 망언의 의미도 납득이 갈 것이다.

민족독립을 위한 혁명은 못 했으니 '혁명기념관'은 아니더라도 '독립기념관' 정도조차 남의 나라의 교과서 문제에 대한 반발과 흥분 속에서 겨우 발상된대서야 부끄럽지 않은가? 일본 교과서 문제가 표면화되지 않았던들 이 나라의 지도세력이나 국민은 언제까지나 독립기념관 건립을 착상해내지 못한다면 말이나 되는가? 바로 이런 관점에서 문제를 보는 의식이 없는 한, 그리고 가슴 아픈 반성이 앞서지 않는 한, 수백억 원을 들여 짓는 '독립기념관'도 한낱 '전시장'에 지나지 않을지 모른다는 걱정이 든다.

일본의 과거 침략사를 미화하려는 '교과서 개악'을 추진하는 개인이나 세력의 성격에 관해서도 우리는 명확히 인식해야 한다. 그들은 패전 전의 군국주의, 제국주의, 국가지상주의의 책임자들로서, 지금은 극우 또는 우파 천황 숭배자들이라고 한다. 그들은 왕년의 이또 히로부미(伊藤博文)의 후예들이며 '대동아공영권'의 몽상병 환자들이다. 만주 침략통치의 주역의 한 사람이었던 그 일파의 우두머리 기시 노부스께(전 수상)가 교과서 논쟁이 한창일 때 '만주낙토'(滿洲樂土) 기념비 건설을 추진한 것은 무척이나 상징적이다.

그런데 그 기시를 비롯한 왕년의 '식민지 낙토주의자'들이 교과서 왜곡정책의 주동자들이고, 또 주로 그들이 대한민국에 대해서는 지난 20여 년간 소위 '친한파'들이었다. 이런 성격의 사람들에 의해서 국교정상화 이후 줄곧 두 나라의 관계가 이루어져왔다는 데 적지 않은 문제가 있다고 할 것이다. 하필이면 고르고 골라서 이런 전력의 '전과자'들이 대한민국을 좋아하는 것일까? 일본 교과서 분쟁 문제는 이 점에 대해 냉정한 고찰을 거침으로써만 비로소 그 문제점의 핵심이 들여다보일 것이다. 일본 식민통치가 과연 대한민국에 유익했고 유익하다는 '역설'은 단순한 역설이라고만 할 수 있을까? 곰곰이 생각해보아야 할 문제다.

일본 내부에서 과거 일본의 범죄 사실을 그대로 2세 국민에게 가르치고, 교과서의 군국주의 미화정책에 반대하는 세력이 양식 있는 인사들이라는 사실이 우리 일간지에 보도된 일이 있다. 극우, 반공, 국가지상, 천황친정(天皇親政), 군사대국······ 등 주의(主義)와 사상의 개인과 세력이 범죄 사실을 은폐하는 데서 한 발짝 더 나아가 그것을 미화하는 데 열을 올리는 주역이라고 보도되고 있다. 이 사실은 우리 국가와 국민의 절대적 통념인 좌·우 이데올로기의 흑백논리적 선·악 이분법 가치관과 사고 형태에 커다란 충격을 던져주는 것이기도 하다. 이것이 바로 일본 교과서 왜곡 문제가 우리에게 제기하는 또 하나의 초점이기도 하다.

우리나라 신문들의 도쿄 주재 특파원들의 보도를 보면, 교과서 역사 왜곡 추진자들의 말이라는 것이 재미있다. "우리는 반공을 하기 위해 교과서의 역사를 이렇게 고치려는 것인데 당신네 반공주의 한국 사람들이 왜 핏대를 올리면서 반대를 하는 거냐?"라는 것이다. 역사를 왜곡하는 반공주의가 건전할 수 있을 것인가? 또 바꾸어 말해서 역사적 사실의 왜곡을 전제로 하거나 수반하는 반공주의라면 그것은 도대체 어떤 반공주의일까? 일본 교과서 문제가 던지는 이런 질문에도 우리는 정확한 답변을 할 수 있을 만큼 사상·정서·이성적으로 성숙해야 할 때도 되지 않았을까?

문제의 본질에 대한 우리의 대응

일본 교과서 논쟁이 '독립기념관' 건립운동으로 전환되는 단계에서 '일본 상품 불매운동'이니 '60억 달러 차관 거부운동'이니 하는 열띤 소리가 들렸다. 일본과 문제가 있을 때마다 으레 들리다가 쉽게 사라지길 헤아릴 수 없이 되풀이한 발상 같았다. 문제의 본질을 모르고 감정으로 대하는 소리라는 감이 있었다. 1910년대에 일본에 빌붙어 중국의 통치권을 보장받으려던 원세개(袁世凱)는 애국적인 중국인 대중의 '일화(日貨) 배척' 운동을 거꾸로 탄압했다. 1930년대의 중국에서 공산당과 투쟁하던 국민당 정부가 화북의 광대한 영토와 이권을 일본에 양도하면서 궐기한 대중을 '국적'(國賊)으로 몰아 탄압한 일이 생각난다. 일본 상품이 왜 이 나라에 들어오게 되었으며 또 들어오고 있는가? 60억 달러 차관은 어떤 배경으로 해서, 어떤 국제관계의 메커니즘으로 해서 주고 또 받는가? 그 점에 대한 질문 없이 일본 상품 불매운동이니 60억 달러 받지 않기 운동이니 하는 것은 정열만 낭비할지도 모르는 일이다. 그토록 뜨거웠던 정열이 그렇게 단시일 내에 식어버렸다는 것은 바로 반대해야 할 대상을 잘못 잡았던 탓이라 하겠다. 몇 달이 안 가서 '40억 달러'를 선물로 싸들고 온 나까소네라는 일본 수상에 대한 융숭한 대접은 어딘지 앞뒤가 맞지 않아 보인다. 일본을 규탄하고 배일사상을 부채질하는 데 잠시 앞장을 섰던 신문, 라디오, 텔레비전, 잡지, 강연, '덕망 높은 지식인'들은 이번에는 '한·일 우호관계의 새 시대'를 주장하는 데 여념이 없었다. 그 점에서 가장 격렬했던 D라는 대신문은 4월 1일의 창간 63주년 기념 특집호에 '나까소네 일본 수상 특별 서면회견 전문'이라는 것을 전면에 내리깔았다. 그 제목은 '한일 관계의 새시대 개막'이었다. '해협 봉쇄 사전 협의할 터'라는 제목도 있고 '이웃 위협 줄 군사대국 불원'이라는 말도 크게 뽑고 있다. 이런 언론이 이 나라 국민의 의식과 사상을 흐리게 하고 있는 한, 일본과의 바르고 응당 그래야 할 관계(correct relations)는 기대할 수 없을 것만 같아 두려워진다.

냉철한 머리로 꿰뚫어보는 능력보다 가슴의 정열만이 먼저 뛰는 사람들 사이에서 '극일'(克日)이라는 새 이론이 나오기도 했다.

왜 이런 것이 나오게 되었는지는 불투명하다. 그것이야 어쨌든, '극일'의 이념과 행동강령으로 제시된 것을 보니 '부국강병'을 해야 한다는 것이었다. 앞에서도 살펴보았듯이 일본이 우리나라를 업신여기는 것의 주요 원인이 우리나라가 일본보다 덜 부자이거나 군사적으로 덜 강하기 때문만은 아니라고 생각된다. 역시 앞에서 본 대로, 일본의 보수적 지배층은 사상적으로 적대적 관계에 서는, 그리고 경제적으로는 10분의 1(1인당 소득)밖에 안 되는, 후진국도 이만저만이 아닌 중공에 대해서는 일정한 경외감을 감추지 않는다. 또 군사력이 일본보다 강해야 한다면 그것이 가능한 일인가도 스스로 물어봐야 할 일이려니와, 더 강하다면 그 군사력으로 어떻게 하자는 것일까? 우리나라의 '국가적 인격'이 그들에게 경의를 품게 할 만한 것이 못 된다면 경제력과 군사력의 대결을 주장하는 소위 '극일'론은 국민을 오도하는 것이 될지도 모른다. 일본의 교과서 왜곡과 거듭되는 망언과 변함없는 우월감은 결코 경제력이나 군사력의 비교에 그 근거가 있지 않음을 명심해야 할 일이라고 생각한다.

민족의 주체성도 문제된다. 일본 수상이 어떻게 해서 남의 나라를 해상봉쇄한다느니 안 한다느니, 마치 자기 영해를 막았다 풀었다 하는 식의 발언을 서슴지 않을 수 있을까? '사전 협의'하겠다는 말조차 언어도단이 아닌가. 그런데도 이 나라 안에서는 한마디의 의연한 반론도 나온 일이 없다. 소련이 이름도 모를 아랍 중동 국가에 손을 댄다고 해서 미국이 어떻게 감히 우리의 동의도 없이 한반도의 절반에 대해 핵폭탄 세례를 퍼붓는 보복을 하겠다고 공언할 수 있으며, 일본이 한국(남한)에 군대를 상륙시킨다느니 해안봉쇄의 책임을 진다느니 호언장담할 수 있을까?

북대서양동맹(NATO)의 16개국은 미국의 핵우산 아래서 핵보호를 받고 있다. 그러나 동맹국들은 미국이 자기들과 사전 협의 없이 자기 영토에 핵무기를 배치하거나, 어느 적(敵)에 대해서건 핵무기를 발사하는 것에 반대하고 있다. 보호자적 동맹국이기 때문에 무엇이든 해도 좋다는 이론은 유럽 국가들에게 통하지 않는다. 그렇기 때문에 그들은 미국의 독단적 행동을 견제하기 위해 5개국으로 구성된 핵자문위원회로 하여금, 미국이 핵무기 사용을 결정하기에 앞서 협의하게 하고 있다. 1970년대 초에 이 핵자문위원회의 일원인 서독은 미국에게 동독을 핵공격 목표에서 제외할 것을 공식적으로 요구했다. 동·서독 간의 근거리에서 핵무기가 사용되었을 때, 자신이 결코 안전할 수 없다는 계산은 논리적 설득력이 있다. 그러나 그것보다도 서독의 주장의 기본 관점은 동·서독은 한민족이라는 것, 동포라는 것, 그리고 정치적으로는 서독이 전체 독일의 궁극적 유일 합법정부를 자처한다면 동독은 이론적으로 서독의 영토이니, 동독에 대한 핵공격은 서독 자신의 영토에 대한 공격이고, 통합 독일을 대표(잠재적으로, 명분상으로)하는 서독 자신의 주권 침해라는 이론에서였다.

핵무기 사용은 그것이 아무리 소규모라 하더라도 안팎 수백 킬로미터의 지역에 참화를 덮어씌우게 마련이다. 적어도 서독 지도자와 그 국민만큼의 '대민족주의'적 주체성이 우리 지도자들과 국민 일반에게 필요한 국면에 온 것 같다. 서울의 C라는 대신문은 올해 초에 일어난 소련 핵연료 인공위성 낙하소동 때 "제발 평양에 떨어져라"는 내용의 만화를 실었다. 과연 이렇게 하는 것이 '반공'일까. 우리 민족이 세계의 다른 민족이나 국민들에게서 민족적·도덕적 위대성을 인정받도록 행동할 때에야 비로소, 일본이

나 심지어는 미국인에게도 대등한 상대로 존경을 받을 수 있지 않을까?

교과서 문제가 바로 그 단적인 표현이다. 우리 정부, 지도자, 국민의 미시적이고 천박한 이데올로기와 통찰력이 그들의 그 같은 우월감에 근거를 제공하고 있다는 사실을 잊어서는 안 된다. 앞에서 살펴본 이 같은 우리의 국가적 체질과 생리의 개선, 그리고 '진정한 의미'의 민족주의를 토대로 하는 국가관계의 재조정이 없이는 앞으로도 일본 교과서는 고쳐지기 어려울 것이다. 그러다가 계기가 생기면 우리는 계속해서 지난 가을과 다름없는 감상적 흥분을 되풀이하다 시들해지고 말지 않을까 두렵다. 문제의 뿌리는 우리 국가의 체질과 우리 개개인의 민족관과 세계관의 건전성 여부에 있어 보인다.

그리고 마지막으로 남겨진 문제가 있다. 여기서 마지막으로 남긴 까닭은 그것이 가장 중요한 일이기 때문이다. 일본인이 국민에게 왜곡된 역사를 가르치고 있다고 비난하는 우리 자신은 젊은 세대에게 '진실되게 기록된 역사'를 가르치고 있는 것일까? 우리 스스로에게 한번 물어보자. 고대에서 한말까지는 잠시 접어두더라도, 일제 36년간의 우리 독립·항일운동의 각 세력, 개인, 사상과 노선…… 등을 빠짐없이, 편견 없이, 정치적 취사선택 없이, 사실대로 기술한 역사를 가르치고 있는가? 일본의 교과서 왜곡을 옹호하는 개인과 세력이 "반공을 하기 위해서 역사 기술을 왜곡한다"는 오류를 우리는 범하지 않고 있는가? 해방 이후와 관련되어 교과서는 어떻게 되어 있는가? 해방 후 출세영달한 일제 식민지 아래서의 친일파들의 과거를 밝혀서 해방 후 세대에게 가르친 일이 있는가? 혹시라도 그 '사실'(史實)과 '사실'(事實)을 정치적 이유로 은폐하려는 노력은 없었는가? 혹시 지금도 그것은 금지되고 있지는 않은가……?

최근 우리 사회에서 지난날 '좌익'으로 마치 죄인시했던 몽양(夢陽) 여운형(呂運亨)의 사상이나 죽산(竹山) 조봉암(曺奉岩)을, 이승만을 업은 과거의 친일파 세력이 '빨갱이'라는 한마디로 "법률의 이름 아래 행했던 살인"의 역사가 다시 조명을 받고 있다. 진실이 밝혀져야 할 우리 속의 왜곡된 역사 기술은 두 사람의 경우뿐인가? 무슨 행위든 '반공'으로 정당화되고 합법화되어온 해방 후 40년 역사의 가려진 진실은 누가 바로잡을 것인가. 일본 교과서 문제는 바로 우리나라 자신의 교과서 문제인 것이다.

해방 후 37년간의 우리나라의 역사적 기록, 특히 정치적·사상적인 것과 관련된 정확한 기록은 우리나라 안에서는 찾을 수 없고, 일본이나 미국 등 외국에서 구하는 길밖에 없다는 학자들의 말을 듣기도 한다. 그렇다면 우리는 정말로 일본의 교과서 검정과 그 담당자들을 비난할 자격이 있는가?

일본 교과서 문제는 단순히 몇 가지 역사적 기술의 왜곡을 바로잡는 문제가 아님을 알게 된다. 그것은 과거의 문제가 아니라 바로 현재와 내일의 문제인 것이다. 그들 교과서의 군국주의적 범죄를 미화하려는 것은 군사대국이 되기 위한 국민 세뇌작업임도 알게 되었다. 무슨 이해관계에서건, 무슨 목적에서건, 일본의 군사력에 의존하고 싶어하는 개인이나 집단은 일본의 군국주의화 경향을 환영해야 한다는 논리가 성립된다. 그렇다면 우리는 그 목표를 달성하려는 일본 집권세력의 교과서 개악에 반대할 권리와 자격을 스스로 포기해야 한다는 이야기가 된다.

이같이 모든 관련 문제를 검토한 결론으로서 문제의 초점은 남·북한 동포 간에 평화적 생존양식을 민족 내부적으로, 민족 주체적으로 형성할 수 있느냐에 귀착된다 할 것이다. 일본 군대가 북한에도 남한에도 들어올 필요가 없는, 이 반도상의 민족 내적 조건을 확립하여, 자주적으로 평화적 통일을 지향하는 것이 일본 교과서 문제의 한국적 의미라 하겠다.

• 1983

한반도는 강대국의 핵볼모가 되려는가

한반도 주변정세의 질적 변화

한반도를 둘러싸고 1980년대에 들어서면서 전개되는 국제정세의 추이는, 몇 가지 측면에서 중대한 '질적 변화'를 보여주고 있다. 그것은 이 반도에서 생을 타고난 전체 민족의 생존양식과 운명을 위협하는 절박한 위기를 조성하고 있다.

우리는 1950년부터 3년간에 걸쳐 민족상잔의 쓰라린 체험을 한 민족이기에, 모든 위기는 일단 6·25전쟁과 비교해서 생각하게 마련이다. 이 반도에서 남북으로 찢기어 사는 한민족이 다시 되풀이해서는 안 될 일은 주변 강대국들의 이해관계의 갈등 속에서 그들의 '대리전쟁'을 해서는 안 된다는 것이다. 초강국들의 '국가이기주의'의 어느 쪽 '앞잡이'가 되어서도 안 되고, 그들의 국가 이익을 관철하려는 전쟁정책의 '볼모, 인질'이 되어서도 안 된다. 이 반도의 남쪽이건 북쪽이건, 이 민족의 누구도 주변 강대국들의 어느 누구를 위해서 죽을 필요가 없으며, 삼천리 강토의 한 치라도 강대국들의 자기 목적 추구를 위한 전쟁터로 제공하는 일이 있어서는 안 될 것이다.

그런데 지금 우리 주변에서 형성되는 강대국 간 이해관계의 구도는 바로 그 모든 것이 가능해질 듯한 위험성을 보여주고 있다. 제2의 민족상잔을 유도할지도 모르는 조건들과 요소들이 우리 자신의 의지를 무시한 채 주변 강대국들에 의해서 구축되어가고 있다. 보는 각도에 따라서는, 19세기 말에 이 땅을 둘러싸고 전개된 식민국들의 각축전이 거의 원형대로 재현되고 있다는 인상을 준다.

한반도는 동북아 정세라는 기상 변화의 '태풍의 눈'이다. 이 태풍의 눈을 핵심으로 해 형성되는 현재의 기상도는 6·25와 그 후 지난 30년간의 그것과 몇 가지 측면에서 '질적'으로 달라 보인다.

첫째는, 우리 민족의 장기적인 진정한 이해와는 관계없이, 그리고 국민경제의 능력과 한계와는 아랑곳없이 '무제한' 군비경쟁이 강요되고 있는 사실이다. 미국의 레이건 정부가 세계적으로 선언한 군비증강 및 군비경쟁 정책은, 제2차 대전 종결 후의 '제한적' 군사 대결과는 달리, 정치·경제·군사·사상적으로, 즉 종합적이고 전면적으로 '소련이 굴복할 때까지' 무제한으로 군사적 대결을 강요하겠다는 구상이다. 미국의 세력권 속에 묶여 있는 한국은 레이건 정권의 이 같은 전 우주적 규모의 대결 강화 노선과 사상의 하위 동맹국으로서, 우리 자신의 이익을 고려해서라기보다 미국의 이익을 위주로 하는 무제한 군비경쟁 노선에 국민적 자원을 소비하고, 자칫하면 미·소 대결의 볼모가 될지도 모르는 위기 상황 속에 놓이게 되었다.

둘째는, 해방된 지 37년 만에 한국(남한)과 이 반도에 다시 일본 군대가 들어오게 될 것 같은 정세가 조성되는 사태가 진전되고 있는 점이다. 일본은 이미 1981년까지 25년간에 걸쳐, 5회의 5개년 군비증강 계획을 마치고 명실공히 군사대국이 되었다. 현대전을 가름하는 첨단·최신예 과학무기의 현 수준과 잠재력을 고려할 때, 일본 군사력은 오히려 중국(중공)의 그것을 능가하는 것으로 평가되기도 한다. 핵무기의 자체 생산 및 보유도 먼 장래의 일이 아닐 것이며, 핵능력으로 뒷받침되는 1990년대의 일본 군사력은 소련, 중국, 미국과 완전히 대등한 행동적 수단이 될 것이라 믿긴다. 또한 우리가 주시해야 할 것은, 그와 같이 막강한 일본 군사력의 행동 방향(즉 가상적 작전지역)이 한반도라는 사실이다.

셋째로, 질적 변화는 한·미·일 3국 군사동맹 체제가 급속히 굳혀지고 있는 현실을 말한다. 전 지구적, 전 우주적 대소(對蘇) 전면공격 구상을 기본 전략 개념으로 하는 미국은 한국과 한반도에 대한 전쟁 책임의 '상당 부분'을 일본 군대에 위임하려 하고 있다. 그 역할 분담 체제는 일본과 한국의 '군사협력' 관계를 전제로 하고 있다. 여태까지는 일본과 미국이 미일 안보조약으로, 한국과 미국이 한미 안보조약으로 연결되어 미국을 접점으로 하는 한·일 간에 간접적 군사동맹 체제를 이루고 있다. 현재 진행 중인 사태는 간접적 동맹관계였던 것을 직접적 군사동맹 관계로 한국과 일본을 엮으려는 것으로 풀이된다. 1964년의 한일 국교정상화를 기점으로, 미국의 장기적 전략에 따라서 치밀하게 한 단계 한 단계씩 기정 사실화되어온 이 과정은, 우리에게 전연 새로운 국민적·민족적 자기관찰을 요구하고 있다. 지난날의 역사에 비추어서 이것이 무엇을 뜻하는가를 냉정한 이성적 자세로 살펴보아야 할 것이다.

넷째는, 이 민족이 생(生)을 타고난 이 반도가 미·소·일·중 주변 4대 강국의 '핵전쟁터'가 될지 모른다는 위험성이다. 그것은 이

미 위에서 요약한 사태 진전과 아울러, 한국(남한)이 미국의 핵무기 기지가 되어 있는 은인(隱因) 때문에 더욱 현실화해가고 있다.

미·소(일·중) 대결 전략은 초전에서부터 '핵'무기의 사용을 개념화하고 있다. 재래식 국지전쟁으로 끝난 6·25와는 전혀 다른 전쟁 구상이 적대 강국들 사이에서 공인되고 있다. 미국과 소련은, 지구 어느 지역보다도 우리 민족의 생존의 터전인 이 반도를 대결의 제1차적 시험장으로 지정하고 있는 듯하다. 이 위험성은 '자칫하면……'이라는 미래·가상형의 수식어로 완화하기에는 이미 너무나 확정적인 모습으로 공언되고 있다. 한마디로 말해서, 이 반도와 겨레는 강대국들이 이해 대립의 승부를 가리는 '핵전쟁의 볼모'가 되려 하고 있다.

역사가 증명하듯이, 강대국들의 표면적·공식적 발언과는 관계없이 군소 국가와 민족의 운명은 그들 강대국의 '국가이기주의'로 요리되어왔다. 우리 민족은 조상들이 되풀이해온 비극을 우리의 세대에서는 결코 재현하지 말아야 한다. 그러기 위해서는 첫째로, 복잡하게 조성되는 주변 정세에 대한 정확하고도 종합적인 인식이 필요하다. 그리고 그 인식을 안내역으로 삼아, 강대국들의 이해관계와 농간에 말려들지 않고 이 민족의 생존을 유지할 수 있는 지혜가 필요하다. 또 그 인식을 지혜로 바꾸고 다시 그 지혜를 무기 삼아 굳은 의지로, 강대국 위주의 상황 조성에 대처해 나가야 할 것으로 믿는다.

무한 군비경쟁의 위험성

지난 1960년대와 70년대는 베트남전쟁과 중동전쟁이 있었음에도 불구하고, 미·소 초강국은 직접 대결을 회피하는 데 온갖 노력을 기울여왔다. 무기의 질적·양적 발달로 말미암아 그들의 직접 충돌은 바로 '핵전쟁'임이 너무도 명백했기 때문이다. 1960년대에 체결된 부분적핵실험금지조약, 핵확산금지조약을 비롯한 몇 가지 중요한 합의, 1970년대 초전략무기제한협정(SALT)의 몇 개 합의 등은 바로 핵초강국인 미·소가 서로 핵충돌을 회피하려는 의사 표시였다. 이것은 각도를 달리해서 보면 미국과 소련만이 핵전력의 최고 체제를 상호 합의해 독점함으로써 미·소가 서로 각각의 영토와 국민에 대한 상대방의 공격을 회피하는 핵시대의 미·소 세계지배질서(Pax Russo-Americana)였다. 특히 전략무기제한협정은 대륙간 탄도탄의 발사체(미사일) 수량, 그 발사 기지의 위치와 수, 탄도미사일을 방어할 요격미사일의 수와 기지의 위치 등을 합의하고 상호간의 정보 통고체제를 확립한 것이다. 그러나 그들은 중거리 핵미사일에 관해서는 그와 같은 제한을 두지 않았고, 대륙간 탄도 미사일에 관해서도 그 '질'적 개량은 제한하지 않았다. 이 사실은 다음과 같은 의미를 갖는 것이다.

미국과 소련은 서로의 영토를 공격할 수 있는 대륙간 탄도탄에 관해서는, 그 공격·방비의 모든 면에서 면제된다. 미·소를 제외한 그밖의 핵무기 국가들의 대륙간 핵미사일 수준은 낮고, 또 미·소는 언제나 그들을 앞서기 때문에 그들의 공격으로부터도 면제된다. 또 대륙간 탄도탄의 질적 향상을 '백지 상태'로 남겨두었기 때문에 미·소는 꾸준한 질적 개선으로 미·소의 세계적 핵지배 체제를 유지할 수 있다. 다음은 중거리 핵미사일 문제다. 상호간 영토와 국민을 상대방의 공격 가능성 밖에 놓게 된 미·소 핵초강국은 중거리 핵미사일의 양적 생산과 질적 개발을 통해서 미·소 영토의 중간지대를 기지로 하는 공격 및 방위체제를 서두르게 되었다. 미·소의 중간적·근접 거리에 있는 국가들이 그 중거리 핵미사일의 발사 기지가 되는 것은 당연한 논리다. 다시 말해서 미국과 소련은 자기 영토와 국민은 다치지 않고, 동맹국가들의 영토를 기지로 하는 핵전쟁 전략을 추구하고 있는 것이다. 이 전략은 그들 초강 핵국가의 핵무기 기지를 두는 중간 동맹국가들에 대한 초강 양대국의 핵보복 또는 선제공격을 전제로 하게 된다. 유럽 국가의 민중이 이 같은 미·소 핵전쟁 전략에 반대하는 것은, 자기들의 땅과 동족의 운명이 미·소 초강 핵국가의 이해충돌의 결과인 핵전쟁의 볼모가 되는 것을 거부하려는 몸부림이다. 미·소 핵대결 전략이 동맹국가와 그 국민을 희생으로 하는 전략이라고 불리는 까닭이 여기에 있다.

이 전략은 미국에서 레이건 보수정권이 집권함과 동시에 시작된 '전 우주전쟁' 구상의 일부로 추진되고 있다. 소련도 미국과 비슷한 구상을 하고 있으리라는 것은 충분히 짐작할 수 있다. 레이건 미국 정부가, 자국의 '무제한 군비경쟁' 정책을 합리화하는 구실로 '소련의 핵무기 협정의 위반'과 '소련의 군사적 우위'를 주장하는 것으로 미루어서도 알 수 있다.

그러나 레이건 정부(특히 미국 군부와 군수산업)의 이 같은 주장에 대해 세계의 중립적·독립적인 권위 있는 연구소나 전문가들이 적지 않은 의문을 표시하고 있다. 첫째는, 소련의 군사우위가 1, 2년 사이에 이루어질 수 있는 성격이 아닌데다 카터 전 미국 대통령 시대에는 그런 주장이 없었고, 그런 주장을 앞세운 무제한 군비경쟁이 추진되지도 않았다는 사실이다. 둘째는, 1974년에 미국과의 사이에 조인된 전략무기제한협정을 비롯한 몇 개의 중요한 협정을 소련 의회는 모두 비준했는데 미국 의회는 아직껏 비준을 하지 않고 있는 사실이 지적되고 있다. 이에 대한 증언으로서 카터 전 미국 대통령의 증언만큼 유력한 것은 없을 터인데, 그의 다음과 같은 말은 주목할 만하다.

나의 백악관 시기의 경험으로는, 소련은 제1차, 제2차 전략무기제한협정(SALT), 부분적핵실험금지조약, 탄도미사일·요격미사일(ABM) 제한협정 등등, 여러 협상에서 성실하게 대응해왔으며, 내가 아는 한에서는 소련은 이들 조약과 협정을 위반한 일이 없다.

그리고 소련이 태도를 바꾼 것이 레이건 정권 수립 후부터라는 의미로, "그런데 지난 2년간은 소련도 미국도 핵군축 제안을 하면서도 공통의 의제에 관해서는 진지한 협상을 하지 않고 있다"고 덧붙이고 있다(1983.5.28,『아사히신문』(朝日新聞), 14판 제4면, 와싱톤발 하라(原), 오다(小田) 두 특파원의 카터 전 대통령 특별 인터뷰 기사). 무제한 군비경쟁의 실태를 이해하기 위해서는 과연 미국이 소련에 비해서 군사적으로 약세인가가 문제될 것이다. 그런데 많은 전문가들은, 미·소를 정점으로 하는 '진영', 즉 북대서양조약기구(NATO)와 바르샤바조약기구를 비교할 때, 바르샤바조약기구의 전력은 실제로 소련뿐이고, 나머지 동맹국가들은 지상병력은 크지만 해·공 군사력에서 나토에 비할 수 없이 열세임을 지적한다. 또 바르샤바조약기구에서 핵무기를 갖고 있는 것은 소련뿐이다. 반대로, 나토에서는 영·불·독·이·캐나다 등 막강한 군사력을 보유한 국가들이 그 군사력을 일체화하고 있으며, 영국과 프랑스는 소련을 겨냥한 독자적 핵군사력을 보유하고 있다(프랑스는 군사적으로 다소 입장이 다르지만 대항적·진영적 관점에서는 큰 차이가 없다). 게다가 현대적 군사력을 지탱할 공업 생산력에서도 서방 진영은 모두 '선진 공업국가'인데 반해 동방 진영은 소련과 체코슬로바키아를 제외하면 중간 수준 이하인 현실이다. 그밖에도 미국에는 아시아에서 일본과 오스트레일리아 등이 선진 공업과 군사력에서 일체화되어 있는데 반해 중공은 소련과 적대 관계에 있고, 그로 인한 소련의 전력 손실은 전체 군사력의 3분의 1에 해당한다. 군사지정학적으로도 소련과 그 동맹국들은 대륙국가로서 포위되어 있고, 그들의 군사과학과 기술의 수준도 미·영·불·독·일을 따르지 못한다는 것을 미국 정부 자신이 인정하는 바다.

소모적인 무제한 군비경쟁이 미국의 경제원리와 구조(자본주의)에 유리한 것인가, 아니면 소련의 경제원리와 구조(사회주의)에 유리한 것인가를 대비해보는 것도 중요하다. 그밖에 미국 행정부와 군부가 군대의 규모 확대와 군사예산의 증액을 꾀할 때마다 언제나 '소련 군사력 우위'설을 내세운, 2차 대전 이후의 거듭된 실례가 지적되기도 한다. 소련 군부나 정치가들도 폴란드와 아프가니스탄의 지배를 뒷받침하기 위한 군사적 증강의 구실로 '미국 군사력 우위'설을 내세우고 있는지도 모른다.

그러나 그런 모든 상황은 대체로 상대적인 성격의 것인데, 한 가지 세계의 관심을 끄는 것이 있다. 그것은 1983년 1월 16일, 미국 자체의 보도·언론기관들에 폭로되어 공개 보도된 미국의 정책이다.

'국방 지침 1984~88 회계연도 계획'이라는 기밀문서로 밝혀진 레이건 정부의 구상은 다음과 같은 주요 사항을 골자로 하고 있다.

① 대기권 우주공간 신무기 체계를 개발하여 우주공간을 새로운 전장으로 하는 우월적 지위를 확보한다. 그 목적을 위해 미국은 우주무기의 개발을 제한하려는 제안이나 조약은 거부한다.

② 솔트협정 규정의 개정을 검토한다.

③ 해상에서 핵대결이 일어나면 핵전쟁을 해상에 한정하지 않고 확대한다.

④ 1980년대 중반에 소련은 경제적으로 중대한 곤란에 처할 것으로 예상되며, 이 상황을 이용해서 소련의 무기체제를 일소해버리도록 군비증강 계획을 추진한다.

⑤ 무제한 군비경쟁으로 소련의 경제·군사적 기반을 약화시켜 사회적 불안으로 유도해, 마침내는 미국에 유리한 조건으로 소련이 정치적으로 굴복해 들어오도록 만든다.

⑥ 중거리 핵미사일을 선제공격으로 사용하고, 여러 개의 전선에서 재래식 전쟁과 핵전쟁을 동시에 계속할 수 있는 능력을 구축한다.

그밖에도 여러 내용이 있으나, 한마디로 요약해서 이 '동시다발 전쟁' 개념에 따르는 무제한 군사경쟁은 소련의 경제·사회·군사 전면에 걸친 압력을 가함으로써 마침내 정치적으로 굴복시키려는 전략 구상인 것으로 알려져 있다. 핵무기의 '선제공격'이 구상된 것도 새로운 변화다.

이런 웅대한 군비경쟁 계획에 따라 미국은 그 동맹국가들에게 재래식 군사력의 증강을 강력히 요구하고 있다. 소련도 마찬가지다. 이 때문에 동맹국의 내정(內政)에서 군사적 성격이 짙어지게 됨은 당연한 논리다. 미국에 의한 소련 군사력 우위설 → 전쟁 분위기 고조 → 동맹국들의 능력을 도외시한 군사력 증강 경쟁 → 이에 대한 소련의 무제한 군비강화 대응 → 전 세계적 규모의 군비경쟁 가열화 → 모든 국가 사회의 군대식 사고방식·가치관 지배 → 군부 지배적 국가이념화 → 평화, 인권, 민주주의 애호정신의 질식 → 무력·전쟁 숭상 기풍 → 재래식 군사력에 의한 분쟁과 이해 대립의 해결 유혹 → 국지적 핵전쟁 → 전면적 핵전쟁 → 인류의 말살! 요약하면 이런 방향으로 치닫고 있다.

세계 여러 곳에서 이상과 같은 도식의 위험성이 신랄하게 지적되고 있다.

1983년 6월 3일, 미국의 가톨릭 주교단이 전 세계의 위정자들에게 경고하는 뜻에서, 그리고 특히 미국 정부의 핵군사력 무제한 증강 정책을 반대해 238대 9라는 압도적 다수로 '평화에 대한 도전' 결의를 한 것은, 바로 현재 우리가 치닫고 있는 인류 말살 위기의 심각성을 말해주는 것이라 하겠다.

일본의 군사대국화와 일본 군사력의 한반도 지향성

일본은 제2차 세계대전에서 패망한 후, 60년간에 걸쳐 저지른 아시아 지역 민족들에 대한 범죄적 침략 행위와 식민지 잔학 행위를 반성하고 평화애호 국민으로 재생하기 위해 '평화헌법'을 채택한 나라다. 일본 국민은 영원히 전쟁에 호소하지 않을 것과, 전쟁 수단으로서의 군사력을 영원히 포기할 것을 선언했던 것이다. 그러나 그로부터 3년 후인 1948년에는 초보적인 군비증강을 개시하여 현재는 아시아에서 중공과 맞먹는 일대 군사국가로 변모했다.

오늘의 군사대국적 일본의 성격을 정확히 이해하기 위해서는 사문화(死文化)되어버린, 현대 국가 역사상 최초로 '전쟁권을 자진 포기'한 일본 헌법을 알 필요가 있다. 그 제9조는 다음과 같이 선언하고 있다.

제1항: 일본 국민은 정의와 질서를 기초로 하는 국제평화를 성실하게 희구하여 국권의 발동인 전쟁과 무력에 의한 위하(威嚇) 또는 무력의 행사는 국제적 분쟁을 해결하는 수단으로서는 이를 영구히 방기(放棄)한다.

제2항: 전항의 목적을 달성하기 위하여 육·해·공군 및 기타의 전력은 이를 보지(保持)하지 않는다. 국(가)의 교전권(交戰權)은 이를 인(정)하지 않는다.

군사력을 보유하지 않으며 국가의 교전권을 인정하지 않고, 군사력에 의한 국권 발동 및 수행을 영원히 '포기한 평화헌법'은 1947년 3월 3일에 시행되었다. 그러나 이 숭고한 국가적 선언과 국민생활의 기본 정신은 3년밖에 가지 않았다.

일본과 싸운 연합국가들은 포츠담 선언(1945.7.26)을 비롯한 공식 선언들과 비밀 합의에 따라서, 일본이 다시는 군사대국이 되지 못하도록 하기 위해 "① 일본의 군수생산에 도움이 되는 공장·기계·시설의 전면적 철거와 파괴, ② 일본 국민이 최저한의 생활수준을 유지하는 데 필요한 것 이상의 경제능력 전면 말살"을 공약했던 것이다. 이것은 일본 침략전쟁의 희생자인 아시아 지역 민족과 태평양전쟁의 피해자인 연합국 국민은 물론, 재벌·군부·

천황주의 극우세력 결합체제에 농락당한 일본 국민 일반의 공통된 염원과 희구의 집약적 표현이었다.

그러나 미국의 아시아 반공전략으로 1948년에 연합국가의 '일본 비군사화 합의'는 백지화되었다. 이것은 6·25전쟁이 발생하기 훨씬 전의 일이다. 이어 6·25전쟁 직후인 1950년에도 무기징역을 받고 수감 중이던 일본인 A급 전쟁범죄자 17명이 석방되고, 민주사회에서 공직에서 추방되었던 군국주의 시대의 각계 각 분야의 지도급 간부 10,090명이 복권되었다. 태평양전쟁 패망 후, 잠시 숨을 죽이고 기회를 노리던 극우·국수주의적 제국주의·국가지상주의·반민주주의적 분자들은 미국에 의한 공직 추방 해제와 재군비 개시를 신호로 일제히 다시 무대 위로 뛰어올랐다.

일본 군대(자위대)는 창설 3년 후인 1957년부터 5개년 군비증강 계획을 다섯 차례 거듭하는 과정에서 현대전 군대로서의 물질적 실체를 강화했다. 25년간의 군비강화 계획은 일본 국내의 많은 평화헌법 수호세력과 군사대국화를 반대하는 평화 애호적 국민의 반대를 무릅쓰고 한 단계 한 단계 기정사실화되었다.

미국의 압력으로 1983년 군사예산은 1982년 12월 30일의 각의에서 전통적인 국민총생산(GNP) 1퍼센트 이하라는 제한선을 깨고 1.00퍼센트로 증대했다. 미국의 세계전략의 일환으로 동북아시아에서의 일본 군사력의 역할이 비약적으로 증대할 몇 해 후에 그 비율이 2퍼센트에 이르게 되면, 일본 군사력은 중국을 제외한 아시아 지역 전체 국가의 군사비 합계와 맞먹는 막강한 군사대국이 될 것이라 믿어진다.

일본의 이 같은 군사대국화가 우리의 지대한 관심사가 되는 까닭은 군사력의 '주요' 행동 방향이 '한반도 지향적'이라는 사실 때문이다. 일본 육·해·공군은 이미 제2차 5개년 군비증강 계획 기간 중인 1963년, 즉 한일 국교정상화 교섭이 막바지에 이르렀던 시기에 한반도 개입 작전으로서 '미쓰야(三矢) 계획'이라는 최대 규모의 모의 도상훈련을 실시했다. 국교정상화 조약이 체결된 1964년에는 역시 같은 규모의 '비룡(飛龍)작전'이 실시되었다. 최근에는 그 규모가 더욱 커지고 빈도도 날로 잦아지고 있다.

제3차 5개년 군비증강 계획 기간 증인 1969년 11월에는 사토 에이사꾸 수상과 리처드 닉슨 미국 대통령이 공동선언을 통해 한반도 사태에 대해서는 앞으로 일본이 미국과 책임을 공동 부담할 것임을 선언했다. 사토 수상은 특히 "일본의 외교력은 앞으로 일본의 군사력으로 뒷받침될 것"이라고 선언했다.

그 장기적 구상은 곧 표면화되어 그 발언과 선언이 있은 직후인 1970년 3월, 현재의 일본 총리대신인 나까소네 방위청장관(국방장관)은 사토 수상과 함께 국회 질의·답변을 통해 일본 군대가 주로 한반도 지향적임을 다음과 같이 천명했다(『마이니치신문』, 1970.3.23).

① 한반도 사태에 대해서 일본 내 미국 군사기지 사용에 언제나 동의할 것이다(일본은 미일 안보조약상, 일본 행정 관할권 내의 영토와 군사기지에 대한 외부 공격의 경우에 한해서 일본 내의 미국 군대 출격과 귀환을 허용하는 원칙이다. 이밖의 경우 그것을 허용하거나 거부하는 것은 일본 정부의 재량인데, 이 답변에서 처음으로 언제나 동의할 용의를 밝혔다).

② 한반도의 동·서·남해안과 대마도 해협의 해상봉쇄 임무를 일본군이 맡는다(일본군이 말하는 대마도 봉쇄는 우리의 대

한해협을 포함하는 것으로 알려져 있다).

③ 북한의 선제공격의 경우, 과거처럼 유엔군이 파견되면 일본군도 이에 참가한다.

④ 그밖의 사태라도 미국 군대가 작전하게 되면 미일 안보조약에 따라 한반도에 일본 군대가 상륙할 수 있다.

⑤ 한국(남한) 내의 일본인 생명과 재산에 위해(危害)가 가해진다고 판단될 때에는 그 보호를 위해서 일본 군대가 상륙한다.

이것은 '결정 사항'이 아니라 '고려 사항'이라는 단서를 붙여서 답변한 것이다. 그러나 레이건 미국 정부와 나까소네 일본 정부 등장 이후의 지난 2, 3년 사이에 보도를 통해서 밝혀지는 일본 군대의 한반도 지향성은 이미 1960년대의 미·일 양국 정부와 군부의 장기 구상의 일부인 것으로 보인다. 이와 같은 중대한 전략과 정책이 한국 정부의 사전 동의 없이 일방적으로 공언될 수 있는 일일까? 국내에서는 이 같은 일본 군대의 전략과 지향성에 관해서 그 당시에도 그렇고, 지금 이 시간까지도 한마디도 국민에게 알려진 일이 없다.

나까소네 장관의 그런 공언이 있은 다음해(1971) 5월 31일에는 일본군 합참의장(幕僚長)이 처음으로 내한하여, 과거 만주국의 이른바 일본군 육군중위였던 이 나라의 통치자와, 양국의 군사 지도자로서 최초로 공식 회견을 했다. 1971년 7월의 대통령 취임식에는 일본군 장성과 고위 간부 34명이 '사복 차림'으로 등장했다. 당시 이 사실에 관한 보도는 억제되었다. 그로부터 12년 뒤 전두환 대통령의 방일 후 국군의 날에 그들이 또 나타났다.

미국과 일본의 이런 협동적·군사적 뒷받침이 1972년의 유신체제와 그 직후의 긴급조치에 의한 사실상의 1인 종신 통치체제의 합의된 토대였는지는 알 길이 없다. 다만 우리가 생각해야 할 사실은, 이 같은 일본 군대에 대한 의존 상태가 국민에게 알려짐이 없이 진행되었다는 점이다. 그리고 1960년대 초에서 70년대 말에 이르는 이 같은 사태 진전이 일제 식민지 아래서 일제에 협력했던 사람들이 각계각층의 국민생활을 장악하고 있던 국가적 실체에서 진행되었다는 점이다. 또 당시 일본 정부의 대(對)한반도정책은 한반도의 '영구 분단'을 고착화하는 것이었다. (그 증거로, 1970년대 중반기의 주미 일본 대사 우시지마는 미국 내 대학 순방강연에서 노골적으로 "일본에게 가장 이상적인 한반도 상태는 분단된 상태다"라고 말했다.)

그밖에도 생각할 수 있는 여러 가지 상황이 있고 유추할 수 있는 여러 가능성이 있다. 그 모든 사실과 상황을 두루 검토한 뒤의 결론은, 첫째로 일본 군사력에 대한 의존은 우리 국가의 성격을 더욱 군사화해 민주주의 실현을 그만큼 어렵게 하리라는 전망이다. 둘째는, 일본 군사력은, 이 민족과 영토의 영구 분단이 목적인 일본 집권세력의 '물리적 힘'으로 작용하리라는 점이다. 그것을 거꾸로 논리화하면, 이 나라의 민주화와 남북민족의 통일 지향적 접근을 바라지 않는 개인이나 세력일수록 일본 군사력의 한국 지향성을 환영한다고 말할 수 있을 것이다.

앞에서도 살펴보았듯이, 일본의 군사대국화를 적극 추진하고 있는 주도적 개인들과 세력들은 거의가 '대일본제국' 시대의 제국주의, 식민주의, 천황 파쇼, 극우 국가지상주의자라는 과거 경력과 사상적 경향성을 지닌 자들이다. 미국의 극동정책 전환으로 사형이나 무기징역 또는 공직 추방에서 복권된 전쟁범죄자적 전력자(前歷者)들이다. 이와 같이 반성하지 않는 왕년의 식민·군국주의적 일부 인사와 평화애호적 일본 국민 일반을 동일시해서는 안 될 것이다. 그러나 그런 세력에 의해 일본의 군사대국화 정책과 사상이 추진되고 있는 현실을 잊어서도 안 된다.

역사적 견지에서, 1969년의 '사토-닉슨 공동선언'의 의도와 목적과 내용, 그리고 이후에 표면화하고 있는 사태 진전을 보면서 한말의 '야마가따-로마노프 협약' '가쯔라-태프트 협정' 그리고 그것들에 뒤이어 현실화한 이 나라 민족의 운명을 되새겨보게 된다.

한·미·일의 군사동맹

미국 육군참모총장 에드워드 마이어 대장은 1983년 1월 22일 서울 방문기간 중 "한·미·일 3국의 긴밀한 군사협력체제가 동북아시아의 방위능력 강화에 도움이 될 뿐 아니라, 3국 간의 협력은 미국과 일본의 방위 부담을 줄이며 군사적 효율을 높일 것"이라고 언명했다(서울발 AP통신, 『동아일보』). 미국 행정부와 군부의 많은 대변인들의 입을 통해서 미국 정부의 의도는 분명해진 지 이미 오래다.

한일 국교정상화(1964) 이후 추진되어온 한·미·일 3국 군사동맹을 지향하는 노력은 이제 그 마무리 단계에 들어선 것 같다. 미국과 일본 정부의 장기적 대한정책은 잘 알려져 있다. 실제 남·북의 분단 고착화를 위해 남·북 국가를 각각 독립적인 별개 국가로 승인하고, 남한을 한·미·일 동맹체제에 편입하는 동시에, 장기적으로는 북한과 대항적 국가 관계를 형성하는 것이다. 다시 말하면 동·서독 방식과 같은 것이다. 소련과 중공에게도 역방향에서 같은 구도를 승인하게 하는 대응정책이 이와 병행한다. 즉 이른바 '교차승인' 구상이다.

강대국들의 세력권 확장을 위한 제2차 세계대전 처리 방식에서 독일민족(국가)과 한민족(국가)에 대한 구상은 전혀 달랐다. 독일민족은 인구, 잠재력, 침략성(또는 침략적 경력), 지정학적 위치 등의 이유로 제2차 대전의 전승 연합국들이 처음부터 통일 민족국가의 수립을 허용하지 않았다. 그러나 종전 당시 한반도에서는 분명히 5년간의 신탁통치를 거쳐 단일한 통일 민족국가를 이룩하도록 도우려는 것이 미·중·소를 위시한 모든 연합국의 일치된 의사였다. 통일 민족국가로서의 독일이 유럽 대륙의 평화에 적극적인 위협적 존재인데 반해서, 한민족의 통일국가는 아시아나 동북아 지역의 평화에 대한 적극적이고 능동적인 저해 요소는 되지 않을 것이었기 때문이다. 다시 말해서 '통일 독일 민족국가'는 그 자체로서 위협적인 존재이지만 '통일 한민족국가'는 주변 강대국들이 이 반도에 야심을 품지 않는다면 그 자체로서 적극적이고 능동적인 위협적 존재가 될 수 없다는 인식이 있었던 것이다. 예컨대 '중립화 통일국가'안이 해방 당시의 내외 여건과 이해를 수렴할 수 있는 하나의 구상으로 제시된 것도 그런 인식에서였다.

그것이 이루어지지 못하고 영구 분단이 고착화되려는 현재까지의 복잡한 과정은 우리가 주지하는 바이므로 재언할 필요가 없을 것이다. 그 책임 소재와 책임의 양(量)에 관한 천착은 쉬운 일이 아니다. 역사의 '실상'을 파헤치는 학문적 작업이 학문외적 요인으로 억제되어 있는 현실에서는 쌍방의 왜곡과 아전인수의 안개가 걷혀질 훗날의 비판적 역사 규명에 맡길 수밖에 도리가 없다.

한국과 일본은, 해방 이후 1950년대까지는 '백지 상태'였던 것이 60년대에 국교정상화가 이루어짐에 따라 정치적 관계로 연결되고, 70년대에 경제적 관계가 정치적 관계를 밑받침했다. 80년대에는 이른바 '한·미·일 3각 군사 협조'의 기정사실화로 군사적 유대 관계가 형성됨으로써 양국 관계는 '군사동맹'으로 밀착하려 하고 있다. 앞에서 검토했듯이, 우리 정부는 일본 정부의 군사동맹을 향해서 그 주변적 환경 조성을 서두르고 있는 것 같다. 그러한 여러 가지 작업의 연장선상에서 해석되어야 할 사태 진전으로서 최근 '한국 국회'와 '일본 국회' 사이에는 군사적 관계의 검토가 깊이 진행되고 있음을 본다.

한일의원연맹(회장 이재영)이 1983년 5월 초에 '한·일 안보협력 관계'를 토의할 예정이라 하여 처음으로 국민에게 알려진 그 의제와 내용은 다음과 같은 것이었다(『동아일보』, 1983.3.5).

① 한반도 유사시의(한국에 대한) 일본의 '안보' 협조 방안 (기본 구상)

② 상호 방공(防空)정보 교환(공군)

③ 한반도 주변 해협에 대한 일본 군대의 봉쇄 방안

④ 쌍방 군대의 상호 훈련 교환(육군)

⑤ 한·일 해군 사관생도 교환 교육(해군)

⑥ 쌍방 해군의 상호 항구 기항(해군)

이제 우리나라와 일본의 관계는, 50년대의 공백 상태에서 60년대의 정치 관계, 70년대의 정치＋경제 관계, 80년대의 정치＋경제＋문화협력, 그리고 90년대를 지향하는 그 전면적 '입법화' 단계로 기정사실화되는 인상이다. 그 과정을 그림으로 나타내보면 다음과 같이 될 것이다.

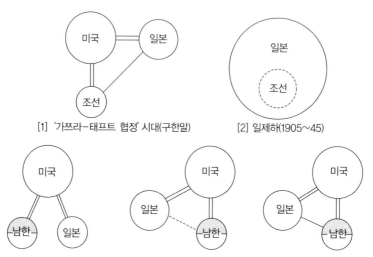

[1] '가쯔라-태프트 협정' 시대(구한말)   [2] 일제하(1905~45)

[3] 관계 백지화 시대(1950년대)   [4] 정치적 관계 시대(1960년대)   [5] 정치 · 경제적 관계 시대(1070년대)

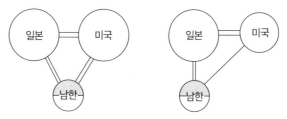

[6] 정치 · 경제 · 군사관계 시대(1980년대)   [7] 일본의 미국 대치 시대(1990년대 이후)

〔그림 7〕은, 정치 · 경제 · 군사면의 압도적 영향력이 한국을 포용한 토대 위에서, 일본식 문화 · 사상 · 가치관 · 취미 · 생활양식 등 이른바 한국민 또는 민족의 '정신적 존재'를 규제하는 전반적 · 문화적 영향력이 추가되었을 때의 모습이다. 〔그림 1〕과의 유사성을 비교해보라. 꼭 100년간의 순환으로 많은 것을 생각하게 하고 있다. 이 부문의 영향력은 그동안 생산 양식, 물질적 생산품, 과학기

술 등 주로 이른바 하부구조적(물질적) 차원에서 이 나라 사회와 국민대중의 생활 형태를 바꾸어왔다. 앞으로는 통틀어 '문화·정신'적 이른바 상부구조적 영향력이 공공연하게 상륙하면 된다.

아니나 다를까, 금년(1983) 초, 나까소네 일본국 총리대신이 미국과 일본 두 정부의 장기적 대한정책에 따라 40억 달러 상당의 재정적 지원을 선물로 들고 들어온 것을 계기로, 그 공동성명서에서 "한·일 양국 간의 적극적 문화협력"이 앞으로의 중요 사업으로 강조되었다. 그 뒤를 이어 '일본문화연구소'의 설치계획이 보도되었고, 최근(1983.7) 들어서는 일본 영화의 상륙계획이 보도되었다. 한·일 간의 과거의 거추장스러운 감정과 역사적 사실을 얼버무리는 초·중·고등학교의 역사 기술 고쳐쓰기도 진행 중인 것으로 알려졌다(초등학교 교과서에서 '유관순 누나'의 행방불명, '임진왜란'의 이름 바꾸기, 일제 식민통치 비평에 대한 완화 등). 두 나라 정부가 무대 뒤에서 준비 중인, 앞으로 선을 보일 여러 가지 결정과 변화들은 1990년대 이후의 이 민족(국민)의 모습을 결정하게 될 것이다.

한·일 군사협조는 여태까지는 양국의 국민 감정 때문에 미국을 접점으로 하는 한미 방위조약과 미일 안보조약으로 간접적 동맹관계를 취해왔다. 앞으로 온갖 행사와 선전, 직접·간접적 세뇌공작, 유형·무형의 상호 침투와 이익의 수여를 통해서 일본 군사력의 개입이 자연스럽게 받아지게끔 될 때에는 한일 군사동맹 체제는 완성되는 것이다.

형식상과 법적으로는 일본에서 현재의 '평화헌법'이 군사대국화 세력에 의해서 개정된 뒤가 될 것이다. 현 일본 헌법은 '자위대'라는 이름으로 가면을 쓰고 존재하는 막강한 군사력을 아직도 불법적인 존재로 인정하고 있기 때문에, 헌법 개정으로 군사력의 합헌성이 인정된 뒤에야 법적 동맹은 가능해진다.

지난 3월 2일 일본 의회에서의 일본 문부상의 답변은 그 시기가 멀지 않았음을 시사한다. 세또야마(瀨戶山三男) 문부상은 중의원 문교위원회에서, 현행 헌법은 일본 군대의 '위치 정립'을 명백히 하지 않고 있는 데 문제가 있다고 지적하고, 헌법 제9조의 개정을 포함한 개헌을 강조했다. 이 발언은 현 집권세력인 자민당의 의도를 대변한 것이다. 왜냐하면 세또야마는 자민당의 '헌법 조사회' 위원장을 지낸 이로서, 전부터 개헌을 지론으로 내세웠으나 정부를 대변하는 각료로서 이같이 분명히 국회에서 강조한 것은 일본 의회사상 처음 있는 일이기 때문이다(『동아일보』, 1983.3.3, 도쿄 발 정구종 특파원 기사). 현대 국가가 고립해서 존재할 수 없다는 것은 자명한 이치다. 일본과의 관계에서도 우리는 과거의 관계에만 집착해서는 안 된다. 유무상통하고 상호보완함으로써만 현대 국가는 국제적 경쟁에서 생존할 수 있으며, 자기의 잠재력을 더욱 고양 발휘하여 다른 국민들에게 기여하고 인류발전에 공헌할 수 있다.

다만 우리가 여기서 검토하는 주제와 관련해서는 그와 같은 일반 원칙에 덧붙여 경각심을 촉구해야 할 몇 가지 특수한 문제가 있다.

첫째는, 해방 이후 이 나라의 모든 분야에서 일제시대의 민족반역자, 친일주구분자들이 숙정되기는커녕, 오히려 대한민국의 국가적 최고 지도부를 장악해온 사실로 말미암아 생긴 대일본 주체성의 상실이다. 이 상태는 해방 후 40년이 되는 지금도 변함이 없어 보인다. 일본과의 관계에서 각 부문에서 이익을 보는 개인이나 집단은 민족, 국가, 국민의 독립성, 주체성, 긍지 및 정기(正氣)는 깡그리 잊어먹고 일본에 군사적으로마저 예속됨을 마다하지 않을

지 모른다. 이것이 기우이기를 비는 마음 간절하다(1984년에 들어와서는 양국 간의 군사동맹 관계가 공언되고 있다).

둘째는 지난 40년간 미국에 대한 의존적 생존에 길들여진 이 나라 국민의 의타적 세계관이다. 미국은 장기적 세계전략의 구도상에서 대부분의 한국 후견 책임을 일본에 위임하려 하고 있다. 미국이라는 강대국에 의존해 살아온 국민은 미국의 자리를 떠맡는 강대국이 필요하고, 그것이 누구든 관계없다는 세계관인 셈이다. 누군가를 언제나 '모시고' 살아야 하는 이 나라의 비굴한 국민성의 문제다.

셋째는, 그리고 가장 중요한 문제는, 미국에 대한 의존을 분단으로 인한 북쪽의 절반 민족과의 대치관계로 합리화하고 정당화해온 변칙적 민족 관념에서, 앞으로는 일본의 군사력으로 남북 대결을 지탱해야 한다는 경직된 사고방식이 지배하지 않을까 하는 염려다. 최근 방한한 미국의 고위 군사 책임자는 "남·북 민족관계가 어떻게 전개되든 미국은 군사력을 남한에서 철수하지 않을 것이다"라고 말한 일이 있다. 그렇다면 남한에서의 미국의 군사적 존재는 한국(한민족)의 복지를 위한 것인지, 아니면 미국의 국가 이기주의적 동기와 목적에서인지 물어봐야 한다. 일본의 군사력이 같은 지위를 굳히게 된다면 역시 같은 일본의 국가이기주의에 예속되지 않을 것이라고 단정하기 어려운 일이다.

외세에 의해서 남·북으로 갈라진 같은 민족 사이에 새로운 평화적 공존양식을 구축하기 위한 '대(大)민족주의'적 세계관을 갖는 것만이, 일본 군대가 남에도 북에도 들어올 필요 없는 국가관계를 정착시킬 수 있는 길일 것이다. 남·북의 적대적 존재양식을 당연한 것으로 이념화하거나 불가피한 것으로 정당화하는 한, 일본 군사력의 한반도 상륙은 '선'이고, '필요'이고, '당연'이며 '은혜'가 될 것이다.

미·소의 핵 표적이 된 한반도

우리 민족이 영원토록 가꾸고 다듬어서 자손만대에 물려줘야 할 이 반도의 땅은 초강대국들의 핵폭탄 표적으로 선정되었다. 이 사태 변화는 너무나 심각해서 그 긴박한 위기가 실감나지 않을 정도다. 현재와 같은 레이건 미국 정부의 무제한 핵무장 경쟁과 이에 대응하는 소련의 대항 조치가 누진적으로 계속되도록 방치한다면, 한반도는 그들의 이해 충돌의 불꽃이 핵폭탄으로 터지는 첫 표적이 될 것이 확실하다.

1960년대와 70년대는 핵무기의 균형에 의한 전쟁 방지와, 제1격의 처참한 파괴 및 제1격에서 살아남은 제2공격력(보복공격)의 잔존 가능성 때문에 이른바 '공포의 균형'이 핵전쟁의 발발을 억제한다는 군사이론에 근거해 있었다. 그러나 80년대 이후를 내다본 레이건 미국 정부의 핵전략은, 앞에서 밝혀졌듯이, 미국이 국가적 총력을 기울여 핵경쟁의 각 국면 각 단계마다 대소(對蘇) 핵우위를 점하겠다는 것이다.

많은 군사 전문가들은 이것을 실현성이 없거나 무모한 불장난이라고 평하고 있다. 그러나 어쨌든 이 전쟁이론이 추진될 경우, 그 과정의 어느 단계인가에서 미국은 대소 '선제공격'을 감행할 의사다. 모든 핵무기 보유국이 핵선제공격을 부인했고, 핵무기를 보유하지 않은 많은 국가가 이를 규탄해온 지난 30년간의 핵정책을 미국 정부는 정면으로 거부한 셈이다. 그런데 문제는 앞에서 보았듯이 사실상 미·소 간의 공격과 방어 태세는 균형을 유지할 것이기 때문에, 상대방에 대한 선제공격은 상대방의 하위 동맹국 영토에 대한 공격 형태를 취하게 된다. 그것이 바로 미국이 그 하위 동맹국들 영토에 중거리 핵미사일을 배치했거나 배치하려는 전략의 목적이다. 우리는 그 전자에 속한다.

다음은 동시다발 전쟁이론에 따르는 상대방 진영의 '취약점'에 대한 선택적 보복공격이다. 지난 2월에 밝혀진 미국 국방장관 와인버거의 '1983년 국방보고서'가 그것이다. 소련이 중동 산유지역에 개입할 경우, 미국은 소련의 군사력을 분산시키고 석유자원 지대를 수중에 확보하기 위한 전략으로 "동북아의 동맹국 군사력과 함께 북한을 공격하고, 북한에 대한 핵공격을 감행하는 전략을 짜놓았다"고 보도되었다(일본 『산께이신문』(産經新聞), 1983.2.12. 그리고 『동아일보』, 1983.2.15). 또한 올봄에 있는 한·미 합동 대규모 군사훈련인 '팀스피리트 83' 작전에서 미국의 핵미사일 적재 항공모함이 동해에 출동한 것이 바로 이상에서의 행동을 가상한 것이라고 상세하게 보도되었다.

이것은 터무니없는 전략이다. 그야말로 미국의 이기주의적 발상이라 할 것이다. 우리 민족은 남북으로 갈라져, 불행하게도 당장에는 대립관계에 있는 것이 사실이다. 그렇다고 해서, 이 반도의 민족과는 아무런 관계도 없는 중동과 그곳의 석유자원을 확보하기 위해서 몇만 리 떨어진 이 민족의 땅에서 전쟁을 시작하고 핵폭탄으로 초토화한다는 것은 민족적 자존심상 용납해서는 안 될 전쟁논리라 하겠다.

북대서양동맹 15개국은 미국의 '핵우산' 밑에서 핵보호를 받고 있다. 그러나 동맹국들은 미국이 그들과의 사전 협의 없이 자기 영토에 핵무기 기지를 설치하거나 어느 '적'에게 핵무기를 발사할 것인가 등에 관해 협의 없이 결정을 하지 못하도록 규정하고 있다. 그들은 미국의 자의적 독단적 행동을 견제하기 위해서 5개국으로 구성된 '핵전략협의회'를 두어 미국의 핵무기 전략에 참여시키고 있다. 1970년대 초에, 이 핵전략협의회의 일원인 서독은 미국에게, 동독은 미국 핵무기의 공격 목표에서 제외되어야 한다고 요구했다(당시의 서독 집권당은 사회민주당).

동·서독 간의 근거리에서 핵무기가 폭발할 경우, 서독 자신이 결코 안전할 수 없다는 계산에서였다. 그러나 그것 못지않게 중요한 이유는 다음과 같은 논리에서다. 즉 동·서독은 분단되어 있지만 한나라의 민족이라는 것, 동포라는 것, 그리고 또 정치적으로 볼 때 서독으로서는 전체 독일의 궁극적·잠재적 통일 독일의 합법정부를 자처하는 까닭에 동독도 이론상 서독의 영토라는 것, 따라서 동독에 대한 핵공격은 서독 자신에 대한 핵공격이고, 통합독일의 잠재적 대표를 자처하는 서독의 주권 침해라는 논리에서였다. 우리는 서독 지도자와 그 국민들의 '민족주의'적 주체성에서 무엇인가를 배워야 할 국면에 처해 있는 것 같다.

중동의 석유 때문에 북한이 미국의 핵공격 대상이 되는 것보다는 훨씬 직접적이고도 당연한 전쟁논리로, 남한은 소련의 핵공격 목표가 된다. 미국 육군참모총장 에드워드 마이어 대장에 따르면 한반도의 상황은 다음과 같다.

① 레이건 행정부의 기본전략 개념은 재래식 전쟁이 장기화될 때에는 전술 핵무기를 사용하는 것이며, 이 개념은 한국에도 적용된다.

② 재래식 전쟁이 핵무기의 사용을 필요로 하게 될 경우에는 야전군 사령관, 예를 들어 한국에서는 한미연합군 사령관이 양국의 대통령에게 핵무기 사용을 건의할 수 있다.

③ 한국에서의 핵무기 사용 여부의 결정은 15개국의 협의를 거쳐야 하는 북대서양조약기구의 경우보다 덜 복잡한 문제다.

④ 확인할 수는 없지만 북한에는 아직 핵무기가 없는 것으로 믿고 있다(이상 1983.1.23, 서울 발 AP·UPI 통신 회견 기사).

미국 군부의 구상을 밝힌 마이어 육군참모총장의 전쟁논리에서 우리는 ① 한반도에서 핵무기 사용은 거의 기정사실화되어 있다는 것. ② 핵무기 사용에 관해 야전군사령관의 권한이 크다는 것, 그는 그 결단을 가리켜 '최종적으로는 정치적 결단'이라는 주석을 달았지만, 6·25 당시 맥아더 사령관이 원자탄 사용을 위협하는 발언만으로도 그 직에서 파면된 사실에 비해서 현장적 판단이 훨씬 큰 비중을 갖게 되었음을 알 수 있다. ③ 앞서 설명했듯이, 나토의 경우보다 한국에서의 핵무기 사용은 한국 대통령과 미국 대통령 두 사람의 최종 의견에 따르므로 훨씬 용이하게 사용할 수 있다는 예상이다. 한국 대통령이 실제로 이 경우에 얼마나 주도권이 있는가도 문제이지만 앞서의 서독의 경우와 비교해서 그의 철학·민족의식·세계관이 문제된다. ④ "북한에는 핵무기가 없는 것으로 믿고 있다"는 것은, 남한에 대한 소련의 핵공격 위협을 정당화하는 근거가 되기에 충분하다. 한국(남한)에 미국 핵무기가 배치되어 있다는 사실은 미국 정부 스스로 인정했다. 미국 전략연구소 소장 라 로크 제독은 남한에 비치되어 있는 미국의 각종 핵탄두의 수를 약 600개로 추산한 일이 있다.

이와 관련하여 소련의 태도가 주목된다. 소련 제2부수상 겸 외상 안드레이 그로미코는 소련이 한국, 일본 및 인도양에 디에르가르시아 군도에 배치되어 있는 미국의 핵기지를 공격 목표로 해서 SS20 핵 미사일이 시베리아에 배치되어 있다고 언명했다(1983. 4.4, 모스크바 발 외신, 『중앙일보』). 또 소련 육군참모총장 니콜라이 오르가코프 대장은, "미국이 유럽 배치 미사일로 소련을 공격할 경우, 소련이 오로지 유럽의 목표들만을 보복공격하리라고 믿는다면 이는 이치에 맞지 않는 생각이다"라고 말했다. 이 전쟁논리는 바로 미국 육군참모총장 마이어 대장이 밝힌 중동분쟁의 보복을 북한에 대해서 할 것이라는 경우의 남한에 해당한다고 해석된다. 미국의 경우 소련의 핵무기가 "없는 것으로 믿는" 북한에 대해서도 중동분쟁 때문에 핵공격을 할 가능성을 밝혔는데, 미국의 핵무기가 있는 남한에 대해서 소련이 중동분쟁이나 유럽분쟁 보복으로 핵공격을 하지 않으리라는 보장이 있을까? 바로 이 전쟁논리를 확신하는 듯한 태도 표시가 있다. 소련 정부 의사를 대변하는 '타스통신'은 3월 18일의 『프라우다』(소련 당기관지)의 사설을 인용하여, "**자기가 살고 있는 땅에 미국 미사일 배치를 쉽게 허용함으로써 미국의 핵볼모가 되려는 자들은 미국 정책의 최종 목표가 무엇인지 곰곰이 생각해봐야 한다**"(진한 글씨-필자)고 경고했다(1983.3.13, 모스크바 발 AFP 통신, 『동아일보』, 3월 18일).

우리는 물론 미국의 핵우산을 믿고, 미국 정부 지도자들과 군부 지도자들의 평화애호적 슬기에 기대를 걸고 싶다. 위에서 본 바와 같은 쌍방 초강대국 군부 지도자들이 내뱉는 위협이 현실화하지 않도록, 무모한 무제한 핵군비경쟁과 핵무기를 가지고 노는 위험한 심리작용이 진압되기를 간절히 희구해야 할 것이다. 그리고 그러기를 바라는 세계의 '반핵운동'의 열렬한 민중적 염원과 행동으로 '핵무기 숭배자'들이 이성을 되찾게 되기를 기도하는 심정으로 바라는 것이다.

그런데 미·소 초강국의 직접적 대결이 아닌 제3자의 행동으로 인해 약소국가가 핵의 볼모가 되는 경우도 상상할 수 있다. 우리와 관련해 가상할 수 있는 예로서 군사대국 일본이 소련과 충돌을 일으켰거나 소련이 일본을 상대로 하는 분쟁이 확대될 경우다. 일본은 미국을 대신하여 하게 될 ① 소련 극동함대의 봉쇄(동해— 일본해 속에)를 위한 그 출구 해협의 기뢰 봉쇄(대한해협이 포함된다), ② 일본 해·공군에 의한 소련 잠수함 공격 작전, ③ 시베리아와 사할린 기지의 장거리 폭격·정찰·요격, ④ 북태평양 및 남중국 해상에서의 소련 해상 함정 및 선박 공격 또는 충돌 등, 그 가능성과 범위는 헤아릴 수 없다.

한국의 직접적 이익이나 의사와는 관계없이 일본과 소련의 군사적 분쟁이 확대된 결과로 인하여, 일본과의 군사적 협력을 이유로 소련이 여러 가지 형태와 방법으로 공격 또는 보복할 가능성은 충분히 예상할 수 있는 일이다(1983년 9월의 KAL 사건을 상기해보라).

일본 수상 나까소네는 한국 방문 직후, 미국을 방문하여 레이건과의 회담에서 일본 열도를 소련에 대한 '불침(不沈) 항공모함'으로 만들겠다고 호언장담했다. 이 말은, 미국에 대한 직접적 군사적 역할은 물론 한국에 대한 군사적 분담 자세를 아울러 강조한 것이었다. 이에 대해 소련은 즉각 일본이 미국과 제휴하여 군비증강을 계속할 경우, "치명적인 보복 조치를 취하겠다"는 전례 없이 강경한 대일(對日) 경고를 발했다(1983.1.21, 모스크바 발 AP통신). 소련 당서기장 안드로포프는 일본이라는 '불침 항모'는 "단

20분 안에 '가라앉을 것"이라고 경고하기도 했다. 일본과의 군사 관계에서 고려해야 할 사항이다.

한국과 한겨레의 대응

남·북으로 갈라져 살게 된 우리 민족의 땅은 또다시 임진왜란 이래로 수없이 되풀이되어온 인접 (초)강대국들의 이해 충돌의 초점이 되고 있다. 강대국들의 이익을 위한 '대리전쟁'을 동족끼리 벌일 가능성이 어느 때보다도 짙어지고 있다. 그리고 그 결과는 남북한의 동시적 초토화와 동포형제의 동시적 멸종이 될 위험마저 예상된다.

우리 반도의 안팎에서는 그에 따라 '군사력의 강화만이 살길이다'라는 의식이 고취되고 있다. 특히 핵무기가 모든 것을 해결하고 자신(국가)의 생존을 보장한다는 '환상'을 토대로 한 의식은 날로 '군사력 숭배사상'을 낳고 있다.

지구상의 민족이나 국가는 저마다 시급한 문제를 안고 있다. 우리의 경우 그 문제는 크게는 분단 국토와 민족의 통일이다. 그러나 1980년대와 90년대의 예상되는 상황에서는, 남·북의 한 민족은 각각 한반도 내에 초강대국들의 핵무기를 받아들이지 않고 핵폭탄의 세례를 불러들이지 않도록, 자신과 반도 내외의 조건을 능동적으로, 그리고 주체성을 가지고 형성하는 것을 목표로 해야 할 것이다. 남북한 비핵화(非核化)다.

미국 육군참모총장이 밝혔듯이, 지구상의 다른 동맹국들과의 관계에서와는 달리, 한국에서만은 미국의 핵무기 사용이 현지 사령관의 큰 재량권 아래 있고 그 결정이 수월하다는 것은, 그만큼 소련의 핵보복도 신속하고 직접적일 것임을 뜻한다. 어째서 한국만이 유독 그런 상태가 되었는가 곰곰이 반성할 필요가 있다. 우리 국민, 우리 정부는 현지 미군 사령관의 핵무기 사용의 주도권에 대해서 어떤 '협의권'을 가지며, 어느 만큼 그것을 제약할 법적·실제적 권한을 갖고 있는지 국민에게는 알려진 바가 없다.

미국 정부의 무제한 군비경쟁정책은 그 동맹국가들에게 무제한의 무장강화를 요구하고 있다. 미국 군수산업과 미국 군부의 비대화, 그리고 미국 보수정치가들의 이익을 위한 무기 판매 전술로 가난한 동맹국가들은 대부분 자신의 경제적 적정선의 한계를 넘어, 소모적 군비경쟁에 국민의 진정한 복지를 소모하게 될 위험이 크다. 군사 우위사상과 군비경쟁의 열기는 한 국가사회의 체질적 군사화를 초래하게 마련이다. 그 실례는 역사상에도 많았고, 현재도 여러 나라에서 볼 수 있는 현상이다.

일본과의 '우호'관계와 '협력'관계에는 일정한 한계가 있어야 할 것이다. 민족적 감정을 떠나서라도, 일본과의 경제·외교·정치·문화적 우호 관계의 선을 넘을 때, 이 국가와 국민이 치러야 할 대가가 무엇인가를 신중히 계산할 필요가 있다. 반드시 군사적으로까지 일본의 보호를 받아야 하는가? 일본과의 군사적 협력, 나아가서는 미국을 접점으로 하는 '간접적' 동맹이나 양국 간의 '직접적' 군사동맹 관계가 1980년대와 90년대의 국제 정황 속에서 과연 우리 자신의 안전을 보호하는 최선의 방법이 되는지 여부를 계산해야 할 것이다.

한반도와 한반도 주변의 국제정세는 '질적'으로 변화했다. 그 모든 요소는 남북한 민족사회의 '화해'와 '평화'로써만 해소될 수 있는 성질의 것들이다. 새로운 정세에서는 새로운 이념과 가치관이 필요하다.

일본 군사력의 한반도 지향성은 그 분단민족의 하나를 뒷받침하고 하나를 반대하기 위해서라는 도식에서다. 이 반도, 금수강산에 다시는 일본 군대가 들어올 필요가 없게 하는 길은 분단민족 간의 화해다. 우리에게 요구되는 것은 남·북 단위의 반민족주의(半民族主義)가 아니라 반도민족 전체를 생각하는 '대민족주의'다. 이 반도의 남에건 북에건, 일본 군대가 무슨 명분으로든 다시는 금수강산에 발을 들여놓지 않게 하는 길은 남북 분단민족 간의 진정한 화해로만 가능하다.

이 모든 것을 가능케 하는 우리 내부의 과제는 전체 국민의 억압 없는 의사표시로 이 어려움을 극복할 수 있는 슬기를 짜내는 일이다. 질적으로 변한 정세는 한 사람의 지도자나 직업정치가나 관료들 또는 군인들의 판단에만 의존할 수 없게 되었다. 가능한 한 모든 정보가 국민에게 공개되어야 하고, 지혜를 짜는 토론의 장이 열려야 한다. 그것은 언론의 자유와 '평화'를 희구하는 민주주의로만 가능할 것이다.

• 1983

2

민주주의와 진실의 추구

특수주의 이데올로기와 보편주의 이데올로기

한 사회를 지배하는 사상과 제도는 그 시대 그 사회를 지배하는 계층(세력)의 물질적 이해관계를 반영하는 것이다. 이 세력은 그 사회를 지배하는 물리적 힘을 가지고 있다. 그 힘을 가지고서 그들의 이해관계를 반영 보호하는 이데올로기를 생산하고, 그것을 그들 자신뿐 아니라, 그들 소수의 지배를 받는 절대 다수 피지배 민중의 이데올로기로 수락하기를 강요한다. 소수자가 다수자에게 강요하는 힘의 구조가 그 사회의 그 시대의 권력체제다.

민주주의적 자유와 비판의 권리가 일반적으로 확립되지 않은 사회에서, 그 소수자 권력의 이익에 상응하는 사상·가치관의 신념체계는 '특수주의 이데올로기'로 불린다. 그와 반대되는 신념체계, 즉 다수를 위한 그것을 '보편주의 이데올로기'로 부를 수 있을 것이다. 비민주주의적 사회에서는 그 특수주의 사상이 그 사회의 '공인'(公認) 또는 '제도적' 사상을 구성하게 된다. 이 두 입장이 적대 관계냐 협력 관계냐 하는 것은 주로 그 공인·제도적 사상과 입장의 관용도에 달려 있다. 권력층의 세계관과 정치적 성숙도가 높을수록 '이단적' '비판적' 사상 및 입장의 정당한 가치와 기능을 승인하며, 양자 간의 부단한 변증법적 통일을 발전의 계기로 이용할 줄 안다. 그 사회의 구성원이 합의하는 궁극적 목표와 이상을 공유하는 한, 그 양자는 동반자이지 적이 아니다. '공인'사상과 '비판'사상 간의 이 모순 관계를 항구적으로 협조, 통일 및 발전의 관계로 활성화하게끔 제도화하는 장치가 민주주의임은 우리의 상식에 속한다. 한 사회의 생존 과정에 개재하는 여러 가지 문제에 대해서는 그 쌍방의 입장·관점·접근 방법이 다를 수 있다. 그럴수록 발전의 잠재적 범위는 확대되게 마련이다.

"집단에 대한 봉사는 오직 한 가지 방법이 있을 뿐이며, 그 관념과 방법은 지도자·정부·관료들이 결정하는 것이다"라는 철학은 민주주의 사회에서는 절대로 허용되어서는 안 되는 것이다. 그와 같은 경직된 사고방식은 통틀어 인간해방과 사회발전을 저해하는 '위험사상'이다. 그런데 우리 사회에서는 지난 얼마 동안 인간해방과 사회발전의 절대적 요소인 학문·출판·의사 표시의 자유와 가치를 옹호하는 입장이 도리어 '위험사상'으로 제도적 박해를 받아온 감이 있다.

나는 1976년 2월에, 이른바 '교수 재임명법'이라는 폭력에 의해 강단에서 쫓겨난 뒤, 다음해 가을에 나의 저서 『8억인과의 대화』와 『우상과 이성』의 글귀를 구실로 삼은 반공법으로 기소되어, 2년의 징역을 살고 나왔다. 2년의 그 과정을 거치는 동안, 나는 앞에서 설명한 바와 같은, 인간해방 및 사회발전의 원리에서 볼 때, 그 법의 운영에 중대한 문제점이 있음을 알게 되었다. 중국에 관한 연구와 그 출판이 법률과 충돌한 내용이므로, 이 체험을 통해서 발견한 문제점들을 학문의 자유와 법률의 문제로 일반화시켜서 생각해보려는 것이다. 앞으로 중국에 관한 깊고 넓은 연구가 우리에게 절실히 필요한 만큼, 그것이 '공인'사상 또는 '제도적' 사고방식과 어떤 관계에 놓이게 되는가를 아는 것은 중요한 일이라 생각한다. 지난 시기에 수없이 많은 교수·지식인·학생들이 단순히 어떤 종류의 서적을 소유하고 있었다든가, 보았다든가, 또는 출판했다는 사실만으로 이른바 '반국가사범'이라는 어마어마한 죄명으로 박해를 받았다. 만약 '공인사상'과 '제도적 사고방식' 또는 '특수 이데올로기'적 가치관이 아무런 비판을 받음이 없이, 현재대로 유지된다면 민주주의적 판단 능력을 양성코자 하는 진정한 학문활동은 불가능하게 될 것이다. 어느 분야의 학문도 기본적으로는 인간과 사회의 발전을 위한 것이다. 그중에서도 직접적으로 그 목적을 의식하면서 추진해야 할 사회과학 분야의 학문활동은 공인사상과의 충돌 두려움 때문에, 그것에 아첨하는 어용이론으로 타락하든가, 형무소를 종착점으로 하는 인간 파멸 사이에서 택일해야 한다는 운명에 놓이게 된다. 그 어느 쪽도 민주사회의 학문은 회피해야 할 불행이다. 이 불행이 앞으로 우리 사회, 특히 대학인에게 일어나지 않도록 하기 위해서는, 공인사상을 대표하는 각종 사법기관의 이론과 주장에 대한 이해가 필요하다. 충돌하기 쉬운 권력과 학문, 정부와 대학의 존재양식을 상호 이해하고 협력의 길을 발견하려는 것이 이 글의 동기이고 목적이다. 4년 만에 강단에 서는 나에게(그리고 나와 같이 다시 강단에 서게 되는 다른 교수들에게) 주어진 제목, '다시 하는 강의'를 통해 나는 한 대학인이 경험한 사건 과정에서 드러난 몇 가지 문제, 그러나 본질적으로 중요한 문제를 검토하고 비판해보려고 하는 것이다. 다

같이 생각하는 하나의 케이스 스터디라고 생각하면 된다.

지식활동과 사회발전

학문은 그것이 어떤 것이든, 일차적으로는 진실의 추구와 구명을 그 목적으로 한다. 그러나 그 과정에서 드러난 권력의 대행 관리들의 입장은 그것이 아니다. "중국(공)에 관해서는 사실이나 진실이라도 말하고 쓰면 법률 위반이다"라는 '유권적 해석'이다. 그 구체적 판단기준으로서 중국 내의 도시·농촌 사람들이 "굶지 않을 정도로는 잘 먹고 살아가고 있다"는 미국인 저명 교수의 기행문도 '고무·찬양'이 된다는 주장이다. 그 나라의 지도자가 국민의 지지를 받고 있다는 사실, 경제와 사회적 활동이 그 나름대로 잘 기능하고 있다는 관찰과 기술도 모두 '적성 단체의 고무·찬양'이라는 해석이다. 더욱 구체적으로 적시한다면, 미국 경제학회 회장(그 당시) 갈브레이스 박사는 자신의 시찰 여행을 종합한 논문의 결론부에서 의료 분야에 관해, 상해 시는 뉴욕 시보다 양적으로 더 많은 의료시설과 병상을 가지고 있다고 밝히고 있다. 이 갈브레이스 박사의 논문 구절도 고무·찬양이라고 단정하는 근거는, 단순히 "그럴 수가 없다"는 권력 대행자의 주관적 독단이다.

그것은 세계의 최대 최선진 자본주의 사회의 경제적 두뇌를 망라한 학자와 전문가의 학문적 모임인 미국 경제학회의 회장이 직접 현지에서 관찰하고 확인한 학술적 보고서의 학술적 판단이다. 그것을 놓고, 아무런 전문적 지식도 없는 권력 대행자가 한국의 서울에 앉아서, "아니다", "그럴 수가 없다"는 주관적 독단을 위법 여부의 기준으로 내세우는 것은 학문적 입장에서는 지극히 위험한 논리라 아니할 수 없다. 한마디로 기상천외의 비과학적 논리가 학문적 진실 추구를 단죄하는 법률적 판단기준이 되고 있다.

세계 최고 수준의 학문적 권위와 전문적 판단 능력을 갖춘 미국인이, 자기 나라와 비교하면서 구체적 사실에 입각한 과학적 제시를 하고 있는데, 미국인도 아닌 한국인이 미국인보다 더 흥분하고, 앞장서서 그 사실을 부정해야 한다는 주장은 납득하기 어렵다. 학문적인 결과를 법률로 단죄하려면, 그 학문적 결론이 딛고 서 있는 만큼의 든든한 과학적·객관적 진실을 토대로 한 법률의 운용이 있어야 한다. 그것이 없음이 아쉽다. 그렇지 않고서는 벌을 받는 자를 납득시킬 만한 도덕적 권위를 갖지 못할 것이다. 진실에 입각하지 않은 판단은 '편견'이요, '선입관'이다. 편견은 업적 판단의 기준이 될 수 없음은 물론이다. 그것은 허위이고 허구의 세계상이다. 허위를 판단기준으로 해서 진실을 벌하려는 법률의 운영은 하루 속히 시정되어야 한다. 그것이 법의 이름을 빌린 폭력으로 타락되지 않도록 하기 위해서도 그러하다. 법의 이름을 빌린 폭력은 인간의 지적 발전을 억제하여 무한한 발전 가능성을 지닌 '인간'을 왜소화한다.

지식욕은 인간 본능이며 사회발전을 추진하는 가장 강렬한 기동력이다. 이 생산적인 본능은, 그 사회의 지배세력이 그것을 어떻게 방향짓고 어떻게 대접했는가에 따라, 그 인간집단(민족 또는 현대에서의 국가)을 위대하게도 하고, 퇴화시키기도 하는 속성을 가지고 있다. 현대 국가의 중요한 기능의 하나는, 그 사회 구성원의 과학적 인식능력을 적극 보호 육성하는 것이다. 그것은 현대국가의 존재 이유이며 국민과 계약한 책임이다. 굶지 않고 있는 나라의 민중의 생활 현실을 '굶고 있다'고 판단해야 법에 걸리지 않고, 사실대로 인식을 하면 무서운 형을 받게 된다면, 그런 교육과 법제도 밑에서는 세계의 많은 민족과 국민이 치열하게 겨루는 진보의 경쟁에서 존경받는 인간형이 양성되리라고 기대할 수 없을 것이다. 그와 같은 위험한 세계관으로 길들여진 개인이나 국민이 어떻게 인류문화의 발전에 기여할 수 있는 자질과 능력을 갖출 수 있을 것인가.

이 문제는 바로 우리나라의 교육이념의 건전성 및 그 내용의 과학성 문제와 직결된다. 법률을 다루는 각 단계의 국가권력의 대행 관리들은 이 사건과 관련해서 이렇게 주장했다. "공산사회에서 국민이 잘 먹고 살아간다는 것이 객관적 사실이라 하더라도, 그것은 우리의 교육이념에 위배된다. 공산사회에서는 모두가 굶어 죽고 있다는 표현이 우리 학교 교과서의 내용이다. 우리의 학교 교과서의 기술과 합치하지 않는 내용은, 그것이 사실이고 진실이라 하더라도 법 위반이 된다."

일그러진 이념과 내용의 교육에서 어떻게 개방적이고 창의적인 인간이 태어나기를 기대할 수 있을까? 진실을 형벌로 가리고, 거짓을 진실 또는 진리라고 가르치기를 강요하는 교육에는 큰 문제가 있다 할 것이다. 진실을 위험시하고, 진리를 두려워하는 'Truthphobia'(이런 조어도 가능하겠지!)에 병들어 있는 국민이 어떻게 민주주의적 인간사회를 창조할 수 있겠는가. 정부의 의도도 결코 그런 것은 아니라고 생각한다. 이 점에서도 학문 측과 권력 측은 서로 허심탄회하게 이 나라 교육의 이념과 내용을 쇄신하는 역사적 과제에 협력해야 하리라 믿는다.

역사적 현실과 '시기상조론'

여기서 문제는, 다시 어용적 학자와 권력 측이 내세우는 또 하나의 특수주의적 관점에 연결된다. 어떤 학설, 어떤 이론, 어떤 사회제도나, 그 현실적 사실에 관해서 "아직 국민에게 진실을 알릴 시기가 아니다"라는 '진실교육 시기상조론'이다. 공인사상과 체제적 이데올로기의 특수주의적 사고방식이 이론적 궁지에 몰렸을 때, "그렇지만……"하고 자세를 가다듬으면서 들고 나오는 논거가 이 '시기상조론'이다. 그들은 스스로의 입장을 '현실주의'라고 말하고, 자신을 '현실주의자'로 규정한다. 구체적으로는 중국의 사회적 원리, 그 원리의 이론적 전개, 그리고 그 사회의 현실적 측면들에 관해서 "그것은 국민(학생)의 지적 수준이 훨씬 높아진 뒤에 알릴 일이다. 지금의 수준에서는 그와 같은 지적 진실을 접하게 하는 것은 위험하고, 그런 주장은 '이상론'이거나 '비현실'적이다"고 주장하고 있다. 사회과학 분야의 거의 모든 부문에서 우리는 이와 같은, 또는 유(類)를 같이하는 주장들을 귀가 아프도록 들어왔다. 나의 경험에서도 그것은 유·무죄의 권력 측 판단기준의 중요한 하나였다.

이런 '현실주의자들'은 어느 임의의 시점에서 '현실'이라는 것이 사실은 '역사적' 현실임을 이해하지 못하고 있다. 1980년 3월의 이 나라의 대학생이 아직 그와 같은 객관적 진실을 수용할 지적 수준에 이르지 못했다면, 그것은 해방 이후 30여 년간 비이성적인, 어쩌면 광신적인 반공주의가 이 나라 시민, 학생의 지적·사상적 훈련을 억제하고 위험시해온, '역사적 결과'로서의 현실인 것을 인식할 필요가 있다. 우리가 현실이라고 규정하는 인간사회의 모든 사물과의 관계는 예외없이 '역사적 현실'인 것이다. 사회적 현실과 관계현상에서 역사성을 사상해버릴 때, 남는 것은 관념론적 현실주의이다. 이 인식론적 허구를 깨닫지 못한, '교조주의적 반공이론'은 우리가 반대하고 배격해야 할, 그 대상 이론이나 제도나 현실 발전에는 하등의 저해 요인도 될 수 없고, 거꾸로 우리 자신의 인식능력을 아직도 반 세기 전의 상태와 수준에 묶어 놓은 결과를 초래했다. 이것은 일종의 지적·사상적 자살 행위가 아니겠는가.

많은 학문적 분야나 문제에 관해서 정부는 이 '현실주의론'으로 억제해왔다. 해방 후 36년 동안 국민의 인식능력을 그 상태로 묶어둔 책임이 주로 정부와 그 지도자들, 그리고 그 지배적 세력에 있다는 사실에 아직껏 자기반성의 눈치조차 없어 보인다는 것은 지극히 유감된 현상이다. 정치권력자나 행정관료들은 그와 같은 인식능력과 '외부적 진실'에 대한 소화능력을 갖추고 있지만, 그밖의 지식인들은 그렇지 못하다는 관념에는 위험한 독소가 들어 있다 할 것이다. 오늘의 국민 일반, 대학생 일반이 그들에 비해서 선천적으로 열등한 생물학적 개체라고는 설마 그들 현실주의자들도 주장하지 못할 것이다.

그렇다면, 백보를 양보해서 대학생, 지식인 일반이 지적 소화능력을 갖추지 못했다고 가정하더라도, 그것은 높은 소화능력을 저해하는 체제 논리적 '현실주의자'들이 학문·연구·토론·출판·의사 표시의 자유의 기회를 넓힘으로써 지식인, 대학생의 소화력 향상을 도와야 할 절대적 필요성을 더욱 절감케 할지언정, 설익은 현실주의적 '시기상조론'으로 민주주의적 자유를 억압할 일은 아니다. 그렇지 않고 어제와 오늘의 '현실'에 입각한 시기상조론적 교육정책을 내일에도 고수한다면, 앞으로 36년 뒤의 우리의 후세대는 오늘의 소화능력 미개발 상태와 수준에서 조금도 벗어나지 못한 국민이 될 것이다. 오늘의 제도적 논리에 의해서 인식능력의 개발을 억제당한 대학생이 내일에는 정책 수립자 또는 그 집행자가 되어서, 같은 '현실주의'적 교육을 그 아들딸에게 강요하는 상황을 상상해보라. 오늘의 '공인 논리'의 피해자인 대학생들은 훗날 자신의 아들딸에게서, 그들의 '지적 치매증'의 책임이 오늘의 대학생인 자신에게 있다는 힐책을 받지 않도록 정신을 바짝 차려야 하지 않겠는가! 역사적 인식이 결핍된, 이른바 '현실주의'적 논리의 본질을 꿰뚫어볼 줄 알아야 한다.

지식이란 역사적·사회적 산물

이상과 같은 검토로도 아직 일은 끝났다 할 수 없다. 다음은 '지식'의 상품화 문제다. 지식의 '사회적 성격'을 '비사회화'하려는 두드러진 경향을 검토해보기로 하자. 각 단계의 조사관은 물론 재판의 판사들도, 다음과 같은 견해에서는 다를 바 없었다. 즉 "그와 같은 연구는 연구실 안에서나 하라는 것이지, 그 결과를 연구실 밖으로 전하거나 출판하니까 위법이 되는 것이다"라는 이론이다. 또 하나의 특수주의적 논리는 이러했다─"그와 같은 지식은 훗날 '정부가 필요하다고 할 때' 정책 수립 자료로서 준비해둘 것이지, 대중에게 알려서는 안 된다"라는 견해다.

현대의 지식의 어떤 것(기술을 포함해서)은, 정치활동 단위인 국가의 이익과 직결되어 있는 것이 사실이다. 국경을 벗어나면 국가의 이익에 반하는 용도에 쓰일 가능성이 있는 그런 지식·기술들이다. 정부의 통일적 견해를 대표한다는 그 담당자의 지식관은 지식의 최고 소요(所要) 가치의 결정자는 국가라는 요지이다. '정부의 소요'가 학문활동의 제일의적(第一 義的) 고려 조건이어야 한다는 것이다.

연구실 밖으로 끌어내면, 어느 단계에서는 위법이 될 수 있는 지식과 기술이 있는 것도 사실이다. 정부의 소요가 제일의적 고려 조건이어야 할 지식과 기술이 있다는 것도 사실이다. 제2차 대전 말의 미국의 원자탄 개발계획은 그 대표적 예이겠다. 그렇지만, 그에 해당하는 것은 '우리의 비밀을 남에게 넘겨주는 경우'이지, 남의 것을 우리가 아는 경우일 수는 없다. 더군다나 우리나라의 영역을 한 발짝만 나서면, 세계의 어느 곳에서나 소학생의 상식처럼 되어버린 중국의 현실상이 어째서 그 관리가 말하는 그런 범주의 지식이어야 하는가. 참으로 이해하기 어려운 논리이다.

지식이란 그 본성이, 아무런 시간적 연관이 없이, 그리고 어떤 다른 사람(두뇌)과 관계 없이, 한 사람에 의해서 단독적으로 착상되고 발전하는 생산품이 아니다. 어떤 하나의 지식은 그에 앞선 오랜 시간 속에서, 많은 두뇌가 조금씩의 '부가가치'를 보탬으로써 발전하고, 체계화하고, 완성되는 생산품이다. 다시 말하면, 지식이란 '역사적 산물'이고 '사회적 산물'이라는 뜻이다. 우리는 우리 자신들이 배우고 탐구하고자 하는 지식이 '진실'임은 물론, 그것의 '역사성'과 '사회성'을 명확하게 인식해야만 하는 것이다. 어느 경우이건, 지식과 사상의 전 체계를 어떤 한 학자나 연구자가 무(無)에서 착상하여 자신의 생애에 완성시키고 종결지은 그런 예는 드물다. 오히려 예외적이라 할 것이다. 예를 들어 우리는 아르키메데스의 물리학을 공부하는 동안, 멀고 먼 옛날의 한 두뇌와 접하여, 그에 덧붙인 뉴턴의 운동법칙 같은, 몇백 년 전의 지식으로 살찌게 된다. 그것들이 우리가 오늘 보는 것과 같은 성숙된 체계로서의 지식이 되기까지는 무수히 긴 세월에 걸쳐서, 무수히 많은 뇌분비작용이 있었던 것이다. 지식이란, 어느 한 개인의 소유물이 아니다. 지식이란 어느 한 민족의 완성품일 수 없다. 지식이란, 실험실 안에 갇혀서 정부의 용도만 기다려야 하는 것이 아니다. 그 지식이 있기까지 보태어진 수많은 시간의 수많은 뇌분비적 부가가치의 체계에, 나도 한 몫을 부가하여 세상의 모든 실험실에 널리 알려야 한다. 많은 사람의 지적 소요에 응함으로써 그 지식은 새로운 부가가치의 기회를 얻게 되는 것이다. 이것이 지식의 역사적 성격이다.

지식의 사회성도 역사성과의 맥락에서 풀이된다. 역사성에서 말한 시간적 틀 속에서도 그렇지만, 공간적으로도 동시대적 요소의 집성물이다. 졸업 논문을 쓰기 위해서 플라톤이나 공자를 공부하고 있는 학생은, 지금 호남평야의 가난한 소작인이 땀 흘려 가꾼 쌀로 아침을 먹고, 동해의 어느 알지도 못하는, 그리고 영원히 만날 일도 없을 어부가 잡은 생선을 반찬으로 배를 채우고 학교에 왔을 것이다. 강의실이나 교수 연구실을 따뜻하게 하는 난로 속에서는 강원도의 수백 척 땅굴 속에서 광부가 캐낸 석탄이 타고 있다. 우리가 이 글을 읽으면서 춥지 않은 것은, 서울 청계천 가의, 그 비인간적 작업조건 속에서, 한 바늘 한 바늘에 눈이 어두워가는, 월 3만 5,000원 받는 어린 여직공이 만든 내의나 양말을 걸치고 있기 때문일 것이다. 교수도 그렇고 학생도 그렇다.

지식이란, 이처럼 많은, 서로서로는 아무런 인간 관계를 맺음이 없이 고립해 있는 듯 보이는 수많은 사람의 협동적 생산물임을 인식하자. 지식은 엄격히 따지면, 자기가 덧붙인 지적 부가가치의 몫만큼이 자기의 것이지, 누구도 독점할 수 있는 성격의 상품이 아니다. 연구실에 가두어둔다거나, 정부가 필요하다고 할 때, 돈으로 바꿔야 하는 그런 것이 아니라고 생각한다.

우리의 지식에 도움을 준, 수없이 많은 동서고금의 학자들에게 우리의 지식을 돌려야 한다. 얼굴을 본 일이 없는, 수천 년 전의 학자들을 입히고, 먹이고, 따뜻이 해준, 많은 무식한 옛 사람과의 정신적·심정적 공감(sympathy) 또는 연민의 마음도 거기서 우러날 것이다. 이런 인식과 정서가 인류와 나를 일체화해서 생각할 수 있는 휴머니즘의 고귀한 정신을 우리의 가슴에 싹트게 할 것이다. 거기에 더 보태어서 현재 이 순간에, 우리의 공부를 위해서 어딘가에서 우리를 돕고 있는 농부, 광부, 어부, 여재봉공, 제본공, 식자공 들이 있다는 사실에 눈을 뜨자. 우리의 출세와 학문적 성취로 우리가 얻은 것을 그들에게 돌려주지 않는다면, 그들의 인간적·문화적 생존은 언제까지나 비참하지 않겠는가. 이것이 지식의 사회성이다. 지식활동의 결과적 생산품은 우리와 같은 제도의 사회에서는 돈으로 팔고 사는 '상품'이 되어 있다. 그것이 극단화된 상업주의 사회에서는, 교육이 지식 매매의 장, 교수와 학생이 지식이라는 상품의 매매 관계의 두 주체처럼 되어버린다.

이에 관해서는 별도로 길게 논해야겠지만, 그와 같은 경제·사회 원리 속에서도 우리에게는 지식의 역사성과 사회성에 대한 의식화가 절실히 요청된다. 그럼으로써 우리는 지식을 만인에게 독점하지 않고 만인에게 돌려주는 자세, 즉 '지식의 사회적 환원'을 실천할 수 있으리라고 생각한다. 지식의 사회적 환원이 갖는 의미를 우리가 투철하게 명심할수록, 우리는 우리가 지금 비난하고 규탄하는 '어용교수', '지식의 행상인'의 자화상을 걱정할 필요가 없게 될 것이다.

우리는 우리의 지적 성취를 사회의 그늘에서 도와준 많은 무식한 이름 없는 대중을 우리와 같은 수준까지 향상시켜야 할 도덕적 의무를 지고 있다 할 것이다. 더불어 사는 인간(동포)의 불행을 밑거름으로 이루어지는 '행복'이란, 사실은 '소외'의 별명임을 깨달아야 한다. 그와 같은 상품적 지식관은 '소외의 지식'이다. 소외의 지식을 생산하고 팔고 사는 '교육'은 처음부터 진정한 교육이 아니다. 그것은 인간소외를 제도화하는 '소외의 교육'이다. 수라장 같은 입시지옥과, 오늘날 이 사회의 큰 질병이 된 출세주의 교육도 아울러 이런 관점에서 생각해봐야 할 것이다.

절대화는 인간소외를 낳는다

소외의 교육관에 이어서 문제되는 것은 지식의 '고립주의'다. 나의 사건을 통해서 가장 큰 병폐로 느껴졌던 것은, 어떤 이론, 어떤 학설, 어떤 제도, 어떤 사회의 것은 무조건 법의 규제를 받아야 한다는 특수주의적 논리다. 지식의 역사성과 사회성에 관해서 밝혀졌듯이, 어느 민족, 어느 사회, 어느 국민, 어느 국가도 다른 그것들에게서 배우지 않고 생존할 수는 없는 것이다. 어느 민족도 국민도 그렇게 지적으로 만능이고 자급자족적일 수 없다는 것은, 차라리 신의 사랑인지도 모른다. 인류적 이해와 평화애호의 사상이 지적 교류를 통해서 두터워질 것이기 때문이다.

오늘날 모든 저개발국의 국민이 근대화의 방법으로 쓰고 있는, '5개년 경제사회 개발계획'과 같은 지식이 소련에서 창안되고 시도되었음을 모르는 사람은 없다. 우리나라 역시 이 방법의 적절한 반복을 통해서 오늘과 같은 발전을 성취했다. 공산주의자들이 창안한 것이라고 해서 우리가 배척해야 할 이유가 없고, 분명히 좋은 방법과 내용이라면 빌려 쓴다고 해서 무엇이 나쁘단 말인가. 공산주의가 자본주의의 장점을 채택하는 대담성과 개방성만큼, 우리도 그들의 장점을 이해하고 수용할 줄 알아야 할 것이다. 이것이 민주체제의 개방성이고 신축성이다. 우리가 자랑하는 지식과 사상의 자유개방적 시장이론이 그것이다. 그런데 실제로는 학문과 지식 추구에서, 공인 이데올로기는 그 '원산지 증명'(原産地證明)을 요구하고 있다. 한번 '생산'된 지식은 그 사회성으로 해서, 인류 공유의 지적 재산이 되고 마는 것이다. 그럼에도 불구하고 지식의 호적조사를 법률화한다는 것은 스스로 자기발전의 기회를 박탈하는 것이다.

이밖에도, 학문의 자유와 법률적 제약의 관계를 구성하는 문제점은 많다. 이 제한된 시간에 검토할 수 있는 마지막 문제점으로, 체제 이데올로기의 법률적 독단주의를 들 수 있다. 조사와 심문의 과정에서 정부의 대리인은, "반공법 적용에서는 정부 대리인이 위반이라고 해석하면, 그것이 결정적 판단이다. 피의자는 다만 그것에 복종할 뿐이다"라고 주장하는 것이다. 그렇게 해서 작성된 13매 반, 8,286자의 기소장이 6개월간 13회에 걸친 심리 및 온갖 반증 제시에도 불구하고 정확하게 13매 반, 8,286자의 판결문으로 둔갑해 나올 때, 학문의 자유는 법의 보호 밖에 있다는 것을 실감하게 된다.

관료의 판단은 절대적인 것이다. 이 법과 그 운영에 관한 한 그것은 공인사상과 체제적 특수 이데올로기의 '신성불가침'이 되어버린 감이 없지 않다. '절대화'의 규범을 넘어서 하나의 '종교'가 되어버린 채, 반대도 비판도 일절 허용치 않으려 한다. 이것이 바로 법률의 종교화라는 뜻이다. 비판과 반대의 여지가 없는 것은 그 무엇이건 민주주의 사회에서는 용납할 수 없다.

종교란, 본래 인간이 '필연'의 조건에서 충족할 수 없는 욕구들, 이를 테면 자연으로부터의 해방, 죽음의 공포에서의 해방, 영생의 희구 등을 상상의 세계에서 실현시킨 것으로 이해된다. 그 희구의 주재자로 창안된 것이 신이며, 인간적 약점에서 탈피하려는 희구가 강렬할수록 그 희구를 실현하는 것이 되는 신에게는 그만큼 더 크고 많은 초인간적·초자연적 속성이 부여되게 마련이다. 이렇게 해서 인간 두뇌의 산물인 신은 절대화되고 추상화됨으로써 오히려 인간에게서 독립하여, 그 자체로서 존재하게 된다. 그 결과 인간은 그 앞에서 '절대 복종'하는 인간소외의 존재가 된다. 즉 자기 보호와 희구의 실현을 위해서 창조된 존재가 거꾸로 그 창조물을 지배하는 현상을 낳게 하는 것이다.

학문의 자유와 민주주의적 인간발전의 문제와 관련해서 생각해야 할 이 법률은, 본래는 민주주의 이념·제도·관념·생활양식, 즉 시민의 다양한 개성·사상의 발전, 설득에 의한 사회질서의 유지 등의 민주주의적 가치를 지키고 키우기 위해서 제정된 것이다. 반공법은 그와 같은 값진 가치를 부정하고 공산주의로부터 이를 보호하려는 목적으로 생긴 법률이라고 이해된다. 무조건 복종이 아니라, 이성적(최소한 합리적)인 판단능력을 존중하면서, '지배적' 견해에 못지않게 '소수자'적 견해도 존중 보호하는 사회를 달성하는 수단으로서 제정된 것이 이 법률이라고 이해된다. 그러던 것이 거꾸로 민주주의적 제반 가치·자유·권리를 억압하고 지배하는 식으로 운영되는 일이 허용된다면, 그것은 국민이 자기보호를 위해서 창출한 존재에게 지배당하는 '국민소외' 현상을 낳을 우려가 있다. 이 현상이 시정되지 않으면, 진실 추구의 학문적 활동은 위축될 수밖에 없고, 그것은 결과적으로도 '소외의 학문'을 일반화시킬 위험이 있다. 민주주의 사회(제도)에서는 그 무엇이건 '절대화'는 인간의 퇴보를 결과하는 것으로 비판받아야 하는 것이다.

변칙적인 한 시대를 지내온 우리가 앞으로 소외되지 않은 학문의 혜택을 만끽하기 위해서 법률적 제약의 문제를 진지하게 생각해야 할 이유가 여기 있다.

• 1980

기능분업주의를 경계하며

나라의 병이 돌이킬 수 없이 깊어졌던 1920년대에 중국의 대학생과 지식인들이 생각하고 행동한 것을 5·4운동이라고 역사는 기록하고 있다. 5·4운동이란 딴 것이 아니다. 학생과 지식인이 배운 가치관과 사회의 현상 사이에 괴리가 생겼을 때, 지식인들이 가치의 파괴를 막기 위해서 배운 것에 따라 행동한 것뿐이다. 그러나 '이것뿐'인 것이 중요하다. 5·4운동은 밖으로는 외세의 침략에서 나라를 방위하고, 안으로는 외세를 끌어들여 자기의 지배적 지위를 유지하려는 인간과 집단과 계급과 제도를 쓸어버리는 혁명의 에네르기가 되었다.

가치라는 것을 무슨 연립방정식이나 물체의 운동법칙처럼 규정하기는 어렵다. 그리고 추상적인 많은 철학이론이 그것을 더욱 어려운 것으로 만들어버렸다. 그러나 모든 것을 학설이나 이론이나 철학으로 더욱 어려운 것으로 만들어내는 사람들은 5·4운동에 몸을 던지지 않고 그 반대편에 섰음을 역사는 보여준다. 그 운동에 뛰어든 사람의 현실인식은 단순하고 직관적이었던 것이 특징이다. 어른들이, 부모가, 책이, 대학교육이, 정부가, 지도자라는 사람들이 "이것이 옳은 것이다"고 가르친 것을 옳은 것으로 믿는 평범한 대중의 눈에 현실적으로 비치는 것이 그 반대일 때 시민이 따라야 할 길은 단순하고 직관적인 가치다.

"나라를 사랑하자"고 외치는 지도자나 '높은 위치'의 사람이 엄청나게 호화 방탕한 살림을 할 때 그 사회의 가치체계는 깨진 것이다. "민족의 주체성을 확립하자"고 외치는 사람들이 나라의 경제와 정치와 문화와 생활양식의 문을 어떤 딴 구실을 내걸고 어떤 외국의 그것들에 활짝 열어놓을 때, 가치체계는 깨어진 것이다. "학생은 공부만 하라"고 가르치고 요구하는 사람들이 공부한 내용과 정신과 이론으로는 도저히 설명되지 않는 행위를 보여줄 때 가치는 깨어진 것이다. 그밖의 모든 일이 그렇다.

인문·사회과학과 자연과학 사이에는 한 가지 큰 차이가 있어 보인다. 자연과학의 '공부'는 깊이 들어갈수록, 정도가 높아질수록 어려운 이론이 나온다. 인간의 마음과 생활에 관한 '공부'인 인문·사회과학도 별의별 이론이 많기로는 자연과학에 못지않으면서도 되돌아오는 곳은 단순한 인간도 대체로 수긍할 수 있는 본질적 요체, 평균적 두뇌로 이해되는 간단한 결론이다. 무엇인가 자꾸만 어려운 이론이나 학설, 철학을 동원해야 자기의 정당성을 변론할 수 있다고 생각하는 정책·사상·결정·입장은 벌써 민중을 떠난 소수자의 것이다.

어떠한 이론을 근거로 계산해서도 한 가마의 쌀값이 농민의 생산원가에 미치지 못할 때, 농민이 누군가를 위해서 당하고 있거나 적어도 농민을 위한 농업정책이 아니라는 것은 농민에게는 어둠 속에서 불을 보기보다도 분명한 사실이다. 그것을 알기 위해서 리카도의 지대론(地代論)이나 세이의 시장법칙이론을 농민은 공부할 필요가 없다. 하물며 마르크스의 자본론 같은 것은 들어본 일이 없어도 시골의 농민이나 평화시장의 소녀 직공은 생존의 체험을 통해서 가치와 현실 사이의 크게 잘못된 점을 알게 될 것이다.

나라살림의 기본원칙인 헌법을 비롯해서 이 사회의 온갖 크고 작은 일도 마찬가지라고 생각된다. 학생들에게 가르친 것, 타이른 것, 강의한 것, 책에 쓰여진 것에서 현실현상(現實現象)이 자꾸만 빗나가는 듯 비친다면 그 잘못은 분명히 빗나가는 쪽에 있겠다. 대학생이 공부를 해야 한다는 것은 바로 이런 것을 인식할 줄 아는 능력과 방법을 배우라는 뜻으로 나는 해석한다. '공부'라는 것을 하면 할수록 이 인식의 능력이 흐려진다면 공부를 할 필요는 없을 것이다.

그러면 "학생은 공부만 하고, 정치는 정치인에게 맡겨라"는 사상이나 말이 문제된다. 이런 말을 하는 사람이나 이론은 현대 민주주의 사회의 '정치'라는 것이 몇 해에 한 번씩 투표나 하면 끝나는 것으로 착각하는 탓이 아닌가 생각한다. 현대 사회란 모든 분야의, 모든 차원의, 모든 사람의 행동 결정이 정치로 귀일되고, 정치로 종합되고, 정치를 구성하는 사회다. "노동자는 노동만 하라. 정치는 우리에게 맡겨라" 하는 사람이 있다면 필시 그 사람이 하는 정치는 노동자에게 노동자의 기본권리인 단체교섭권도, 파업권도 불법화하는 법률을 만들어낼 사람이다. 노동자가 자본가나 기업주에게서 권리를 쟁취하는 행위는 경제투쟁이면서 정치적으로 조건지어지고 정치적 의미를 가지는 것이다.

"주부는 집안에서 밥만 짓고 애기만 보라. 정치는 나에게 맡겨라" 하는 사람이 있다면, 그것은 여성에게서 자식이 자라고 살아갈 이상적인 사회를 구상하고, 발언하고, 행동에 참여할 기회와 권리를 박탈하는 사상을 지닌 사람이다. 이런 사고방식, 사상, 윤리가 바로 전근대적 유교의 질서였다. 유교적 질서·세계관이란 영원한 지배자와 지배계급, 영원한 피지배자와 피지배계급의 정치사상이었다.

나는 그런 주장을 하는 사람이나 사상을 가리켜 '기능(정치)적 분업주의'라고 이름을 붙여본다. 이런 사상에 현혹됐거나 믿는 사람들이 만들어내는 사회란, 지배하는 사람 외의 모든 국민대중에게 자기 사회의 되어가는 꼴에 대한 무감각한 체념을 낳게 한다. 그것은 민주시민의 사회와 정치에 대한 무책임성을 낳게 한다. 그것은 결국 자기 생활과 자기 운명에 대한 무책임과 자포자기와 순간의 향락이나 안이를 추구하는 찰나주의를 낳는다. 그것은 나아가 독재자나 전체주의자에게 모든 것을 맡겨버리는 무서운 인간성의 파괴와 사회의 파탄을 초래한다는 실례를 우리는 역사에서 볼 수 있다.

대학교육이 옛날의 서당교육이나 지난날 일제치하의 군국주의 교육과 다른 점은 바로 젊은이에게 이 사실을 인식케 하자는 데 있다고 생각한다. 서당교육은 온순한 피지배자를 만들거나 고작해서 잘 길들여진 피지배 대중을 다스리는 관료를 위한 교육이었다. 군국주의 교육은 국가의 정치적 통치의 '분업주의'와 사회·도덕적 지배구조의 위계질서를 당연한 대전제로 삼았던 것이다. 바로 "의사는 고름만 짜고, 불교도는 목탁만 두드리고, 기독교는 기도만 올리고, 지게꾼은 눈이 오나 비가 오나 지게만 지고, 학생은 세상이 어떻게 되어가든 강의실에서 나오지 말라"는 사상으로 통한다. 그러기에 정치의식과 사회적 문제의식을 갖지 않은 의사, 기술자, 과학자, 행정가, 관리인, 종교인, 학생, 교수, 주부 등을 가장 비민주적이고 따라서 무책임한 시민이라고 보는 것이다. 그것은 지식인이 아니라 기술자다.

정치적 분업주의를 주장하는 사람이나 그것을 받아들이는 사람은 다 같이 역사에서 자신을 소외시키는 과오를 범하는 것이다. 옛날의 역사는 주로 군주와 제왕과 지배계급이 만든 것이었다. 민중은 어느 쪽인가 하면 역사의 주체가 못된 객체적 존재였다. 인간만이 자신의 의식적인 역사적 주체라면, 지배하는 자에게만 역사의 주체로서의 권리와 자격을 독점시키는 것은 부당하다. 민중이야말로 역사의 주체가 되어야 할 자다.

이 민중이란 앞에서 말한 것처럼 정치적 분업주의자들의 사상적 마취에 걸려 있다. 박사학위를 가졌다는 지식인조차 단순한 '기능자'가 되어버린 오늘날, 적어도 가치의 인식에 민감한(해야 할) 대학생만은 그래서는 안 되겠다. 스스로 행동하는 실천적 과정을 통해서만 이론과 실천의 통일을 기할 수 있다.

그 실천적 행동양식은 여러 가지이겠다. 시위도 민주주의 사회의 그 한 가지 표현방식이다. 그러나 결코 시위만이 유일한 방식이 아니라는 사실은 명심해야겠다. 시위 만능주의는 분명히 민주주의 사회의 '질서 속의 발전'을 위태롭게 하는 것이다. 질서와 발전은 민주주의 사회의 두 개의 기둥이다. 기득권자는 질서만을 강조한다. 그러나 동서고금의 역사는 진정한 발전은 다소의 혼란을 통해서만 이루어졌다는 사실을 가르쳐준다. 다소의 혼란을 두려워하는 사람은, 이미 쥐고 있는 많은 권력과 돈과 지위를 놓지 않으려는 사람들임을 알 수 있다.

이와 같은 모든 사실을 인식할 때 민주주의 사회에서 가장 위험한 사고방식은 정치적 분업주의자들이 아닐까 한다. 이 사상이 일반화하여 행동에 의한 비판을 받음이 없이 통용되면 그 사회는 소수의 소유물이 되어버릴 것이다. 가치와 현실의 괴리가 돌이킬 수 없을 만큼 심화되었을 때, 대학생은 가치를 지키기 위한 실천적 행동의 인간이 될 수밖에 없겠다. 그것은 원해서가 아니라 강요당한 선택이다.

• 1974

과학도의 우상숭배

원폭 투하 책임자의 비참한 말로

나는 우연한 기회에 자연과학자들도 그들의 원리적 주장과는 달리 상당히 독실한 우상숭배자임을 알게 되었다. 과학 발달의 역사는 우상파괴(iconoclasm)의 역사라고 믿고 있었던 비자연과학도의 한 사람으로서는 새로운 발견이었다. 그러기에 적이 감동도 되고 또 반갑기도 했다. 인간과 인간사회를 연구의 재료와 대상으로 하는 한 영역에 종사하는 나로서는 절대적 진리나 법칙적 정확·정밀성, 또는 추상·보통적 원리 등을 별로 숭상하지 않는 입장이다. 그러기에 자연과학도에게서 우상파괴가 아니라 새로운 우상숭배의 일면을 찾아냈을 때, 학문의 분야는 다르지만 자연과학(자)에게도 우상이 있다는 것을 알게 된 것이 반가웠다.

나에게도 한국과학기술원(KAIST)을 나온 가까운 친척 동생이 있다. 거쳐온 교육 과정은 두말할 것도 없이 이 나라의 최고 수준이고, 기계공학 분야에서의 전문성의 수준은(문외한인 나의 정확한 평가능력 밖의 문제이지만) 뛰어났으리라는 것이 나의 확신이고, 그런 만큼 자랑이기도 했다.

어느 날, 그 동생과 대화하다가, 나는 이 자연과학도가 "자연과학은 법칙의 학문이고 가치중립적인 까닭에 그 지적 소산의 이용과 결과에 대해서는 고려할 필요가 없다"고 주장하는 것을 들었다(공정을 기하기 위해서 추가한다면 그는 그 결과의 어떤 인간적 불행을 전적으로 도외시하는 주장도 아니었고 그런 사람됨은 더욱이 아니다). 이야기의 동기는, 때마침 제2차 대전 말 일본 히로시마에 과학의 경이인 최초의 원자폭탄 투하 임무를 맡았던 과학도가 오랜 정신착란증의 고통스러운 생활 끝에 자살했다는 보도를 들었기 때문인 것으로 기억한다.

이 한 사람의 과학자의 인간적 비극 뒤에는 풀리지 않는 인간관계의 거대한 연쇄적 구조가 있다. 이 '세기의 불'의 이론적 개척자에서부터 폭탄으로 만들기까지의 수천 수만의 과학자·공학자·기술자, 일단의 장군과 제독, 결단을 내린 정치가들, 심지어는 하필이면 이 '불의 세례'의 저주를 받을 대상으로 선택된 히로시마와 나가사키의 지리적·자연적 조건을 설정한 신. 그러고 보면 그 투폭 임무 지휘자만이 아니라 모든 관련자와 신이 함께 괴로워하든가, 아니면 신을 포함해서 누구도 괴로워할 필요가 없는 일이었는지도 모른다. 그 전쟁의 도발자(일본)에 대한 응분의 권선징악적 효과로 정당화되기도 했으니까.

반드시 책임 추궁의 뜻에서라기보다는 어쨌든 그의 비보가 전해진 후부터 세계 여러 분야에서 많은 논란이 일어났던 것이 사실이다(다만 우리나라에서만은 그의 사망을 알리는 토막기사밖에 없었던 것이 인상적이었다). 그 문제는 어쩌면 영원히 해답이 나오기 어려운 질문인지도 모른다. 알프레드 노벨의 첫 번째 다이나 마이트가 터진 순간, 그것은 물질적 폭발뿐 아니라, 도덕적·종교적·정치적·철학적 논쟁을 폭발시킨 지 이미 오래니까.

나는 『석림』(碩林) 편집자가 보내준 『석림』 최근호들 중에서 박성래 교수의 「과학과 국가」(1980.12)를 많은 공감을 느끼며 읽었다. 박 교수는 과학과 국가의 관계에 대해 과학자가 고뇌를 느끼지 않는다면 "참된 지식인의 도리가 아닐 것"이라고 했다. "……그에 대한 해답은 하나가 아닐 것이고, 어느 해답도 완전히 만족스럽지는 못할 것"이지만 노력을 안 할 수 없는 문제라는 박 교수의 결론에 힘입어 생각해보기로 했다. 그리고 이 글은 무슨 이론이 아니라 개인적 감상에 불과한 것이기 때문에 1인칭으로 기술될 것이다. 자연과학도는 좋아하지 않는 표현방식이겠지만.

상황적 창조력

과학자가 과학의 생명인 객관적 법칙성, 보편적 진리, 엄격한 합리주의를 내세워 지나치게 몰가치적 또는 가치중립적 자세를 취한다면, 그것은 과학 연구를 포함한 모든 활동과 현상에서 '인간'을 배제해버린 '신앙'이 되어버리지 않을까 매우 걱정스럽다. 최초의 원폭 투하 책임자의 비운에 관해 한 기계공학도가 말한 바와 같이 사상은 '예술을 위한 예술'의 입장과도 상통한다. 예술의 경우야 그 예술가 한 사람의 문제로 끝날 수도 있겠지만, 과학의 경우는 그와는 다를 것이다. 한 과학자의 자기도취적 노력으로 새 이론이 창출된다 하더라도, 거기에는 반드시 단계적으로 지적(知的) 추가가 이루어져서 마침내는 다수인에게 관계되는 구체적 형태로 발전하게 마련이다. 특히 중간 과정의 응용과학에 종사하는 과학자의 입장과 기능은 처음부터 인간생활에 대한 구체적 작용을 목적으로 하는 활동일 것이다. 그런 과학자들이 '과학자는 결과에 대해서 고려할 필요가 없다'고 진실로 믿는다면, '사람이 사는 까닭'을 무시한 태도라 하겠다.

과학자의 고귀한 창조력은 '상황적 창조력'에 따라서 그 과학적 생산품이 인간의 행복을 위해서도 파괴를 위해서도 쓰이게 된다. 이 '상황적 창조력'이라는 말은 과학활동이 그 속에서 이루어지는 실존적 조건의 종합을 뜻하려고 만들어본 말이다. 그것은 현대에서는, 기업(가), 자본(가), 장군, 제독들, 당, 관료, 정치가, 계급, 정부, 국가, 민족 등이 과학자의 주변에 만들어놓는 제도적 또는 정신적 상황이다. 그 '상황'이 이성적이고 평화애호적인 '창조력'을 가질 때는 과학(자)은 인간 복지의 증진에, 광신적이거나 군국주의적 창조력일 때에는 인간(성) 행복의 파괴에 공헌하게 될 것이다. 그러기에 나는, 과학자는 그 '상황'에 작용해야 할 인간적·직업적 의무가 있다고 생각하고 있다. 반드시 적절한 예일는지는 모르지만 이런 이야기가 생각난다.

약 10년 전, 한국 및 대만 정부가 원자무기의 생산을 위해서 두뇌, 기술, 원료, 시설을 동원하여 거의 제조 단계에 들어갔다는 보도가 외국 간행물과 신문에 심심치 않게 보도되던 때다. 두 나라가 모두 분단국가라는 점에서 강대국 정부(특히 핵확산금지조약 후견국들)의 정치적·전략적 관심사가 되었던 것 같다. 『타임』지 기자가 장경국(蔣經國) 총통에게 그에 관해서 확인 질문을 했다. 장 총통은 "사실 우리는 그런 계획을 가졌었소. 그러나 완성된 계획서를 가지고 선친(장개석 전 총통 사망 후의 일이었다)에게 재가를 구하자 선친께서는 '중국 민족은 그런 방식으로 통일하는 것이 아니야!'라는 한마디로 기각하셨소. 그것으로 끝난 거요." 낱말까지 정확한 인용은 아니지만 대체로 기억나는 대로 『타임』은 이렇게 보도하고 있었다.

그 기사를 읽으면서 받은 감동이 지금도 생생하다. 나는 그 말의 사실 여부는 알 수 없다. 정치가의 외교적 답변에 지나지 않는지도 모른다. 사실 그 후 원폭 제조계획을 중단했는지도 모르겠다. 그러나 핵폭탄의 파괴력을 생각할 때, 중공이 대만의 주민을 몰살하고 방사능이 끓는 작은 섬을 수복하기 위해서 핵공격을 하는 방식을 채택할 것으로는 생각되지 않는다. 그것을 아는 탓이건 아니건, 핵폭탄으로 국토통일(대륙수복)을 하지 않는다는, 인용된 바와 같은 장개석 총통의 중국인적 예지에는 머리가 수그러진다. 이것이 앞서 내가 만들어본 과학적 창조력의 상위에 서는 '상황적 창조력'이라는 말로 표현해보려는 것이다. 이성적 창조력이냐, 비이성적 창조력이냐. 이 이야기에 곁들여서 한 가지 소개할 만한 일이 생각난다. 나는 현대 중국어에 관해 연구해야 하는 필요성 때문에 여러 해 전에 중국어를 다소 공부했다. 교재로는 한국의 화교 소학교 국어 교과서를 이용했다.

화교 소학교 교과서는 전부 대만에서 인쇄되어 보내온 중화민국 정부 검인정 교과서임을 기억하기 바란다. 한 학기에 한 권, 1년에 두 권, 6학년까지 열두 권이다. 각 권마다 대체로 28에서 31과가 들어 있었다. 그러니까 1학년에서 6학년까지 배우는 국어 교과서의 과(課) 수는 약 350과인 셈이다.

그 350과를 공부하는 동안, 중국 본토에 대해서 훼방적인 내용의 과(課)가 하나도 없는 사실에 나는 놀라지 않을 수 없었다. 본토의 현재(그 당시) 지도자·제도·사상·민중 어느 것에 관해서도 욕설을 찾아볼 수 없었다. 그 교과서는 어떤 민족적 편견을 어린 이들의 머리에 심어 넣으려는 의도가 없는 것 같았다.

장개석 총통의 말과 이 국정교과서에 담겨진 에로스와 로고스가 합쳐져 중국 민족의 과학과의 관계에서의 '상황적 창조력'이 된다고 생각한다. 그런 까닭에 나는 1960년대의 포그와시 선언과 포그와시 과학자들을 존경한다. 아인슈타인, 러셀 등을 포함한 세계 동서 제1급의 과학자들이 캐나다의 포그와시에 모여 현대의 국가지상주의적 상황에서의 핵과학과 핵무기의 문제를 경고하는 노력은, 앞서 나의 친척 공학도의 '자연과학자 결과 면책론'과는 퍽이나 대조적으로 보였다. 그와 같은 훌륭한 자연과학자들이 걱정하는 것은, 자연과학자의 '과학적 순수 정신'이 그런 순수성에 별로 경의를 표하지 않는 사람들, 즉 과학의 기업화로 이익을 보는 대기업과 자본, 막강한 파괴력을 부하로 거느리고 싶어하는 장군과 제독들, 당과 이데올로기의 상징으로 여기는 사람들, 그것을 집권 달성의 수단으로 삼으려는 정치가들, 통틀어 '현실주의자'와 '공리주의자'들의 목적 달성에 이(악)용되는 데 대한 경각심이다.

현실주의자와 공리주의자 또는 힘의 우상

이들은 돈, 권력, 비이성적 이데올로기의 '힘의 우상' 숭배자들이다. 힘의 우상 또한 가치의 천시에서는 일부 자연과학자의 그것에 못지않다. 불행스러운 일은 같은 우상숭배이면서 힘의 우상숭배자 쪽이 자연법칙이라는 우상을 숭배하는 사람들보다 언제나 우월적이고 상황 결정적이라는 사실이다. 그리고 그 힘의 우상숭배자들이 그들의 목적을 위해 가치중립론자들에게 연구의 기회,

연구과제의 배당, 장학금 및 연구비 지급, 조직화된 연구기구나 생산기구 내에서의 학문적 평가, 경제적·사회적 지위를 부여하고 있다. 그 체제 속에서 원자화된 과학자는, 어떻게 보면 현대적인 대규모 자동화 생산 단계 속의 한 노동자와도 흡사해 보인다. 그 같은 생산 과정과 노동자의 관계에서 '인간소외' 문제는 현대인의 해결을 요구하는 중대한 과제가 되고 있다. 자연과학자에게도 진정한 '소외'의 문제가 제기된 것 같다. 소외는 바로 인간이 자신의 정신적·육체적 피창조물 앞에 노예가 되는 상태를 말한다.

노동자의 인간소외 문제는 오늘날 사회주의 사회(제도)에서나 자본주의 사회에서 여러 가지 방식으로 그 해결이 모색되고 있다. 기업과 생산체제에 대한 노동자(근로자)의 각종 참여도 그 한 방식이다. 육체노동자가 자신의 생산품과 생산 결정에 발언권을 확립하는 데는 200년에 가까운 투쟁이 있었음을 생각하면, '과학자'가 자신이 놓인, 위에서 본 바와 같은 '상황' 속에서 '가치중립'의 우상만 숭배하고 있는 모습은 퍽 과학자답지 않아 보인다.

한 20년 전 일본에서 일어난 '미나마타병' 사건이 생각난다. '이 따이이따이병'에 관해서도 신문보도를 읽으면서 나는 과학자가 상황적 책임을 면제받으려는 유혹에 당혹감을 느꼈다. 그 생산물을 구성하는 화학분자식도 잘 모르는 나로서는, 일본 욕가이찌(四日市)에 있는 질소비료 공장에서 흘러나온 수은과 그밖의 이러저러한 화학제의 정확한 성격은 모른다. 꿈에 볼까봐 소름이 끼치는 수많은 기형아의 출생으로 해서 넓은 지역의 주민들은 비탄과 공포에 사로잡혔다. 이 지방 주민의 슬픔은 세계적으로 분노를 일으키기도 했다. 과학적 지식으로는 이 문제를 이해하지 못하는 비자연과학도가 알 수 있는 일이 한 가지 있었다.

그 사건의 진상을 캐기 위해서 전혀 과학적 지식이 없는 정의감에 불타는 청년 주민들이 2년인가 걸려서, 그 거대 기업의 연구소에서 그 인간 비극의 '공범'인 화학성분의 사용표를 입수하는 데 성공했다. 그리하여 오랜 법정투쟁 끝에 그 대기업은 유죄로 확정되었다. 그런데 놀라운 사실은, 그 거대 기업의 생산품과 관련된 과학자들은 또 하나의 '우상'을 열심히 모시고 있었다는 것이다. '효율'이라는 우상이다. 무슨 화학구성을 하든 최저 생산비로 최대 생산을 낸다는 '생산 효율'이라는 우상이었다. 그것이야말로 '가치중립'의 극단일지도 모른다('돈'의 가치에는 오히려 철저한 것 같지만). 문제는 이에 그치지 않았다. 그 '과학자'들은 여러 해 계속된 재판 과정에서 그 기형아의 '진범'을 은폐하기 위한 '과학적 증거'라는 것을 만들고 발표하면서 기업주를 변호하기 위해 안간힘을 다했던 것이다.

그 사건의 전말을 비과학도의 입장에서 열심히 따르면서, 과학과 상황보다도 그에 앞서는 과학자의 '인간애'의 문제를 생각하지 않을 수 없었다. 물질을 대상으로 하고 또 재료로 삼는 과학이나 공학도 궁극적으로는 인간의 행복을 위한 것이라면(왜냐하면 그 과학자 자신은 다른 동료 과학자의 지적 구조의 결과가 자기 자신의 가정에 그런 기형아를 낳게 하는 데는 반대였을 테니까) 과학자로서 그런 자세는 취할 수 없었으리라 생각되었다. 이쯤 되면 과학자는 그것을 상황, 즉 대기업이나 자본의 논리 등에 책임을 돌릴 수는 없어 보인다. 과학자일수록 책임을 져야 하지 않을까 (어떤 식으로라는 것은 2차, 3차의 문제일 것이다).

그런 사례들을 수없이 보고 있노라면, 과학자의 가장 고귀한 원리로 그려져 있는 우상의 얼굴은 양면적임을 알게 된다. 그 하나의 얼굴은 광적인 국가지상주의, 편협한 내셔널리즘, 조국주의, 인종주의, 물신주의, 무슨 주의. 그리고 그런 관념들에 대한 역시 광적인 반(反) 무슨무슨 주의 같은 것의 우상화다. 그 우상의 얼굴은 붉게 칠해져 있기도 하고 희게 칠해져 있기도 하다.

히틀러와 무솔리니의 어용과학자들

우리는 그 첫 번째인 '과학의 이름으로서의 위대한 반과학(자)'를 히틀러 나치체제와 무솔리니 파쇼체제에서 볼 수 있다. 우리는 1920년대에서 40년대 초반까지의 파쇼나 나치체제 이론을 지금에 와서 새삼 길게 논할 것 없이, 애매하지만 하나의 상식으로 넘어가기로 하자(그들이 내세운 체제이론이라는 것이 본래 애매모호한 것이었다는 점에서도 그렇다). 그런데 그런 체제적 이론이 어느덧 많은 과학자들에 의해서 '신앙'으로 빚어지고, 그 신앙의 우상을 떠받들기 위해서 얼마나 많은 저명한 '과학자'들이 정신을 못 차렸던가 하는 것은 참으로 가관이었다.

콘스탄틴 게오르규 원작의 영화 「25시」는 누구에게나 감동적이었으리라고 믿는다. 그중에서 나에게 제일 감동(?)적이었던 것은 '과학자'가 나오는 장면이었다.

게르만 민족의 우월성. 상대적 우월이 아니라 아예 본질적 우월을 입증하기 위해 게르만 아리안족과 유대인 얼굴의 골격 구조, 색깔, 각 기관 사이의 거리, 크기, 모양, 그 상대적 위치 관계의 특성 등을 자(尺)로 잰다. 이 어용과학자에 의해서 아리안족 외의 모든 인종과 민족의 '열성'(劣性)이 우주의 진리로 확립되었다. 이 광기의 극치, 반지성의 신앙화가 히틀러의 이른바 '게르만 과학'이었다. 그것은 출발에서는 미신·신비주의·심리학·인문과학·사회과학자의 종합 작품이었다. 그렇게 해서 이데올로기화된 것을 지도이념(나치즘, 국가사회주의)으로 하는 '상황' 즉 체제가 확립된 다음에는, 그 상부구조를 물질적 힘으로 떠받드는 자연과학자군이 등장한다. 미신을 절대로 믿지 않는다고 주장하는 과학자들이 과학의 이름으로 인류 역사상 초유의 흉악한 '미신의 우상'을 깎고, 쪼고, 다듬고, 분칠을 해서 '게르만 과학'으로 완성시킨 것이다.

무엇을 지향하는지 알 수 없는 '제3제국', 신화적인 민족적 (völkisch) 이상, 모든 전통적 자유정신·실용정신·인간애에 대한 포악스러운 부정, 철저한 몰개인적 집단주의와 군사화에 입각한 국가지상주의의 약탈과 파괴와 절멸의 야만성 찬미가 한 시대를 풍미했다. 그 초기에 토마스 만, 막스 베버를 비롯한 무수히 많은 괴테의 후예들에 의해서 잠시나마 열렬히 지지받은 당시의 현상은 지금도 해명되지 않고 있는 세기의 수수께끼다. 독일인 최고의 (어떤 분야에서는 세계 최고의) 정신(Geist)이 최고로 흉악한 악령(demon)과 동침했다. 괴테와 히틀러는 둘이 아닌 하나인 것으로 찬미되었다.

나치 이데올로기와 체제의 '상황적 창조력'은 단시일 내에 자연과학, 특히 군사과학의 '경이'를 창출하여 아리안족의 본질적 우월성을 군사력으로 입증하려 했다. 인간말살과 파괴는 나치의 자연·군사과학의 영광이었다. 600만 명의 공산주의자·무정부주의자·사회주의자·노동운동자·자유주의자·집시족·정신 및 신체장애자와 유대인, 그리고 전쟁 중 쌍방 진영 3,000만 명의 목숨이 나치 군국주의자들의 사디즘의 제물이 되는 동안 얼마나 많은 파시스트적 또는 그 어용 자연과학자들의 가슴에 훈장이 달려졌던가!

무솔리니의 파시즘도 살펴보자. 실제로는 나치의 형님 격인 파쇼 또한 1920년대의 첫 7년 사이에 그의 권력은 도전을 허용하지 않는 통치체제를 굳혔다. 파시즘은 국내외적으로 전제(專制)의 낙인이 찍히면서도 정치적으로 덜 성숙한 이탈리아 민중에게 '새로운 통치 형태'로 급속히 승인되었다.

이탈리아 파시즘은 1931년, 전국 대학교수 1,250명에게 체제를 지지한다는 충성서약을 요구했다. 그때 이를 거부한 교수가 겨우 열두 명이었던 것은 몹시 인상적이다. 경찰력의 가차없는 행사 앞에서 그 나머지 1,200여 교수들은 자신이 살고 가족을 부양해야 할 의무를 학문적 원리보다 우선함으로써 과학자적 양심과의 갈등에 타결을 지었다. '로마제국의 영광을 되살릴 이탈리아 국가'의 '국가 이익'이 모든 가치보다 우선한다는 것이 무솔리니의 주장이었다. 그 허구는 1,250명 교수 중 열두 명을 제외한 전국의 교수들에 의해서 서약되었다.

나치 독일과 파쇼 이탈리아의 과학자들에게는 네 가지 선택이 있었던 것이다. ① 적극적 체제 옹호, ② 소극적 체제 순응, ③ 국내 망명, ④ 체제에 의한 추방이나 투옥 또는 적극적 국외 망명이다. 제③의 국내 망명이란, 체제의 만행과 기만과 반지성의 분위기 속에서 잠재적 반체제로 인정되어 직업을 잃으면서, 과학(자)의 원리와 '상황'의 논리는 톱니바퀴 사이에 물린 채 국내에서 견딘(또는 견딜 수밖에 없었던) 과학자들이다. 독일에서도 제④의 범주에 든 교수·과학자들은 히틀러 지배의 초기에 이미 1,700명 이상이 그 지위에서 쫓겨났다. 그 4분의 3 이상이 위에서 말한 여러 성향의 사람들이었다. 그리고 나치 기간 중 엄격한 제④의 범주에 드는, 국외(주로 미국)로 망명한 과학자는 제1급 인사만도

1,900명이었다고 한다(Laura Fermi, *Illustrious Immigrants: The Intellectual Migration from Europe* 1930~41, Chicago, 1968). 아인슈타인은 이론·순수과학을 대표할 것이고, 자연과학의 여러 분야에 대해 구체적으로 모르지만 나 자신의 관심 분야에서는 노이만, 마르쿠제, 슘페터, 한나 아렌트, 호르크하이머 등이 있다.

망명한 이 제1급 과학자들이 서구사회에 제공한 적극적 공헌과, 앞서의 제③의 범주에 속하는 '국내 망명'적 저명한 과학자들이 소극적으로 나치에 대한 공헌을 거부한 결과, 나치체제가 멸망하고 20세기 후반에 들어서면서 미국을 과학적 지도국으로 등장시키는 데 크게 이바지한 사실은 과학도의 상식에 속한다.

이들에게서 공통적으로 발견되는 것은 과학(자)의 '가치중립'이라는 우상과 신화에 대한 우상 파괴자의 정신이다. 아인슈타인이나 노이만을 포함한 1급 과학자 1,900명과 그보다는 덜 알려졌지만 그러나 자유와 양심과 민주주의적 창조 정신에 불타는 수천 수만의 지식인 망명자들에게, 독일·이탈리아·헝가리·체코슬로바키아·오스트리아·폴란드 등 각기 떠나온 조국과 동포 등은 소중했음이 틀림없다. 그러나 그들은 떠나야 했던 것이다. 그렇게 보면, 그들에게 중요했던 것은 자기가 태어난 땅이라는 전논리적(前論理的) 조건으로서의 감상적 '국가'나 민족이나 동포, 더욱이 극히 정서적 관념인 '조국' 그 자체는 아니었음이 분명하다. 그 많은 위대한 정신의 망명과학자들의 고뇌와 재난을 통해서 우리는 다음의 사실을 배우게 된다. 즉 '국가'는 국가이기 때문에 생래적으로 소중한 것이 아니다. '국가'는 소중한 가치를 지향하는 국가일 때 비로소 '충성서약'을 할 만큼 중요한 것이 된다. 구체적으로, 그것을 구성하는 '내용'이 중요하다. 즉 그 '국가'라는 것이 어떤 이상을 추구하며, 과학자적 양심과 어느 만큼 양립할 수 있는 정치적 실체이며, 권력집단의 지도이념이 민주주의적 문명사회의 일반적·도덕적 기준에 일치하느냐 등이 문제가 되는 것이다.

사하로프의 양심

소련의 핵물리학자 안드레이 사하로프의 전문적 수준이나 업적에는 나는 소상치 못하다. 동서 사회를 통해 1급 인물 중의 한 사람일 것이라는 막연한 지식밖에 없다. 이 사하로프에 관한 신문보도를 접할 때마다 나는 그에 대한 동정심이 깊은 만큼 많은 문제를 곰곰 생각하게 된다. 그만한 권위를 가진 인물이라면 소련 정부가 마련해주는 연구시설과 학구적 분위기 속에서 연구에만 몰두하면 좋을 것이다. 그러기만 하면 그에게는 학문적·물질적 생활의 풍요, 소련 국민의 대중적 존경, 개인적 만족 등이 확실히 따라올 것이다. 그런데 그는 소련의 정치·사회·이데올로기 등, 자신이 살고 있는 사회의 실존적 상황에 적극적 관심을 가진 나머지 소위 '반체제 지식인'의 기수가 되어 박해를 '자청'하고 있는 것 같다.

이렇게 잘 이해되지 않던 사하로프의 과학자적 입장(고뇌)이 어느 날 풀리게 되었다. 한 가지 해답을 주는 글이 있었는데 그것은 루이센코에 관한 것이었다. 그리고 그것은 '게르만 과학'에 대응하는(그보다는 덜하지만) '스탈린 과학'을 알게 됨으로써다. 광막한 유럽의 후진 농업국을 집권 30년 사이에 그만한 수준의 과학·농업국가로 발전시킨 스탈린에 대한 소련 국민의 평가는 흐루시초프의 유명한 '비스탈린화' 이후에도 그리 나쁜 것 같지는 않아 보인다.

어쨌든 과학·과학자, 그리고 지식 일반과 지식인 일반을 공산주의 이데올로기의 고증 수단으로 타락시키면서 '비과학' 또는 '반과학'을 '과학화'한 결과는, '스탈린 과학'의 수제자격이었던 루이센코가 사망했을 때 한 소련 과학자의 자연발생적 반응에서 알 수 있다.

……아, 그 사기꾼 같은 루이센코 말입니까. 그자는 하마터면 소련 과학을 통째로 망칠 뻔했지요. 그가 죽었을 때 일반 소련 시민들은 눈물을 흘렸어요. 그렇지만 우리 과학자들에게는 그날은 일생에서 가장 기쁜 날이었다우. 오랫동안 시베리아에 유형됐던 진정 위대한 과학자들이 돌아왔습니다. 아인슈타인의 상대성원리, 멘델의 학설, 모건의 이론 등에 대해서 이제는 마음대로 의견을 발표할 수 있게 되었으니까 말이에요. ……그자가 과학계와 사상의 방향을 지배하는 동안, 우리들 진정한 과학자들이 목숨을 부지하려고 참아야 했던 처절한 굴욕을 당신은 상상하지 못할 거외다. 그자가 백 퍼센트 틀린 것을 알면서도 그의 앞에 엎드려 스탈린과 중앙위원회의 찬가를 불러야 했으니까(Alexander Werth, *Russia: Hopes and Fears*, 1969).

루이센코의 사망으로 유배지에서 되돌아온 '진정한 위대한 과학자'는 무엇을 말하는가? 그 같은 비극을 낳은 국가권력에 의한 무서운 사상통제, 어용학자에 의한 진정한 과학의 반과학화, 이데올로기 위주의 반지성주의에 대한 피눈물 나는 경고다.

그런데 흥미 있는 현상이 하나 있다. 사하로프나 솔제니친에 관한 기사만 나오면 그 같은 '반지성' '비과학'이 공산주의체제 특유의 것인 듯 착각하는 한국의 지식인이 많다는 것이다.

'히틀러 과학'은 독일에만 있었던(과거형) 것이 아니다.

'스탈린 과학'이 루이센코의 죽음과 함께 완전히 과거사가 됐다면야 오죽이나 좋겠는가. '충성서약'식 비과학 · 반학문은 지금 우리 주변에서도 날뛰고 있다.

매카시 선풍과 과학자

여기서, 파시스트 치하 유럽에서 미국으로 탈출했던 1,900명의 저명한 '망명과학자'들을 우리 앞에 다시 초대해서 그 후의 소식을 물어보기로 하자. 그들의 상당수가 2차 대전 종결 얼마 후부터 약 10여 년 사이에 미국이라는 나라를 떠났다는 소식이다. 왜 그랬을까? '매카시 과학' 때문이었다.

1950년대에서 60년대에는 유럽의 경제, 사회, 정치, 문화가 부흥되었고, '고향에 대한 정념'도 컸으리라. 그러나 '미국판 파시즘'의 공포가, 고향을 바라고 있던 수많은 과학자들이 미국에서 트렁크를 싸도록 마지막 결심을 내리는 행동적 계기가 되었다는 것이다. 1,900명 중 얼마나 미국에 남고 얼마가 떠났는지에 관한 통계적 수치는 알 수 없다. 파시스트와 나치가 30년 전에 했던 '충성서약'에 대항하여 연구와 양심과 사상의 자유를 수호하기 위해서 파시스트 및 나치와 싸웠다는 미국에서 그 '충성서약' 학문이 강요된 탓이다. 1947년 3월 22일 공포된 '연방직원 충성심사에 관한 대통령령'이 바로 그것이었다.

나치와 파쇼의 나라에서는 이제 민주주의와 자유가 꽃피기 시작하고, 스탈린의 나라에서는 자본주의 사회의 과학·학문·사상이 자유롭게 과학자들 사이에 토론되려고 하는 1950년대에, 그 모든 가치의 기수요 수호자로 자처하던 미국이 지식인에게 체제 옹호의 충성서약을 강요하게 됐다는 것은 역사의 아이러니가 아닐 수 없다. 충성서약의 대상자도, 파쇼 이탈리아가 대학교수 1,350명을 대상으로 했던 것과는 엄청난 차이가 있었다. 연방정부의 직접 간접 재정지원 기관의 250만, 군인 300만, 방위산업계 과학자·기능자 300만에 이르렀다. 각급 교육기관의 교사, 교수는 모두 그 대상이었다. 반공주의가 '절대로 옳은' 가치관이라는 데 조금이라도 이의를 제기하거나, 사상과 가치관의 상대성을 주장하는 서적·출판물은 모조리 압수되었다. 마르크스 이론 서적은 대학의 도서관에서 끌려나와 창고로 들어갔다.

"저 사람의 반공사상이 의심스럽다"는 투서 한 장으로 그 사람은 재판 없이 매장당할 수 있었다. 그 밀고자는 이름을 밝힐 필요가 없었고, 오히려 관권의 비호를 받았다. 광신적 반공주의는 거대한 우상이 되었다. 그 우상 앞에서는 누구도 안전할 수가 없었다. 1953년 10월, 검찰총장(법무장관)은 전 대통령 트루만이 소련의 간첩을 은닉했다고 주장, 전직 대통령(바로 트루만 행정부가 이 충성서약법을 입법한 것이다)을 정식 고발했으니 말이다. 모든 시민은 모든 시민에 대한 감시자가 되도록 장려되었고, 모든 시민은 감시받는 대상이 되었다.

당시 미국 법조계에서 가장 존경받던 핸드 판사는 미국의 이 시대를 이렇게 평하면서 개탄했던 것이다.

"시민이 자기의 이웃 시민을 항시 적이나 간첩처럼 생각하고 살피도록 명령될 때, 그 사회는 벌써 분해의 과정을 걷고 있는 것이다."

이런 '상황'은 자연과학자에게 '중립적 가치'의 학문 환경일까, 아니, 차라리 '생존 환경'일까라고 묻는 게 적절할 것 같다.

그 물음에 대한 답변은, 앞서의 1,900명 중 '매카시 우상'의 광란의 시기에 미국을 등진 지식인의 행적을 한둘 더듬어보는 것으로 대신 하기로 하자. 내가 자연과학자가 아니어서 불행히도 저명한 자연과학자에 관한 자료가 적다. 누구나가 아는 세계적 정신분석학자이자 사상가인 에릭슨(E.H. Erikson)과 문학자이자 사상가인 토마스 만(Th. Mann)을 예로 들어보자. 에릭슨은 미국에 남은 과학자를 대표하지만, 그 남은 사람조차 이 '매카시즘 반공주의' 서약을 거부한 행위를 이데올로기적 이유에서보다는 도덕적 이유로 설명했다. 그는 다른 독일인 망명 석학들과 마찬가지로, 파쇼 독일에서의 경험과 같은 위험성을 경고했다. 그리고, 광신사상에 대한 교수들의 굴복이 학생들에게 되돌아올 악영향을 강조했다.

……아무 말도 안 하고 무의미한 태도만 취하고 있으면 저명 학자로서의 체면은 세울 수 있을지 모른다. 그렇지만 그런 자세는 '훨씬 중요한 사람들' 즉 학생들을 타락시킬 것이다.

토마스 만의 양심의 갈등은 잘 알려져 있는 바다. 그 갈등은 또 오래 계속되었다. 그도 에릭슨과 마찬가지로 캘리포니아에서 미국 사회의 높은 존경과 호의 속에 쾌적한 학구생활을 할 수 있었던 것이다. 그러나 그는 충성서약에 반대했다. 그 이유는 에릭슨과 같은 것이었다. 더욱이 토마스 만의 경우는 1930년대 초, 나치 체제의 초기 작업에 순진하게 가담했던 뼈저린 뉘우침이 있었기에 더욱 그러했다. 그는 한번 섬겼던 파쇼의 우상의 가면 뒤에 숨은 포악하고 비열한 얼굴을 보았기에 다시는 미국 매카시즘의 우상 앞에 굽히기를 거부한 것이었다.

잘못된 생각일지는 모르지만, 나는 자연과학자에게도 가치유보의 권리는 없다고 생각하는 입장이다. 과학자의 고귀한 지적 노력의 결과가 과학적 순수성 및 정열을 무시하는 권력이나 상황에 의해서 인간(성) 파괴의 목적에 이용되지 않도록 하는 것은 진리를 사랑하는 자연과학자이기에 더욱 큰 인간적·직업적 의무라고 생각한다.

오늘날의 과학자는 노벨의 시대처럼 그 한 사람만으로 다이너마이트의 폭발력을 완성품으로 창출하기는 힘들다. 상황과의 관계에서 본다면 상대적으로 노벨보다는 왜소해졌다는 말에도 수긍이 간다. 그럴수록 과학자들의 단합된 '인간 양심'의 목소리를 언제나 듣고 싶은 마음 간절하다.

나는 비자연과학도이기에, 가치중립을 믿는 과학자들의 시험관 속에서는 악마가 나오지 않을까 늘 두려워한다.

•1983

핵무기와 인류의 양심

핵에 대한 무지

······인간들은 머리가 더욱 좋아지고 더욱 날카로워지기는 하겠지만, 더욱 선량해지지도 더욱 행복해지지도 더욱 활발해지지도 않을 것이다. 설사 그렇게 흡족한 일이 있다 해도 그것은 어떤 한 시기에 국한될 것이다. 나는 신(神)이 이미 인간들에게 정이 떨어져서 모든 것을 거덜내버리고, 생명 있는 모든 것을 죽음과 함께 되살아나게 하는 시기가 올 것만 같다. 일체의 것이 그렇게 예정되어 있고, 먼 미래에 이 되살아남이 시작되는 시기가 이미 작정되어 있다고 확신하고 있다. 다만 거기까지 가는 데는 아직 얼마간의 여유가 있으리라는 것도 확실하다. 우리는 앞으로도 몇천 년일지 모르지만 이 정들고 사랑하는 지구 위에서 온갖 희롱을 계속하겠지.

에커만, 『괴테와의 대화』(1828.10.23)

제2차 대전이 끝난 이후의 40년, 특히 지난 몇 해 사이의 인간들의 작태를 보면서, 나는 괴테의 이 말을 늘 떠올린다. 1세기 반 전의 그의 말이 어쩐지 무서운 예언처럼 되살아난다.

우리가 체험해온 지난 반 세기 동안의 과학적 발달을 생각하면, 인간들의 두뇌가 얼마나 발달하고 날카로워졌는가에 대해서 다만 놀랄 뿐이다. 그러나 인간이 얼마나 선량해지고 행복해졌는가 하는 물음에 대해서는 확신을 가지고 답변할 수가 없다. 이것은 특히 군사과학, 그중에서도 핵무기와 그 운반수단의 발달을 볼 때 소름 끼치도록 절감하는 현상이다. 신은, 괴테가 말한 것처럼 "인간들에게 정이 떨어져서 모든 것을 거덜내버리기로 작정"한 것만 같이 생각된다. 그리고 생명 있는 모든 것을 파멸시키고 새롭게 "되살려"보라고 계획한 것일까? 그리고 그 시기가 머지 않은 것일까? 우리는 "정들고 사랑하는 지구" 위에서 얼마나 더 많은 희롱을 계속해야 신의 뜻을 알아차리게 된다는 것일까?

괴테는 그러나 한 가지 점에서 미상불 1세기 반 전의 위인일 수밖에 없었다. 그는 후세의 인간들이 철없는 위험한 희롱을 하다가 멸망할 공간을 "정들고 사랑하는 지구"라고 예언했다. 그러나 오늘날 우리는 지구 표면에서의 위험한 불장난에 성이 차질 않아서 마침내 '우주'로 전쟁을 확대하고, '천체의 전쟁'(Star War)으로 태양계를 전쟁의 터로 확대하려 하고 있다. 인간들은 지구상에서의 핵전쟁으로는 그래도 살아남을 인간이 있을까 봐서 기어이 완전한 인류의 절멸을 목적으로 광기 어린 태양계 공간의 핵전쟁으로 치닫고 있다. 생각하는 사람에게는 소름이 끼치고도 몇백 번 끼칠 일임에도 불구하고 사람들은 자신의 처참한 파멸의 위험성에 대해서 백치에 가까우리 만큼 무감각한 상태임을 본다.

핵무기의 발달과 그 운반체(미사일)의 위력의 증대, 그리고 추리소설로만 생각했던 각종 광선의 발명과 전자공학의 경이적인 정교화로 이제 인류는 서로 '확정적 멸살'(Assured Killing)의 단계에 이르렀다. 핵을 비롯한 초현대 무기류의 필사적인 발달과 발맞추어 재래식 군비강화도 경쟁적으로 추진되고 있다. 가도가도 종착점도 없는 '무제한'의 군비경쟁이 우리의 눈앞에서 진행되고 있다. '제한'은 오직 인류가 '자멸'할 때일 것만 같다.

미·소 초강대국의 광적 군비경쟁에 대해서 이성의 부르짖음이 없는 것은 아니다. 그러나 그 목소리는 맑은 정신의 소리이기는 하지만 거의 개인으로서의 외로운 외침이고, 인류 자멸의 길을 경쟁적으로 달리고 있는 초강대국의 정치·군사·산업·지식 복합체의 '힘의 숭배자'들에게는 들리지 않는다.

오늘날 전 세계의 인류는 불행하게도 강대국들을 움직이는 그같은 복합체들의 자기 이익 추구의 논리에 마취되어버린 상태다. 막강한 종합적 권력을 장악한 강대국들의 '군사력 숭배자'들의 이론 조작으로 약소국가들의 지도자나 민중들도 군사력 숭배자가 되어버렸다. 평화는 군사력으로 유지되고, 강력한 군사력만이 국가와 세계의 안전을 보장한다는 무서운 환상에 사로잡혀 있는 것이다. 약소국가의 지도자들까지도 국가(국민)의 자원을 아낌없이 '국방력'이라는 이름 아래 탕진하는 경향이다.

'군비증강병'에 걸린 사람들에게는 세계 군사(軍史)상의 명장군이며 바로 얼마 전 인류사상 최강의 군사력으로 세계의 패권을 유지하려 했던 국가의 대통령을 8년이나 지낸 드와이트 아이젠하워라는 사람의 다음과 같은 간절한 충고의 뜻을 이해하지 못하고 있다.

우리가 아무리 많은 재원을 쏟아서 군비를 강화해도 군비만으로는 안전을 얻을 수가 없다. 우리의 안전은 경제적·지적·도덕적 힘의 종합적 결과로 가능한 것이다.

이 부인할 수 없는 진실에 관해서 나에게 자세하게 설명할 수 있도록 해주기 바란다. 우연하게도 나는 국가방위라는 분야에서 평생 동안 여러 가지 많은 경험을 한 사람이다. 그 경험을 통해서 내가 배운 진실이 하나 있다면, 그것은 어떤 국가(국민)가 절대적인 안전보장을 추구해도 그것을 충족시킬 수 있는 길은 없다는ㅡ오히려 거꾸로, 그와 같은 욕망은 군비만으로 그 환상적인 목표에 도달하려는 시도 때문에 국가(국민) 자체를 도덕적으로 경제적으로 쉽게 파산시켜버릴 수 있다는 사실이다. 군사기구(제도)는 그 자체가 비생산적이어서, 필연적으로 국가의 에네르기(역량), 생산력, 두뇌의 힘을 먹이로 해서 유지 존속되는 것이다. 그것이 정도를 넘게 되면 우리의 총체적 힘은 쇠퇴하게 된다.[1]

이 같은 경고를, 결코 미국의 군사적 효능을 반대할 까닭이 없는, 바로 다름 아닌 아이젠하워 원수가 하고 있다는 사실을 알아야 한다. 무인(武人)인 그가 특히 도덕적 가치를 강조하고 있다는 것이다. 물질적·물량적 차원에서 주로 국가의 안전을 강조하는 후진국 정치·경제·군사 지도자들에게 과연 정문(頂門)의 일침(一鍼)이 아닐 수 없다.

지구상의 어느 곳, 어느 나라에서나, 바로 미국과 소련을 포함

---

1) Richard J. Barnet, *The Economy of Death*, New York: Atheneum Publishers, 1969, P.9.

해서, 그곳에 살고 있는 민중으로서 원자탄이 최초로 히로시마에 투하된 이후 핵무기·핵전쟁 반대운동을 벌이지 않은 곳이 없다. 오직 하나의 예외가 있었다. 대한민국의 국민이다. 핵전쟁을 두려워하지 않을 뿐만 아니라, 어쩌면 핵전쟁을 바라고 있다는 감마저 주는 것이 이 나라의 지도자들과 대중이 아닌가 싶을 정도다. 심지어 제주도를 외국의 핵기지로 제공할 용의마저 있음을 이 나라의 '지도자들'은 비친 일이 있다. 자기 나라 영토를 초강대국의 핵기지로 제공하는 행위가 무엇을 뜻하는지조차 감각이 없는 것이 이 나라 국민의 현실이다.

유엔의 핵무기와 핵전쟁 보고

일찍이 1974년 10월 23일 유엔 산하 과학자들의 오랜 연구조사를 종합한 핵무기와 핵전쟁에 관한 우탄트 사무총장의 보고서는 다음과 같이 지적했다.

핵무기가 사용될 경우의 효과

인구 100만이 사는 반경 8~10킬로미터(면적 250제곱킬로미터)[2]의 실재하는 도시[3]에 1메가톤의 핵폭탄 하나가 지표에서 터졌을 때의 가상적 피해는, 폭풍과 열선(熱線)에 의한 순간적 사망 27만, 방사선 낙진에 의한 사망 9만, 부상자 9만이 된다.

---

2) 서울특별시 행정구역 면적은 627.06제곱킬로미터다.
3) 당초 과학자들의 조사보고서에는 도시명이 지적되었으나 우탄트 보고서에서는 그 이름을 밝히지 않았다.

이틀 동안에 전 인구의 3분의 1이 죽고 71만이 살아남는다.[4] 이 도시의 물적 피해는, 빌딩과 가옥의 약 3분의 1이 완괴(흔적조차 없어지는 것부터 벽이 절반 이상 없어져 비를 가릴까 말까 할 정도까지)되는 정도에 이를 것이다.

수도, 하수도, 가스, 전력의 공급시설은 거의 파괴되어, 시내는 어디 하나 완전하게 남지 않을 것이다. 핵공격을 전제로 예상할 수 있는 모든 결과에 대비하는 계획이 작성되어 있다손 치더라도 예측하지 못한 무수한 사태가 발생할 것이다.

우탄트 보고서는 이어서 다음과 같이 밝히고 있다.

방공호나 대피시설이 충분하지 않은 맨해튼 상공에서 20메가톤급 수폭이 폭발하면, 뉴욕 시의 인구 800만 가운데 아마도 600만이 죽고, 시의 교외지역에서 별도로 100만이 죽을 것이다.

그런데 문제는 첫 이틀 후에 살아남는 사람의 그 후의 생존 가능성 여부다. 고명한 생물학자이며, 미국 정부 원자력위원회의 생물학·의학자문위원회 위원장 벤트리 그라스 박사는, "설사 전체 인구가 지하 대피소에 미리 들어가 있었다고 가정하더라도, 그 지역에는 그 후 곤충과 박테리아 외에는 실제로 모든 생물이 절멸할 것이다"라고 말하면서 다음과 같이 결론지었다.

---

4) 유럽이나 미국처럼 석조건물을 주로 한 공간이 넓은 도시의 경우이지, 한국의 도시처럼 밀집된 경우는 또 다르다.

동물과 가축까지를 전부 대피소에 넣을 수는 없을 터이므로, 그들은 치사량의 방사선을 쐬게 될 것이다. 따라서 육류, 우유 등의 공급이 가축의 절멸과 동시에 끊길 것이다. 더욱 더 비참한 것은 조류의 절멸이다. 곤충을 먹고 사는 조류가 절멸하면 곤충류는 걷잡을 수 없이 번식할 것이다. 핵시대에는 인간과 그 밖의 고등동물이 아닌 곤충만이 살아남기에 가장 적합한 조건이 된다. 곤충과 박테리아는 방사선에 대한 저항력이 강하다. 인간은 600뢴트겐을 쐬면 곧 비참하게 죽지만 곤충은 10만 뢴트겐을 쐬어도 가렵지조차 않을 정도다. 지구는 곤충과 박테리아가 지배하는 세계가 될 것이다.[5]

히틀러의 파시즘의 원자탄 제조에 동의했던 아인슈타인 박사(1879~1955)도 바로 같은 견해에서 죽는 날까지 핵무기의 철폐와 군비확장 정책 반대를 부르짖었다. 미국과 소련도 핵무기 경쟁이 무엇을 뜻하는가에 대해서 분명히 알고 있다. 아이젠하워 대통령은 이렇게 호소했다.

결국, 우리 앞에 가로놓인 잔혹한 문제에 대해서는 오직 한 가지 해결책밖에 남은 것이 없다. 세계는 지금처럼 쉴 새 없이 전쟁용 파괴무기들을 광적으로 만들고 쌓아 올리는 짓을 그만두고 항구적 평화에 이르는 건실한 방향으로 나아가야 한다. ……온갖 평화적 과제 중에서도 진정한 군축을 위한 제1보가

5) Ralph E. Lapp, *Kill and Overkill—The Strategy of Annihilation*, § 8, Basic Books, New York, 1962.

가장 중요한 것이다.[6]

소련도 역시 고상하고 엄숙한 말로 거듭 핵무기 반대와 군축이 평화를 향한 유일한 희망임을 천명했다. 소련 공산당의 강령에도 "엄격한 국제관리하의 전반적 및 완전한 군축이 평화를 보증하는 근본적 방법이다"라고 되어 있다.

그럼에도 불구하고 미·소 두 초강대국이 그 후에도 현기증이 날만큼 핵 및 재래식 군비를 경쟁적으로 확장해온 경위는 여기서 재론할 필요가 없다. 그 과정과 현실은 이미 우리의 초보적 상식이 된 지 오래다. 1981년, 레이건 정부의 출범과 함께 미국은 '무제한'의 핵 및 재래식 군비확장을 선언했다. 핵무기뿐만 아니라 중성자탄, 레이저 광선에 의한 핵탄두 요격무기, 화학 및(수소와 불소의 연소에 의한) 레이저 광선 무기, 우주공간 레이저 반사경 무기, 미립자 광선 무기, 천체의 핵 및 반핵 기지화 등 끝간 곳을 알 수 없는 상태가 되었다. 정말 제정신들이 아니다. 상대방보다 한 단계 앞서서, 한 단계 높은 공격용 또는 방어용 무기와 방법을 갖추면 상대방을 전멸시킬 수 있고, 자기는 깨끗이 살아남을 수 있다는 식이다. 그러나 이런 생각이 어리석은 환상이라는 것은 세계 각국의 수많은 양심적인 과학자들과 전문가들이 경고하고 있고, 미국 의회에서도 그에 대한 예산 승인에 반대가 큰 것으로도 알 수 있다. 그럼에도 불구하고, 무제한의 군비경쟁으로 이득을 보는 정치-군사-산업-기술 복합세력(Political-Military-Industrial-Technological Complex)은 온갖 이론과 구호를 창안해내면서 파멸의

---

6) 1958년 1월 9일의 연두교서.

길을 평화의 길인 양 선전하고 있다.

　그 결과 세계의 민중은 '군사력 숭배사상', '군사과학 신비주의'에 현혹되기에 이르렀다. 어쩌면 그러한 증세가 가장 심한 중환자가 한국 국민이라고 해도 지나치지 않을 것이다.

우리의 국토가 핵무기의 표적이 되고 있다

　자기 나라의 땅이 남의 나라의 그 같은 가공할 핵무기의 발사 및 설치기지가 되어 있는데도 아무런 감각도 없다. 없을 뿐만 아니라, 오히려 그것이 한국 국민의 안전보장을 위한 최선의 방법인 양 착각하고 있으며, 그 착각은 마치 신앙처럼 되어버렸다.

　레이건 대통령은 이미 1981년 11월 16일, 미·소 초강대국 간의 전략핵무기에 의한 핵전쟁 확대의 방지책으로 '전술 핵무기' 사용을 고려하고 있다고 공개적으로 언명했다. 그 후 미국의 군부는 전술핵무기에 의한 '선제공격' 의도를 공식적으로 밝혔다. 그런데 문제는 그 전술핵무기라는 것이 1945년 히로시마에 투하된 원자탄보다 몇 배나 파괴력이 강하다는 것이다. 그리고 더욱 급한 문제는 이 '전술핵무기'가 가장 쉽게, 그리고 맨 먼저, 그리고 어쩌면 지구상에서 유일하게 사용될 장소가 미국 땅이 아닌 우리의 한반도로 설정되어 있다는 사실이다. 가공하고 소름끼칠 사실이 아니고 무엇인가. 핵무기의 '선제공격'은 원자·핵무기의 40년 역사에서 언제나 부정되어왔던 것인데, 이제는 미국의 '공식 전략'으로 선언되었다. 재래식 군사충돌을 예방한다는 구실과 명분 아래 막바로 핵전쟁의 길이 트인 것이다. 1960년대와 70년대의 전략 원리였던 핵무기에 의한 '공포의 균형' 시대는 갔다. 현재와 앞으로의 시대는 '공포'가 생기면 '먼저' 핵공격해버리는 계획의 시대다.

더욱 심각한 문제가 있다. 그것은 두 초강대국은 각각 1만 마일을 날아와야 하는 상대방 영토 내의 기지로부터의 대륙간 탄도 핵무기에 대해서는 거의 완벽한 요격무기 시스템을 완성했다는 사실이다. 이것은 무슨 뜻인가? 다름 아니라 그들은 자기들의 본토는 상대방의 핵공격으로부터 안전하게 방위망을 구축해놓고, 각각의 하위 동맹국들의 영토에 중거리 핵미사일을 설치하여 그곳을 상대방 영토에 대한 공격기지로 이용하는 것이다. 초강대국의 '국가(국민)이기주의'의 교활한 방식이다. 유럽과 그밖의 나라들에서 열화같이 일어나고 있는 민중의 반핵운동은 바로 초강국의 국민 대신에 자기들이 핵폭탄의 희생물로 죽기를 원치 않는 생존 의욕의 표시다.

오늘의 상황은 인류에게 일대 결단을 요구하고 있다. 괴테가 1세기 반 전에 "신이 인간들에게 정이 떨어져서 지구상의 모든 것을 거덜내버리고 생명 있는 모든 것을 죽음과 함께 되살아나게 하는 시기가 올 것만 같다"고 한 걱정은 지금 이 시간의 우리를 두고 한 걱정일는지도 모른다.

여기서 20세기 말엽의 인류는 무엇을 생각해야 할 것인가 하는 인류적 과제에 직면하게 되었다. 그중에서도 군사적 긴장 관계를 생존의 '자연 상태'로 여기게 된 남북한 민족은 다른 강대한 나라들의 이해관계 충돌로 핵전쟁의 마당을 제공해서도 안 되고, 그들의 핵무기의 '볼모'가 되어서도 안 된다. 또 남북한의 동포는 다른 나라의 핵무기가 각각 자신의 목숨을 지켜주는 것으로 착각해서도 안 될 것이다. 자기가 사는 땅에 있는 어느 초강대국의 핵무기는 원천적으로, 그리고 궁극적으로 그 땅의 정부, 인민, 국민, 민중의 안전보다는 그 강대국 자신의 안전을 위한 보조수단임을 깨달아야 할 때가 된 것 같다. 낡은 1940년대나 50년대의 세계관, 인류관, 전쟁관, 민족관, 동맹관 등은 우리의 눈을 흐리게 했다. 이제 우리의 눈동자에 낀 오랜 그을음을 씻고 인류와 우리 자신의 현재 및 장래를 숙연한 마음으로 돌보려는 새로운 철학과 지혜와 용기가 아쉽다. 알바 뮈르달(A. Myrdal) 여사의 책 『평화를 위한 게임』(*The Game of Disarmament: How The United States and Russia Run the Arms Race*)은 이러한 상황에서 우리에게 지혜와 용기를 주기에 족하다.

길게 설명할 필요도 없이, 뮈르달 여사의 이 책에는 우리가 위에서 생각하고, 걱정하고, 살펴온 문제들에 대해서 지금까지 세상에 나온 어느 개인 또는 집단의 지적 활동의 결정보다도 알찬 내용들이 담겨 있다. 적어도 모든 질문에 대한 해답이 들어 있지는 않다 해도 그 질문에 대한 답변을 찾는 가장 이상적인 관점과 시각과 지식(information)을 종합적으로 제시하고 있는 것이다. 강대국가(국민) 이기주의에 사로잡혀 있는 미국과 소련의 입장에서가 아니라, 인류의 보편적 사랑과 이익과 이상을 튼튼히 견지한 관점이라는 데 더욱 큰 설득력이 있다. 20세기 자본주의와 공산주의를 대표하는 미·소 두 나라의 견강부회적 견해나 이론이 아니라, 그들 두 '큰 고래' 사이에서 등이 터지고 있는 약소국(국민)들의 입장과 이익, 불이익이 극명하게, 개별적 경우를 곁들여서 지적되고 설명되어 있다.

군축을 위해서 30여 년간 정치·외교적 경륜을 쌓은 뮈르달 여사는 인류애와 세계평화에 몸바친 공로를 인정받아 1983년 노벨평화상을 받았다. 『평화를 위한 게임』은 이 상이 인정한 뮈르달 여사의 철학·사상·지식·경륜을 압축하고 있는 것이다.

책의 구성을 간단히 소개한다. 원판(판테온(Pantheon) 출판사, 1976)은 397쪽 11장으로 되어 있다. 국제회의, 각국 정부의 공식·비공식 문서, 역사적 자료, 개인과 단체의 발언 및 연구·조사 보고서 등을 상세하게 그리고 극명하게 인용하고 있다. 이 저서로 나타난 저자의 놀라운 업적은 그의 능력에 있을 뿐만 아니라 그에 못지않게 두 초강대국의 이기주의 싸움에서 세계의 발언권 없는 인류(민중)의 평화와 복지를 지키려는 뜨거운 인간애의 소산이라 함이 타당할 것이다.

뮈르달 여사는 1902년, 스웨덴의 웁살라에서 태어나, 스톡홀름 대학을 졸업하고, 후에 역시 학문적 업적으로 노벨상을 받은 경제학자 군나르 뮈르달과 결혼했다. 제2차 대전 기간에는 반(反)나치 운동을 벌이고, 연합국과 협력해 히틀러 파시즘에 저항했으며, 전후에 전개된 억압받은 민족과 '비식민지화' 운동에도 적극적으로 참가했다.

나는 세계의 혜택받지 못한 지역에 사는 인간들을 위한 투쟁에 참가했다. 그때나 지금이나 나를 몰고 간 이상은 인간의 평등성의 실현이었다.

뮈르달 여사는 전후 스웨덴의 사회민주당에 입당, 정부 요직을 역임하는 동안 인도·실론·버마 주재 대사를 거치고, 1964년부터 67년까지는 스웨덴 대표로서 '유엔 제네바 군축 전문가회의'의 의장을 맡았다. 이 기간에 그는 본국 정부에서 군축담당상 직에 있기도 했다. 1968년에는 유럽의 반핵정책 및 운동의 최초의 형태인

스웨덴 정부의 '핵비무장 선언'의 주도자였다. 미·소 초핵강국들로 하여금, 1960~70년대에 그럭저럭 몇 가지의 핵 억제조치에 합의하게 한 국제적 압력의 뒤에는 언제나 뮈르달의 그림자가 있었다.

• 1984

지식인과 시대정신

• 신문화 운동기 중국 지식인의 사상과 행동 유형

글의 목적

이 글은 중국 현대사의 막을 연 이른바 '5·4운동'[1] 시기 지식인들의 신사조 수용 및 반응의 태도를 유형화함으로써, 한 민족의 역사적 변혁기에 처한 지식인의 역할을 비교 고찰해보려는 시도다.

여기서 5·4운동이라 함은, 중국 현대사에서 그 '계몽운동' 시기, 또는 '신문화운동' 시기로 불리는 기간을 말한다. 그 기간은 길게는 1915년부터 23년까지, 짧게는 1917년부터 21년까지로 나뉜다.[2]

1915년은 일본 제국주의의 중국에 대한 사실상의 '보호조약'으

---

1) 중국사에서의 '현대'를 어느 시점부터로 보느냐에 대해서는 이견들이 있다. 하지만 현재의 중국 사학자들이나 외국의 중국학자들도 '공화제'의 정체 변혁을 이룩한 신해혁명(1911.10)보다는 '5·4운동'을 그 기점으로 삼는 것이 일반적이다.

2) 張玉法, 『現代中國史』(上), 台北, 東華書局, 1977, p.254.

로 해석되는 이른바 '21개조안'을 원세개(袁世凱) 정부가 수락함으로써 중국 인민의 애국운동을 촉발한 해다. 이 해는 또한, 사상적 혁명을 주도한 잡지 『신청년』(창간 당시에는 『청년잡지』)이 창간된 해다. 1917년은 『신청년』과 북경대학 교수·학생이 중심이 된 '신사상·신문화' 운동이 전국적으로 파급되기 시작한 해로서 중국의 사상사에서 획기적인 해가 된다. 다시 1919년은 여태까지의 신사상·신문화의 '계몽'적 운동이 제국주의 반대 애국운동과 결부되어 현대적 의미에서 중국 내셔널리즘의 기점인 저 '5·4운동'이 일어난 해다. 이와 같은 시기적 성격 구분의 종합점이 1923년인데, 이 해에 여태까지의 분파적이었던 정치·사회·사상·문화의 전면적 개혁운동은 손문(孫文) 영도 아래 반제·반봉건·국가통일 혁명으로 한민족을 총결속시키는 국민당과 공산당의 협력체제(제1차 '국공합작')로 실현된다. 이 시기의 중국 지식인의 신사상운동을 대표 영도했던 잡지 『신청년』이 확연하게 중국 공산당(1921.7 창당) 노선으로 전환했다. 그때까지의 '신문화운동'의 주류는 1921년부터 정치운동의 성격을 짙게 표출하게 된다.

이상과 같은 엄밀한 시기적 구분을 여기서는 채택하지 않고, 넓은 의미에서 '민국'(民國) 수립(1912) 이후부터 진실한 의미에서의 중국 현대화와 반제·반봉건·통일국가를 분명한 목표로 하는 본격적인 혁명에 전 민족이 총궐기하는 제1차 국공합작(1923) 성립까지의 기간을 검토해보겠다.

현대화를 지도한 사상적 지도자들

1860년대 초의 아편전쟁을 시발점으로 하는 수차의 서양 제국주의의 충격으로 '중화사상'의 미몽에서 깨어난 지도적 지식인은 헤아릴 수 없이 많다. 이 시론에서 검토될 지도적 사상가와 지식인들은 그들의 직계 제자들이다.

이 시기의 신지식·신사상의 대표적 지도자는 연구자에 따라서 한 둘의 차이는 있으나 대체로 일치된다. 곽담파(郭湛波)는 그것을 강유위(康有爲), 담사동(譚嗣同), 양계초(梁啓超), 엄복(嚴復), 장병린(章炳麟), 왕국유(王國維), 손문(孫文), 진독수(陳獨秀), 호적(胡適), 이대교(李大釗)[3]로 본다. 또 다른 연구자는 나진옥(羅振玉), 강유위, 오치휘(吳稚暉), 손문, 채원배(蔡元培), 양계초, 진독수, 노신(魯迅), 호적(연대순)으로 꼽는다.[4] 다른 이는 위의 두 명단에서 나진옥과 오치휘를 다소 낮게 위치시킨다.[5]

따라서 이 글에서는 고찰 대상 기간의 초기인 그 '시대정신'을 대표했던 선구적인 지식인으로 강유휘, 양계초, 엄복, 장병린, 손문, 채원배, 진독수, 호적, 이대교, 노신을 택하고, 게다가 무정부주의 사상가 유사배(劉師培)를 그 사이에 보태어 검토한다.

중국 현대사에서 이 20년의 시기는 진실로 '질풍노도'의 시대이다. 이 짧은 기간에 3천 년 중국 역사는 급전환했다. 이 시기는 중국의 '르네상스'로 기록되고 있지만 운동의 주도적 지식인들 자신도 그들이 이룩하게 될 세계사적인 대변혁에 대해서는 반드시 정확히 인식했거나 예측했던 것은 아니다. 그들은 사상적 선구자로서 중국 인민의 거대한 변혁 에네르기를 분출시켰다. 그러나 그

3) 郭湛派, 『現代支那思想史』(日譯版), 東京: 生活社, 1941.

4) 東京大學中國哲學硏究室 編, 『中國の思想家』, 1976, 제5판.

5) John K. Fairbank(with Ssu-yu Teng), *China's Response to the West*, N.Y., 1970, Parts 6 and 7.

들 개개인을 놓고 볼 때 그 대응 방식은 각인각색이었다.

그중 어떤 이는 사상적 선각자로서 자신이 촉발한 인민대중의 노선 같은 '변혁의 의지'에 겁을 먹고, 자신이 앞장서 부정했던 낡은 가치관에서 피난처를 찾으려 했다. 어떤 이는 자신의 신사상의 아들들이 밀고 나가는 새 역사의 대열에 따르지 못하고 낙오하여 국면마다에서 자신의 사상을 재정립하는 비약을 통해 중국의 현대화와 거대한 혁명 역량의 향도적 역할을 수행해나갔다.

'5·4 지식인'의 사상적·실천적 대응의 궤적은 역사적 변혁기를 사는 어느 민족의 지식인에게나 많은 것을 시사한다.

검토 대상 인물들은 학술적 지식인이기도 하고, 사상적 지식인이기도 하다. 학술과 사상을 엄격히 분리하기는 어려운 일이지만 여기서는 주로 사상의 측면에서 살피기로 한다.

정치·사상적 시대상황

현실에 대한 지식인의 자세와 역할은 그 시대적 상황과의 관계를 전제로 한다.

아시아에서 처음으로 민주와 공화의 깃발을 쳐든 신해혁명 (1911.10.10)에서 5·4운동(1919년 5월 4일 기점)까지의 시기는 중국 지식인들에게는 차라리 좌절, 암흑, 절망의 기간이었다. 신해혁명은 만인왕조(滿人王朝)를 타도하고 형식상으로는 한족의 공화국을 수립하는 '정체 변혁'을 이룩했다. 그러나 외족 지배체제 아래서 한족과 (다수의 소수민족들) 대중에 군림하고 있던 기득권 지배계층의 저항으로 정치혁명에 뒤따라야 할 사회혁명은 거부당했다.

이름은 '중화민국'이지만 정권은 청조(淸朝)를 대신한 한인 군벌(漢人軍閥)들의 손아귀에 들어잡혔다.[6] 손문을 밀어내고 공화국 대총통에 취임(1912)한 원세개는 국민당의 '제2혁명'을 무력으로 압살하고, 국회를 강제로 해산하면서 총통의 임기를 5년에서 10년으로 연장했다. 중임의 제한을 철폐한 대총통선거법을 공포하여 사실상의 종신제를 확립하고, 입법, 사법, 행정 및 군권(軍權)을 전제했다. 이 모든 조치가 형식상 법적 절차의 장식을 걸치고 이루어졌다.

수구파 지식인들을 매수하여 어용 정당 '진보당'을 조직, 국내외로 제정 복고의 분위기를 조성해 나갔다. 동시에 국민당은 해산당했다. 반혁명 군벌통치에 항의하는 언론이나 집회, 그리고 국체(國體) 문제에 관한 논의는 불법화되었고, 무제한의 신문 사전검열과 자의적인 신문의 파면과 체포가 합법화되었다(1914.4, 報知(新聞)條令, 1914년 12월　出版法 등). 북경 시내를 예로 들면 약 100개의 대소 신문, 잡지 가운데 80개가 문을 닫았고, 상해에서는 15개 신문 중 10개, 한구에서는 6개 중 4개가 폐간되었다. 남은 것은 체제 옹호적 신문뿐이었다.

교육에서는 "공교(孔敎)와 충효사상을 귀지(歸旨)로 삼아야 하며," "다른 사상가가 언급될 경우에도 공자와 동원(同源)이 아닌 설(說)은 허용하지 않음"이 교육원리가 되었다(1914. 6, 敎育部條令).[7] 이 같은 제반 조치를 '법률'의 이름으로 강행한 원세개는 중

---

6) 원세개 사망 직후의 중국은 다음의 11개 군벌의 할거 지배 아래 있었다. 馮國璋, 馮玉祥, 吳佩孚, 孫傳芳, 段祺瑞, 張作霖(張學良), 閻錫山, 陳炯明, 李崇仁, 白崇禧, 唐繼堯.

국 국민의 복종 사실을 "도덕적 규범"으로 법제화하기 위해 8월 27일(음력)을 '공자 성탄 봉사일(奉祀日)'로 제정했다.

원세개는 자신의 복고주의적 전제정치와 황제 즉위에 대한 국내의 저항세력을 억누르기 위해 열강의 정치·군사·차관·외교적 지지의 대가로 중국의 각종 이권을 양도했다. 그 가운데 가장 매국적인 것이 일본의 '21개조' 요구의 수락이다. 일본은 제1차 세계대전 중 서구 열강이 유럽전쟁에 몰두하여 중국 간섭의 손을 늦춘 틈을 타, 중국을 사실상 '보호국'으로 만드는 21개 항목의 요구를 중국 정부에 들이댔다. 원세개는 이를 수락했다.[8] (요구 제기는 1915.1.18, 조인은 5.7)

원세개를 비롯한 군벌들 그리고 그들과 이해를 같이하는 구체

---

7) 敎育部條令(1914.6)은 이렇게 규정하고 있다. "국민교육과 국민성의 관계를 깊이 살펴건대 수천 년 동안 숭상되어온 인륜의 사표로서 도덕의 규범을 삼지 않을 수 없다. 앞으로 각 출판사, 각 학교, 각 교원은 수신(修身)과 국문 교과서를 편찬할 때 경훈(經訓)을 골라 공자의 말씀을 귀지(歸旨)로 삼아야 하며 다른 사상가를 포함하는 경우에는 반드시 공자와 일치하거나 같은 뿌리(同源)"의 설을 채택해야 한다. 종래의 정부의 검정을 필하고 발간된 서적도 만약 이 취지에 위배되는 것, 또는 이 취지를 십분 반영하지 않은 것은 즉시 심중하게 개정하고 교육부(문교부)의 허가를 얻어야 한다.

8) 수락한 요구의 5개항 21개조 내용은 다음과 같다.
제1항 산동성 관계: 산동성 내의 독일 보유의 모든 권익의 대일(對日) 양도, 제2항 만주와 몽고 관계: 여순과 대련의 조차권 및 연결 철도의 이권 기간 99년 연장, 남만주와 동부 내몽고의 토지 임차권, 소유권, 영업권, 광산 채굴권, 철도 부설권 및 정치·재정·학사(學事) 부문의 일본인 고문 채용 우선권, 제3항 漢治萍公司(중국 최대의 석탄·철강·광산회사)의 일화(日華) 공동 운영, 제4항: 중국 연안의 모든 항만·도서의 제3국에 대한 불할양, 불대여, 제5항: 중국 정부의 일본인 정치·군사·재정 고문 채용, 특정 지방 중국 경찰권의 일·화 공동 관리, 일본제 무기류의 일정량 우선적 구매, 복건성 철도·광산·항만 건설에 대한 일본 자본의 우선권, 양자강 유역 연결철도의 철도 부설권, 일본의 포교권.

제적 기득권 계층은 일본에 의한 중국의 사실상의 독점적 반(半) 식민지화를 통해서 그들의 계급적 이익을 보장받으려 했다. 일본의 전쟁 협력이 필요했던 구미 제국 정부와 언론은 '21개조'에 의한 일본의 중국 보호국화를 지지 또는 묵인했다.[9] (미국은 처음 구미 국가들에 동조하지 않았지만 별다른 항의도 하지 않았다.) 원세개는 또 정부조직·금융제도의 '현대화' 및 해관(海關)제도의 정비라는 명목으로 구미 5개국 공동의 소위 '선후 차관' 2,500만 파운드를 도입했다. 매국적 조건인 이 차관으로 중국 정부의 각 부문은 차관 상환이 끝날 때까지 그 차관 제공국 정부들이 임명하는 감독관들의 통제하에 들어갔다. 그 도입 수법도 매국적이었다. 국민당이 선후 차관을 '망국 차관' 또는 '위헌 차관'이라고 반대하며 국회에서의 인준을 거부하자 원세개 정부의 수상·외무장관·재무장관을 비롯한 중국 정부 대표단은 깊은 밤중에 북경을 빠져나가 천진의 외국 공관 건물 안에서 비밀리에 5개국 차관단의 은행 대표들과 회합하여 그 차관 문서에 서명했다. 같은 시기에, 러시아(帝政)는 원세개를 지지한 대가로 외몽고의 자치권을 승인하게 했다. 그뿐 아니라 만주의 흑룡강성 서부 호른바일 지구는 '특별 지구'라 하여 중국 행정권에서 배제되었다. 국토의 큰 일부를 팔아먹은 것이다. 영국은 티베트를 장악했다.

이렇게 해서 제국주의 열강의 지지를 획득한 원세개는 마침내 국내 반대세력을 무력화하는 데 대체로 성공했다. 그는 1915년 12

---

9) 미국은 2년 후인 1917년 11월 12일, 일본 주미대사 이시이(石井)와 국무장관 랜싱(Lansing)과의 와싱톤 회담에서 이른바 '랜싱-이시이 협정'을 체결하여 중국의 '문호개방' 원칙에 대한 일본의 지지 대가로 일본의 '대중국 특수이익'을 승인했다 (이 협정은 1923년 4월에 폐기된다).

월 11일, 이름뿐인 '참정원'(원세개가 지명한 국민대표들로 구성된 어용 국회)에서 자신의 황제 추대안을 표결하게 했다. 전국에서 치밀한 사전계획으로 지명 선출되어온 '국민대표' 재적 1,993인이 투표했다. 표결 결과는 찬성 1,993표였다.

원세개는 1916년 1월 1일, '홍헌제국'(洪憲帝國)을 선포했다. 그리고 6개월 후인 6월 6일 사망했다.

원세개의 사망으로 지식인들은 새 희망에 부풀었다. 그러나 결과는 1인 독재에서 10인 분할지배로 바뀌었을 뿐이었다. 10여 명의 군벌 괴수들이 각기의 '소제국'(小帝國)을 되찾아 봉건적 착취·지배관계를 강화했다. 원세개의 제정 복구, 황제 즉위의 명분은 아닌 게 아니라 거물 군벌들에 의한 국가 분열을 저지하고 국가 통일을 이룩하기 위해서라는 것이기도 했다.

군벌들은 경쟁적으로 각기의 세력권을 독립국화해 외세 제국주의와 결탁했다. 그들은 외국 정부와 외국 금융재벌들과의 결탁으로 자기 국가 안에서 그 외세의 이권 보장과 신장을 보장하는 대가로 민중의 항거를 억누르기 위한 재정 및 군사적 지원을 얻었다. 중국 군벌이 그 본질에서 지주계급의 무장적(武裝的) 표현임은 주지한 사실이다. 그들은 중국의 봉건적 토지 소유를 기초로 하는 무장세력이면서, 동시에 외세의 선진적 자본 및 기술과 결탁한 매판적 자본가로 행세했다.

중국에서의 제국주의 열강의 수법은 이른바 '강자정책'(Strongman Policy)이다. 그것은 중국 군벌들을 외세 자신에게 저항할 수 없을 정도의 힘의 한계에 억제하되, 군벌의 통치영토 안에서 민중의 항거를 억누르고 외세의 이권을 확보 보장할 수 있을 정도로 강력한 세력이 되도록 군사·정치·외교·재정적으로 지원하는 정책을 말한다.

열강 정부들과 막강한 자본들은 중국 내의 군벌을 장악하기 위해서 그들대로 유착과 대립의 음모를 꾸몄다. 중국에서는 제국주의적 음모의 온갖 반영, 예를 들어 세력권 확장, 자본과 상품시장의 경쟁 또는 협동, 제국주의 상호간의 이해·갈등을 군벌 간의 대립으로 처리하는 분열정책 등이 불똥을 튀기면서 전개되었다. 이 관계구조의 변화에 따라서 군벌들은 쉴 새 없이 각축했다. 중국의 1910~20년대는 하루도 평온이 없는 군벌전쟁의 혼전(混戰)시기이다. 그들은 민족의 분열이나 국가·영토의 과분(瓜分) 및 식민지화 따위에는 아무런 관심도 없었다. 민중의 도탄과 재난은 처음부터 그들의 알 바가 아니다.

원세개 사망 후의 '군벌 혼전시대'가 진행되는 과정에서 북경정권을 장악한 것은 일본육군사관학교 출신의 단기서(段祺瑞)다. 단 정권은 친일 정권이었던 만큼 원 정권보다도 더 일본의 부추김에 의존했다. 일본 정부는 원이라는 대리인 '강자'(strong man)를 잃게 되자 단(段)을 후계 대리인으로 부추기며 지배하는 방법으로역시 '차관지배'의 전통적 수법을 동원했다(단에 대항하는 양자강유역의 군벌들이 이에 대응해서 영·미·불 등 외세와 같은 관계를 강화하게 됨은 물론이다).[10]

단 정부는 1917년 1월부터 18년 9월 사이에 은행, 전화, 철도, 금광, 산림, 무기 등의 현대화 명목으로 9개 종목에 걸쳐 1억

---

10) 馬場明男, 『中國近代政治經濟年表』, 日本國會刊行會, 1980.
'西原借款'은 일본 군부와 재벌의 중국 지배정책 추천을 막후에서 공작한 일본 낭인 니시하라 가메조오(西原龜三)의 성을 딴 것이다.

7,700만 엔의 일본 정부 차관을 받았다. 그밖에도 제철소 건설용 차관 명목으로 1억 엔이 약속되었다(결국 성립되지 않았지만). '서원차관'(西原借款)이라 불리는 이 차관은 사실상 담보도 없고, 상환 의무도 명시되지 않은 비밀차관으로서, 단기서 정부에 대한 정치적 뇌물이나 다름없었다. 차관의 명목상의 용도와는 관계없이, 그는 이 돈을 자신의 세력 확장을 위한 군사비와 행정비로 소비했다. 그밖에 일본 원조로 새로 무장 편성된 3개 사단의 정규군을 추가했다. 그것은 일본 군대의 직접 투입 없이 일본 정부를 대리해서 중국 민중의 저항을 탄압하고 반혁명적 무력을 통합하는 목적에 사용되었다. 일본은 북경 정부를 행정·재정적 측면에서 장악한 데 만족하지 않고 1918년 5월에는 '일·화 공동 방적(防敵) 군사협정'을 체결했다. 이것으로 단 정권은 중국 내의 군벌들과 민중에 대한 일본의 압도적 뒷받침을 확보하게 된 셈이다. 동시에 일본은 군사적으로 중국을 요지부동하게 틀어쥘 기초를 완성했다.

이상과 같은 국가의 운명 앞에서 애국적 중국 지식인에게 요구되는 사상과 실천양식은 분명했다.

5·4운동과 중국 지식인의 각성

중국 인민은 제1차 대전을 마무리짓는 파리강화회의가 일본의 '21개항 요구'를 물리쳐주리라는 데 한 가닥 희망을 걸고 있었다.

1919년 5월 1일, 전승 열강이 중국의 희생 아래 일본의 중국 지배를 기정사실화하는 21개항의 요구를 거의 그대로 승인했다는 소식이 전해지자 그와 함께 제국주의 열강들과 각종 밀약과 군벌 정부 및 낡은 지배계급의 숨겨졌던 매국 행위의 내용들이 속속 백

일하에 드러났다. 중국 인민의 분격은 5월 4일 북경 학생들의 국권 수호와 군벌·매국노·국적(國賊)의 제거, 청도(靑島)의 반환과 21개항 요구의 거부를 외치는 대규모 시위운동으로 폭발했다.

지식인과 학생의 애국운동은 두 방향으로 분출했다. 안으로는 외세와 결탁하고 외세의 대리인 역할을 하는 부패 무능한 군벌 지배세력과 봉건적 수구세력 및 봉건적 요소들에 대한 투쟁이었다. 밖으로는 군벌세력을 무기 원조와 차관으로 매수하여 갖은 명분을 앞세우면서 중국의 예속화를 제도화하려는 제국주의에 대한 방위적 내셔널리즘이 폭발했다.

5월 7일의 '국치일'을 기다릴 수 없어, 4일에 '반봉건·반제국주의'의 횃불을 치켜든 북경 시 학생들의 시위는 군대의 일대 탄압을 받았다. 군부세력의 학생 탄압은 3일 후의 국치 기념일에 북경 시민 1만이 합세한 '국민대회'로 확대되었다. 상해를 비롯한 전국 주요 도시의 학생이 이에 호응했다. 군벌정권은 구미 제국 및 일본 등 정부의 압력에 따라 제국주의 반대 연설과 시위에 계엄령으로 대응했다.

외국 정부와 외국의 산업·금융 이권들을 위한 대행 권력인으로서 군벌 정부의 실체가 분명하게 인식됨에 따라 북경 학생운동은 전국 지식인운동으로 확대되었을 뿐만 아니라 전국의 150개 도시들에서 학생·노동자·상공인의 연합전선이 형성되었다. 대도시 노동자들이 '전국총공회'(全國總工會) 조직을 전개함으로써 중국에서 최초의 현대적 노동조합 세력이 등장하는 것이 바로 이때다. 황제를 꿈꾸던 원세개는 이 와중에 사망했다.

원의 사망에 이어서 정권을 쥔 일본 육군사관학교 출신인, 친일파 단기서 군벌정부 각료들의 관저가 학생들과 시민의 습격을 받았고, 일본 천황의 사진을 거실에 모셔놓고 있던 각료의 저택은 방화되었다. 1개월 사이에 전국 도시가 반군벌·반제국주의 운동으로 마비되었다. 정부는 6월 10일, 친일 매국조약 협상의 책임 각료들을 파면하는 제스처와 파리강화조약 조인 거부를 선언하지 않을 수 없었다. 중국의 지식층과 노동자들의 연합 역량은 승리했다. 학생운동에서 확대된 민중운동은 그 후 전국으로 확대되고 또 뿌리를 깊이 내리게 되었다.

5·4운동이 우리 나라의 3·1운동 바로 두 달 뒤에 일어난 사실은 단순한 우연이 아니다. 아직도 하나의 속방 정도로 생각하고 있던 조선의 민중이 일본 제국주의에 맨 가슴으로 대항한 용기가 중요한 촉매제가 되었다. 5·4운동 기간의 첫날부터 당시 조선 민족의 영웅적 행동은 중국인의 무력감에 예리한 자극제가 되었다. 5·4운동의 봉화를 올린 5월 4일 오후 1시 북경대학생들의 최초의 집회에서 낭독된 역사적 선언문은 이렇게 되어 있다.

우리의 가장 친애하는, 가장 경복(慶福)하는, 가장 뜨거운 피가 끓는 동포들이여!

우리는 지금 죄 없이 욕을 당하고 고통을 참으면서 일본인과의 밀약의 위험하에 놓여 있다. ……이 포악이 우리를 모멸하고 억압하고 노예화하고, 소·돼지처럼 만들려고 하는 음모를 눈앞에 보면서, 어찌 만사(萬事)에 일생을 구하는 부르짖음이 없을 수 있단 말인가!

프랑스인은 알자스 로렌을 놓고 "회복이 아니면 차라리 죽음을 달라!"고 외치고 있다. 나라를 잃은 조선의 민중은 "독립이 아니면 죽음을 달라!"고 외쳤다.

국가의 존망, 국토의 찬탈에 직면한 민족으로서 일대 결단을
내려 최후의 궐기를 하지 못한다면, 그것은 20세기의 열등 민족
이며, 민족으로서 더불어 논할 가치조차 없다.[11]

다른 선언문들도 조선 민중의 외침을 인용한 뒤에 "우리가 조선
인들보다 못하단 말인가!"라고 절규하고 있다.

5·4운동의 첫발부터 학생운동의 최고 지도자의 한 사람이었던
당시의 북경대학생 허덕형(許德珩)은 5·4운동의 이념적 지침으로
제기한 「5·4운동과 청년의 각오」라는 긴 논문의 중간 부분에서 이
렇게 외쳤다.

······. 희생은 인류가 행복을 추구하는 수단이다. 희생 없이
행복이 하늘에서 저절로 내려와 떨어지는 법은 없다. 조선인을
보라. (민족)자결이라는 한마디를 위해서 죽음을 당하고, 투옥
되고, 망명을 강요당한 자의 수 이루 헤아릴 수가 없다. 그들은
피와 알몸으로 총알을 이기려 했고, 민중의 힘으로 군대에 대항
했다. 이 희생이야말로 진정한 용기가 아니고 무엇인가. 그들은
무엇을 위해서 이토록 많은 희생을 치렀는가? 동포를 위해서
자유를 싸워 얻으려 했고, 행복을 갈구했던 것뿐이다. 우리의
신해혁명도······.[12]

(40년 후, 우리나라 4·19학생혁명이 그해 8월 터키에서, 가
을에는 일본에서, 그리고 그 얼마 후에는 미국, 프랑스, 서독 등

---

11) 龔振黃 編, 『靑島湖』, 1916.
12) 『國民雜誌』, 제2권, 제1호, 京北, 1919년 11월호.

에서 60년대를 성격짓는 전 세계적 학생혁명과 지식인·노동자 운동의 물결을 일으킨 전원이 되었던 사실과 아울러 생각할 만한 일이다.)

이 정신은 대학생 허덕형 한 개인의 생각이라기보다는 5·4지식인과 학생의 최대공약수적 '시대정신'이었던 것 같다.

이 시기의 '지식인'은 오늘날의 개념과는 달리 중학생과 대학생을 말한다. 문맹률이 90퍼센트를 넘는 현실에서 당시의 중학생은 3·1운동 당시의 한국에서와 마찬가지로 지적·사상적으로 각각 지방의 지도적 인텔리겐차였다.

이 글이 고찰하는 기간의 끝 해인 1923년 말 현재, 중국 인구 4억 4,090만 가운데 중학생은 21만 명, 대학(전문학교)생은 겨우 3만 5,000명밖에 되지 않았다.[13]

당시의 중국 총인구 4억 5,000명에 대해서 중학교 학생 수의 비율은 0.0525퍼센트, 대학 전문학생의 비율은 더욱 낮아서 0.0086

	학교수	남학생	여학생
대학 및 전문교	120	34,538	904
중학교	535	106,085	5,728
사범학교	270	33,848	8,763
각종 실업교	142	18,047	1,868
합계	1,067	192,516	17,263

* 鈴江言一, 『孫文傳』, 1931, p.267

---

13) 주 10) 의 연표.

퍼센트밖에 안 되었다. 1919년 5·4운동이 일어난 해의 비율은 그보다도 훨씬 낮았을 것이다(19년 이후 몇 해 사이에 고등교육기관이 대폭 증가했으니까). 이 통계의 풀이는 5·4운동 전후 시기의 중국의 학생이 차지하는 중국 사회에서의 지적·사상적 지위와 영향력이 얼마나 높고 강력했는가를 설명해준다. 그리고 이 학생 인텔리겐차의 사상과 실천적 행동양식이 중국의 운명을 족히 좌우할 만한 것이었음을 말해준다. 한편 이들 학생 지식인의 지적·사상적·실천적 형태는 몇몇 지도적 지식인의 사상에 크게 영향을 받았다. 이들 지도적 지식인들의 신사상 수용과 대응의 유형화 시도는 여기서 그 의의를 발견하게 된다.

사회경제적 조건

신문화·사상운동은 서구 자본주의적 문화의 도입과 수용을 목표로 한 것으로서, 중국의 봉건적 경제체제의 와해·몰락과 자본주의 생성의 전환기에 일어났다. 서구 선진 제국에서 신흥 자본주의적 제요소가 봉건제의 질곡에서 스스로의 해방을 요구하고 나설 때, 이 경제 변화에 대응하는 근대 계몽운동이 출현했음을 우리는 알고 있다.

중국의 경우도 마찬가지다. 청조 말기, 동양적 개명(開明) 관료인 이홍장(李鴻章), 장지동(張之洞) 등에 의해 원초적 자본주의의 경제적 토대가 놓여졌다. 그 후 제1차 세계대전(1914~17) 기간에 구미, 일본 제국주의 열강들이 전쟁 수행에 바쁜 나머지 중국에 대한 경제적 압력을 늦춘 그 공백기를 이용해서 중국에서 상당한 민족자본의 확장이 이루어졌다. 이 시기의 중국 민족공업(주로 방적업)이 상당히 빠른 기반 확장을 이룩한 추세의 한 예로서 중국인 소유 생산회사의 다음과 같은 투자 추세를 들 수 있다.

연도	회사수	자본총액(원)
1912	531	54,808,205
1913	565	49,875,160
1914	641	62,108,218
1915	644	106,901,214
1916	685	132,779,808
1917	577	128,243,723

　정치적 국면에서는 손문 등의 국민당 정치혁명의 거듭된 실패와 원세개 군벌체제의 흥망의 소용돌이 속에서도 이 같은 민족경제의 확장은 지속되었다. 이 같은 경제적 추세는 필연적으로 사회적 변화를 수반하게 마련이다. 따라서 '신문화운동'은 앞장(정치사상적 상황)에서 살펴본 바와 같은 정치적 상황에 대한 중국 지식인의 각성과 병행하여 이와 같은 사회경제적·시대적 환경의 필연적 소산으로 보아야 할 것이다.

　그렇기는 하지만, 이 시기의 중국 지식인 계층의 거의 순간적이라고도 할 만한 급격한 사상적 각성과 그 역량의 눈부신 고양은 사회의 물질적 토대의 변화보다는 정치적 상황에서 더 큰 원인을 찾는 것이 타당할 것 같다. 지식인의 실천적 관심의 주 대상이 경제적 발전의 측면에 대해서보다 학문·지식·사상적 측면에 훨씬 날카롭게 투영되었던 사실에서도 그것을 알 수 있다. 그들은 이른바 하부구조적 개혁이나 진보에 작용하기보다도 상부구조적 혁명에 모든 에네르기를 투입했던 것이다. 오늘날 후진국가들에서의 개혁운동은 경제적 발전을 앞세우는 관료경제 지식인 계층의 주도하에 이루어지는 일반적 형식과는 대조적인 사상적 성격을 두드러지게 보인다. 관념의 혁명이 목표였던 그들의 변혁운동(현대화)은 급진적일 수밖에 없었다. 신문화운동의 개화(開花)에 씨를 뿌린 사상적 선구자들이나, 운동 자체를 향도한 그 제2세대적 사상 지도자들 중에서 역사적 전진 속도를 따르지 못하고 낙오하거나 구체제로 되돌아가거나, 심지어는 반동화하여 역동하는 역사의 수레바퀴에 분쇄되어버린 경우가 허다히 생겨난 것이 바로 그 때문이다. 그 각각의 경우가 사상적·실천적 행동양식의 몇 가지 유형을 빚어내게 된다.

역사적 전진과 지식인의 반응 유형

그러면 그들은 민족사의 대전환점에 직면해서 어떻게 반응했는가? 구체제 복구파로 전향한 지식인 중 청말·민국 초에 걸친 시기의 중국 근대화 사상의 '거봉'은 양계초다. 그는 역사가, 사상가, 학자, 언론인, 계몽가, 정치인 등 지적 활동의 전 분야에 걸친 대선배로서 강유위와 더불어 1910~20년대 중국 지식인의 '사표'로 추앙되는 인물이다. 그는 강유위 및 담사동과 함께 청말의 신정(新政)·변법·유신·계몽운동을 선도했다. 그는 모반과 망명의 길을 번갈아가면서 선구자가 겪는 온갖 형극의 길을 걸었다. 그는 망명처(일본)와 국내에서 수많은 신문, 잡지의 간행과 예언자적 문장을 통해서, 19세기 전환점의 전후 시기를 통해서 일세를 풍미한 위대한 계몽사상가였다. '중국의 루소'라고 평하는 말도 결코 과장이라고 할 수 없을 만큼 그는 독보적 존재였다. 그는 20년대의 '질풍노도'를 몰고 온 '신사상의 아버지'로 불린다. 5·4운동의 지도자들은 그들의 사상 형성 과정에서 양계초에게 받은 원초적 영향을 고백하는 점에서 일치한다. 훨씬 훗날의 모택동도 중학생 시절 양계초의 논문들을 거의 암송할 만큼 탐닉했던 탓에, 자신의 문장이 양계초의 모방이 되어 선생에게서 힐책을 당할 정도였다고 술회했다. 곽말약(郭沫若)도, "찬성이냐 반대냐"는 접어두고 "우리 세대의 사람으로서 양계초의 신사상 논리, 문장의 세례를 받지 않은 지식인은 없었다"고 말했다.

그러나 양계초의 현실적 역할과 존재 이유는 청조 타도와 민국 수립으로 한계에 달했다. 그 자신과 그를 대표자로 하는 계보의 지식인 세력의 역사 인식은 '전현대적'이었다. 그들의 정치개혁 사상도 외부적 위협에 반응하는 한도의 것이었다. 그러기에 그 단계를 넘어선 신문화운동, 즉 사상적 혁명의 단계에 이르자, 국권을 담보로 하여 외국 열강의 차관에 의한 군사력과 경제력의 강화, 다시 말해서 '부국강병'론자의 한계를 벗어나지 못했다. 그것은 양계초의 사상적 지도가 필요했던 청말의 철학이었다. 20년대의 중국에 필요한 것은 이미 그것이 아니었다. 한때의 '예언자적' 선각자는 자신이 촉발한 개혁 에네르기와 자신의 사상 세례로 자란 제자, 후배들에게 '추월'당하고 말았다. 후세들의 전진이 그의 인식 한계를 넘자 그가 급격히 반동화하는 것을 보게 된다.

엄복도 궤도를 같이한다. 그는 청말에 영국 해군학교에 유학하여 일찍이 서양 문물과 사상을 접했다. 귀국해서는 해군장교로서가 아니라, 능숙한 영어를 수단으로 서양 사상서적의 번역·출판을 통해서 중국인이 눈을 뜨게 하는 데 굉장한 업적을 이룬 선구자다. 양계초가 토착적 신진사상가라면 엄복은 '양화사상'(洋化思

想), 즉 합리주의 사상의 선각자다. 그는 다윈의 '진화론'을 첫 사업으로 하여 T. H. 헉슬리의 『진화와 윤리』, 애덤 스미스의 『국부론』, 몽테뉴의 『법의 정신』, J. S. 밀의 『자유론』을 비롯한 100여 종의 저명한 서적을 번역 전파함으로써, 전통적 사상에 잠겨 있던 중국인의 눈을 뜨게 했다. 그는 일생 동안 이 번역사업을 애국운동으로 삼고 오로지 그 길에 전념한 지도자다. 그의 시종일관한 지성인다운 실천양식은 인간적 위대함의 일면으로서 지극히 높이 평가되어 마땅하다. 민국 초와 20년대 신문화·사상운동의 기수라 할 수 있는 노신, 호적 등이 자신의 역사적 역할을 깨닫게 되는 가장 크고 직접적이며 중요한 동기가 강유위나 양계초의 영향보다도 엄복이 전달해준 서구사상임을 한결같이 고백하고 있는 데서도 알 수 있다. 그는 확실히 독특한 유형의 '인텔리'로서 초기의 공로가 중국 근대사의 한 분수령 위에 찬란히 빛나는 선구자다.

유사배는 이름난 고증학자로서 청년시절에 반청 혁명운동에 가담하면서 아나키스트가 되었다. 지금도 중국 아나키즘의 시조로 그를 꼽는다. 신문화운동과 그 후 20,30년대 중국혁명의 조류는 자유주의, 사회주의, 아나키즘 등 여러 저류(底流)로 구성되는데 그의 사상, 그의 세력의 실력, 행동 우선주의적 경향은 군벌과 국수주의자들에게 다른 세력들의 그것에 못지않은 위협이 되었다. 유사배는 중국에 마르크스 철학과 사상이 도입되기 훨씬 전의 현실 타파적 서구사상의 일정한 현실적 적용을 시도한 지도자의 한 사람으로 꼽힌다. 이대교에 의해서 1918년에야 전통사상과 제도에 대한 대치사상이 중국인 지식인들을 사로잡기에 앞서서 실천적으로 시험된 이론이었다. 특히 일본의 다이쇼시대에 일본 지식인들에게 파급되었던 무정부주의를 수용한 그의 사상은 중국 농촌 개혁운동을 지향하는 젊은 지식인들에게 방법론으로 제시되기도 했다.

위와 같은 유형의 지식인들은 정도의 차이는 있으나 사회적 기반과 가치관은 엄격히 말해서 '위계질서'적 도덕관과 안정의 미덕에 깊이 뿌리박고 있었다. 손문 혁명은 어떤 의미로서건, '민주주의'와는 먼 것이었음에도 불구하고 혁명에 의한 급격한 변혁과 공화와 민주의 '시민사상'이 그들에게 파괴와 혼란으로밖에 인식되지 않은 것은 어쩌면 당연하다 할 것이다. 또 그들의 개혁사상에도 한계가 있었다. 그들이 그리는 새로운 지도세력은 어디까지나 의식개혁을 이룬 현존 지배계층의 지배질서이지 몽매한 민중의 평등한 지위와 권리를 행사하는 그런 사회상은 아니었다. 그들의 선각자적 위치가 민중과는 너무도 거리가 멀었던 까닭에 지배계급의 교체 같은 것은 상상하기 어려운 것이었다. 한마디로 말해서 체제 내적 개량이 목표이지 '혁명'에 찬동했던 것은 아니다. 당시 손문의 국민당 혁명도 그 실체는 기득권자와 지배계층 출신 분자 소수의 "직업적 혁명가"들에 의한 것에 불과했는데 그들은 그것을 '우중(愚衆)의 통치'로 배격하게 되었다.

이렇게 해서 양계초는 민주공화제 타도를 음모하는 군벌 원세개 정권의 사법총(부)장, 재정총(부)장이 되어 그의 지식과 명성을 제공하게 된다. 그 목적을 위해서 그가 창건한 정치조직이 '민주당'이고 '진보당'이다. 그에게 중국 국민은 우중(愚衆)으로밖에 보이지 않았다. 우중에게는 그들을 통제할 전제적 권위가 필요했다. 그것은 곧 원세개가 '황제'가 되는 일이었다.

민주당과 진보당에 규합된 어용 지식인, 기득권자들은 공화제를 폐하고 '제정'의 복구를 추진한다. 주안회(籌安會)의 발기가 그

것이다. 그 '발기선언문'을 통해서 그에 속하는 지식인들의 시대 역행적 사상을 엿볼 수 있다.

주안회 발기 선의(宣議)(1915.8.15)

① 청실(淸室) 퇴위 이후 민국정부하에서 국가는 위기에 처하고 국민은 큰 고통을 겪었다.

② 민주공화제로 바꾼 브라질, 아르헨티나, 베네수엘라, 포르투갈 등 모든 나라가 혼란을 겪고 있다.

③ 미국의 대정치학자 굿노우(F.L.Goodnow) 박사도 세계에서 가장 이상적인 국체는 군주제도라고 주장한다.[14]

④ 민주공화체제를 주장하는 사람들은 따라서 비애국자이고, 우리들이 진정한 애국자다.

— 발기인 양도(楊度), 손육균(孫毓筠), 엄복, 유사배, 이섭화(李燮和), 호영(胡瑛).

양계초는 여기에 연서하지 않았다. 그에게는 원세개의 친사(親使)가 여러 번 왕래했으나 황제 등극에는 찬성하지 않고 낙향해버렸다. 그러나 원세개의 제정 복고와 황제 야망을 이론과 영향력으로 키워준 책임을 면하기 어렵다. 엄복과 유사배는 여기까지 그 위치를 전환한 것이다.

이들 왕년의 신사상 지도자들은 말년에 반동 지도자로서 모든

---

14) 굿노우는 미국 프린스턴 대학 정치학 교수로서 원세개의 정치고문으로 있었다. 그는 중국인의 지적·정치적 수준이 공화민주제를 할 수 없으므로 중국에 가장 적합한 정체는 제정이라고 원세개를 옹호하는 대외 홍보선전 활동을 열심히 전개했다.

진보 정신에 대항했다. 제정 복구, 유교의 국교화, 공자의 국제(國祭)제도와, 충·효·예 사상의 사회종교화 및 교육이념화, 언론·출판·집회 등의 철저한 검열과 통제 실시, 진보적 교사의 파면(북경대학의 예), 군벌 독재체제의 옹호, 서구 사상의 금압 등 조치가 그것이다. 민중의 언어, 백화문(白話文)의 교육과 통용에 대한 반대가 한마디로 이 유형의 지식인들의 모든 것을 말해준다.

진보의 보루, 북경대학 지식인

현대 중국의 신사상운동의 진원은 언제나 북경대학이었다. 북경대학에 학문적·사상적 진보의 영예를 안겨준 지식인은 수없이 많지만, 유형적으로는 학(총)장 채원배와 그 유형을 들어야 할 것이다. 북경대학의 그 같은 영예스러운 역할과 관련해서 지적해야 할 것은 그 대학의 특성이다. 이 대학의 교수·직원·학생은 한결같이 진보적이었던 것이 아니라 진보와 보수, 심지어는 극렬한 반동의 모든 지적·사상적 경향(인재)을 고루 보이고 있었는데 그들을 관용했던 그 학풍의 자유가 중요하다.

이 시기 중국의 대학들은 몇 가지로 성격화된다. ① 현대화한 토착적 계층, ② 의화단 사건(1900)의 배상금을 서구 국가 정부들이 반환한 것을 기금으로 하는 계통, ③ 신해혁명 후의 군벌지배층 계통, ④ 일·영·불 등의 후원에 의한 계통 ⑤ 주로 미국 선교단 계통 등이다.

계통이 다른 대학의 학풍은 1920년 북경대학 초빙교수로 1년간 중국 교육계를 현지에서 관찰한 버트런드 러셀의 평으로 알 수 있다.

낡은 전통적 교육은 군벌, 일본, 영국 등 계통의 대학으로서 보수주의를 대표한다. 미국계 교육기관은 자유주의를 표방하고 있다. 한편 토착적(중국인 자신들에 의한) 근대교육은 이론적이 아니라 하더라도 실제적으로는 사회주의적 경향을 대표하고 있다.[15)]

저명한 객관적 옵저버의 관찰을 통해서 당시 북경대학의 학문과 사상적 분위기를 이해할 수 있다.

현대 중국의 중학·대학들에서는 중국 외의 나라들에서 흔히 보는 것과 같은 광신적 국가지상주의 강압적 주입교육을 하지 않는다. (여기서는) 학생들이 자유롭게 사고할 수 있도록 가르치며 지배자에게 이용되는 관점에서가 아니라 학생 자신의 사고력으로 판단하게 지도하는 학원 분위기가 되어 있다. 일류의 우수한 중국인들 사이에 진실로 아름다운 지적인·무사(無私) 행위가 숭상되고 있다. 내가 담당하는 북경대학 학생들로 구성된 세미나에서 제기되는 토론은 언제나 총명·성실·대담하다는 점에서 어느 나라 대학생에게도 뒤지지 않는 것이었다. 학생들은 서구의 지식을 흡수하려는 데 정열적이지만 서양의 악덕, 병폐를 받아들이기를 거절한다. 그들은 과학적이기는 하되 기계주의적이기를 바라지 않는다. 공업화를 열망하지만 자본주의적이기를 원하지 않는다. 중국의 교사들 중에서 가장 우수한 자들은 거의가 사회주의자들이고 청년들 역시 그러하다.[16)]

---

15) Bertrand Russel, *Problem of China*, London, 1922, 13.

신문화운동 시대 중국의 학생·지식인·청년의 자유·진취적 사상은 이 같은 북경대학의 학풍을 모범으로 한 것이었다. 그리고 그 명예는 채원배 학(총)장의 것으로 돌려지고 있다. 그는 현실과의 관계에서 지식인의 의식과 실천의 모범자로서 존경받았다.

채원배는 구체제 말의 진사(進士)로 한림원에 들었지만 개량주의적 무술변법의 실패를 보고 그 직위를 사퇴하고 곧 혁명 단체 '광복회'를 창립, 혁명운동에 투신했다. 독일유학 중(1907) 신해혁명이 일어나자 곧 귀국하여 공화정부의 첫 교육총(부)장으로서 자유주의적 후진교육의 책임을 맡았다. 그러나 그는 원세개의 독재화에 반대하여 사임하고, 두 번째 독일유학 중 원세개의 죽음(1916)으로 신정부의 청에 응하여 현대 중국 지도자 양성의 중심인 북경대학 총장에 취임한다. 취임 즉시, 해외유학을 마친 신진 기예의 유능한 인재를 대량으로 초빙하여 대학의 기풍을 일신했다. 노신, 이대교, 호적, 진독수 등은 그중 대표적인 교수들이다.

반봉건·반군벌·내셔널리즘 운동으로서의 5·4운동은 채 총장 없는 북경대학이었다면 불가능했을지 모른다. 채 총장은 5·4운동의 소용돌이 속에서 군벌정권에 의한 학생의 구속, 투옥, 처벌에 단호히 반대했다. 그로 인해서 일단 북경대학 총장직에서 파면되고도 군벌의 부당한 학원 탄압에 굴하지 않았다. 북경 지식인 운동이 전 국민운동으로 지지를 받게 됨에 따라 군벌 정부는 그를 다시 총장으로 재임명하지 않을 수 없었다.

채원배는 후일 국민당 정부의 당중앙의원, 감찰원장의 요직을 맡았듯이, 사회주의자가 아니라 시종일관 서구적 진보사상에 투

---

16) 주 15)와 같음.

철한 '투쟁적 자유주의자'였던 것이다. 그렇다고 그가 자기 교육 이념만 고집하는 편협한 배타적 지식인은 결코 아니었다. 그는 모든 사상과 가치관이 자기를 주장할 수 있는 권리를 평등히 인정한, 진실로 그 이름에 합당한 '리버럴리스트'였던 것이다.

1917년, 문화혁명운동이 제창되었을 때, 북경대학에 대한 보수세력의 압력과 공격은 극에 달했다. 사회주의자인 진독수와 미국 컬럼비아 신사인 리버럴리스트, 호적 같은 교수들이 모조리 '국적'(國賊)으로 규탄받았다. 채원배는 천 년이라는 시간의 무게를 가지고 공격하는 보수세력의 막강한 압력과 비난을 정면으로 받으면서 그들 교수의 파면 요구를 거부했다. 채원배는 그러나 그와 동시에 북경대학에서 가장 격렬한 복고주의적이고 반동적인 전통학문의 교수와 그들의 강좌도 마찬가지로 학문과 사상의 자유의 입장에서 진보파 교수와 학생들의 규탄으로부터 온몸으로 변론했다. 그는 이상과 도리와 자유정신을 위해서는 어떤 비학문적 압력에도 굴하지 않는 고결한 인격과 신념의 소유자였다.

"북경대학은 사상적 자유의 원칙에 따라서 모든 사상과 주의를 아울러 포용한다." 이 교육원칙이 그의 유명한 '겸용겸포주의'(兼容兼包主義)였다. 어느 쪽으로부터이건 대학의 자율성의 침해를 묵인하느니보다는 싸우거나 용퇴하는 것이 채 총장의 지식인적 자세였다. 실제로 북경대학은 국립대학이라 중국의 최고 지도자의 온상이면서 온갖 극단적·대립적 이론, 주의, 사상들이 마음껏 경합하는 '백화제방 백가쟁명'의 보금자리였다. 그 당시 가장 치열한 진보파와 수구파의 논쟁도 북경대학에서 이루어졌다. 이 학풍이 전 중국 중학교·대학교의 모범이 되었고, 그와 같은 지적 분위기가 수호됨으로써 신문화·신사상운동이 현대 중국 역사 추진의 원동력이 될 수 있었다.

『신청년』과 지식인

중국의 현대적 사상혁명에서 또 하나의 지식인 진영은 잡지 『신청년』을 중심으로 한 문인들이다. 진독수, 노신, 호적 그리고 후에 이대교들이 이에 속한다.

흔히 알려져 있는 것과는 달리, 『신청년』은 이 시기의 유일한 자유주의적·진보적 평론지는 아니다. 그에 앞서서도 중국 현대의 정치·문화 사상사에 큰 흔적을 남긴 간행물은 한둘이 아니다. 그렇지만 가장 뛰어난 행동적 지식인들의 발표 수단으로서, 그리고 그 끼친 영향력이 월등함에서 그것은 가히 독보적 존재였음이 틀림없다. 모든 대학이 북경대학을 '핵'으로 회전했듯이, 모든 진취적 언론, 출판물은 『신청년』을 구심점으로 활동했다. 『신청년』은 전국 각지의 수많은 평론잡지들을 '위성'으로 거느리는 태양이라고 할 수 있었다.

『신청년』은 1915년 9월, 진독수에 의해서 『청년잡지』로 창간되어, 1917년 1월호부터 『신청년』으로 개제하여 1926년 7월 25일 휴간(사실상 폐간)할 때까지 11년간 여론 지도자(opinion leader)의 지위를 유지했다(휴간 전 마지막 5호는 부정기 간행).

『신청년』의 글로 눈을 뜨고 각성하게 된 전국의 젊은 지도적 지식인들은 『청년잡지』의 창간호 권두 「창간선언」에서 발행인 진독수가 제창한 '삼가 청년에게 고함'(敬告靑年)의 정신을 인생의 지도이념으로 삼았다.

① 노예적이지 말라, 자주적이어라.

② 보수적이지 말라, 진보적이어라.

③ 은둔적이지 말라, 진취적이어라.

④ 쇄국적이지 말라, 세계적이어라.

⑤ 허식적이지 말라, 실리적이어라.

⑥ 공상적이지 말라, 과학적이어라.

이 정신과 격문은 오늘날의 중국 청년 지식인들에게는 차라리 진부할지 모른다. 하지만 당시의 청년 학생들에게는 암흑 속에 번개와도 같은 눈부신 사상적 섬광이었다. 진독수는 사색에서 정지하여 행동하지 않는 지식인을 질타했다. 위의 6개 원칙의 제3항 "은둔적이지 말라, 진취적이어라"라는 마지막 말은 당시 중국의 지식인들에게 특히 감동적인 교훈이었다. 그는 이렇게 호소했다.

사람은 이 세상에 사는 한, 사회적 악과 싸워서 이겨야 할 것이지 불의에 정복되어서는 안 된다. 위험을 무릅쓰고 괴롭게 싸우며 살 것이지 사회의 불의에서 도피하여 안일과 한가 속으로 물러나서는 안 된다. ……나는 청년들이 톨스토이나 타고르가 되기보다는 콜럼버스나 안중근이 되기를 바라는 것이다.

다시 『신청년』으로 개제한 제2권 제1호의 권두언 「신청년선언」은 그 후 중국 지식인의 실천적 행동강령이 되었다. 한문 그대로도 쉽게 그 대의가 통하는 글이니 참고 삼아 그대로 옮겨본다.

我們望想的新時代新社會, 是誠實的·進步的·積極的·自由的·平和的·創造的·美的·和平的·相愛互助的·勞動而愉快的·全社會幸福的·希

望那虛僞的·保守的·消極的·束縛的·階級的·因襲的·惡的·戰爭的·軋
轢不安的·懶惰而煩悶的·少數幸福的現象·漸漸減少·至于消滅.

진독수는 원세개의 칭제(稱帝)와 국민당 제2혁명의 실패로 일
본에 망명한 후, 정치적 개혁보다 사상적 혁명에 의한 근본적 혁
신을 지향하여 상해에 돌아와 『청년잡지』를 창간했다. 그는 그 급
진적 자유주의 사상과 극렬한 전통 비판으로 군벌통치하의 암흑
속에서 방황하고 있던 청년·학생층의 지지를 얻었다. 그는 1917
년, 채원배 총장에게 초대되어 북경대학 문학부장으로 재직 중 신
문화운동의 적극적 지도자의 한 사람이 되었다. 그는 이 운동을
지도했다는 이유로 투옥되었고, 이어 교수직을 파면당했다.

1919년경부터 마르크스주의에 접근, 이대교와 함께 21년에는
중국공산당 창당의 주역이 되었다. 이 무렵부터 『신청년』은 친중
국공산당 경향을 짙게 나타낸다. 이 때문에 창간 동지이자 유력한
집필자인 호적과 같은 서구 자유주의 경향의 지도자들과 결별하
게 된다. 그러나 그 이전 기간의 『신청년』은 정치적 주장이나 비
판은 피하고 '이론·문예·사상 비평지'로서만 활약했다. 정치와
현실 비판은 자매지인 『매주평론』이 담당했다.

『신청년』계 지식인의 신문화운동은 호적의 백화운동으로 그 공
격의 포성을 울렸다. 미국 컬럼비아 대학에 재학 중인 호적이 『신
청년』 1917년 1월호에 문어(文語)를 버리고 백화(민중어)를 쓰자
는 논문 「문학개량 추의」(文學改良芻議)를 투고하자, 문학·문화·
사상의 대중화 운동의 논쟁이 벌어졌다. 진독수는 그 제의를 받아
들여 적극 지지하는 동시에 그 바로 다음 호에 「문학혁명론」을 써
서 문제의 차원을 한 단계 높였다. 호적이 촉발하고 진독수가 격

화시킨, '백화운동'과 논쟁은, 오랜 침묵을 깨고 작가 노신(周樹人)이 1918년 5월호에 백화로 된 최초의 문학작품 「광인일기」(狂人日記)를 발표함으로써 전국화했다. 「광인일기」는 중국 사회의 예교(禮教)의 허위성과 그것에 길들여지고 병들어버린 중국인을 고발함으로써 공자, 예교, 전통윤리 전반에 대한 비판운동을 불러일으켰다.

호적의 백화론은 단순히 '어문일치'의 제안이라기보다는 어려운 문어로 대표되는 중국의 전통사상, 제도, 문화 전반에 대한 비판의 일환으로 제기된 것이었다. 그러나 호적의 의도는 그의 논문 이름이 말하듯이 문학의 '개량'을 위한 몇 가지 초보적 의견에 지나지 않았다. 이 온건한 문학 개량의 주창을 더욱 근본적인 정신혁명에 결부시켜 '문학혁명'으로서 전면적 변혁의 원동력으로 삼자고 주창한 것이 진독수다. 둘의 문학 논의가 고조된 뒤를 이어 발표된 노신의 「아큐정전」(阿Q正傳)은 개혁을 지향하는 젊은 지성인을 열광시켰다. 노신은 이 작품을 통해 중국인의 병든 국민성과 비열성을 짓궂을 정도로 중국인의 눈앞에 벗겨 보임으로써 민족성 개조의 일대 자극제가 되었다. 일찍이 일본유학에서 배운 의학의 해부학적 수법으로 묘사된 중국인의 상(像)은 중국인의 마음에 자신을 혐오하도록 하는 충격 효과를 일으켰다. 그 효과는 곧 중국인의 비열과 무력의 근본을 전통윤리에서 찾게 하고, 이로부터 해묵은 유교적 지배자의 논리를 타파하는 문화운동의 신호가 되었다.

『신청년』의 편집인 진독수는 북경대학의 문학부장이었고 호적은 철학부장이었다. 『신청년』과 북경대학은 이렇게 해서 중국의 문학·사상 개혁운동의 두 개의 바퀴가 되었다. 그 수레를 채원배

총장 이하의 진보적 교수들이 끌고, 20만 학생이 뒤에서 열광적으로 밀었다. 노신의 작품은 이 웅장한 '전차'(戰車)를 에워싼 전사의 병단(兵團)에 보내는 응원의 함성이었다.

『신청년』의 낡은 호의 목차를 볼 것 같으면 그 창간호에서부터 서구 사상을 번역 소개한 논문이 전체 내용의 3분의 1이상을 차지하고 있다. 그 모든 주제가 당시 새 지식인들의 지향이었던 데모크라시스와 사이언스(민주주의와 과학적 사고)에 관한 것이다. 그 시대정신은 이 잡지에서 다음과 같이 제창되었다.

> 덕선생(德先生, 데모크라시)을 모시려면 공교(孔敎), 예법, 정절, 구윤리(舊倫理), 구정치, 구관습에 반대하고, 새선생(賽先生, 사이언스)을 모시려면 구예술, 구종교·구사상에 반대해야 한다.[17]

그리하여 무제한의 서양사상이 소개되었고, 고대와 현대를 가리지 않았다. 중국의 구습·구윤리에 반대되는 것이라면 그 종류와 성격을 가리지 않았다. 그들의 사상적 선배인 엄복, 양계초, 유사배 등 기성 대가들이 이 풍조를 혐오하고 두려워하게 된 것을 이해할 수 있다. 그들은 인간해방에 겁을 먹었다.

신문화운동은 나아가 '국가'와 제도의 숭상에 대해서 자유사상, 시민의 권리, 비판정신 등 현대국가적 기본정신을 고창했다. 민주주의는 자본주의 사회의 윤리이며 과학적 정신은 그 혼령이다. 개

---

17) 德자는 데모크라시의 중국어 표기의 머리글자이고 賽자는 사이언스 표기의 머리글자이다. 둘을 합쳐 '德·賽先生'으로 관용되었다.

인주의와 비판정신은 인간해방의 주무기이며 자유경쟁체제의 기본조건이다.

앞서 언급했듯이 그것은 봉건경제가 자본주의 경제에 그 자리를 넘겨주려는 중국의 1910~20년대의 상층구조적 문화 변화의 필연적 표현이라 할 수 있다.

그러나 1918년에 이르면 중국 지식인의 상당수가 자본주의적 신앙에서 사회주의로 관심을 옮기기 시작한다. 『신청년』은 물론, 그밖의 평론지들의 목차 구성이 급격히 바뀌어감을 보게 된다. 1917년의 러시아 볼셰비키 혁명의 승리가 그 계기임은 물론이다. 다윈, 밀, 웨일스, 헉슬리, 아인슈타인, 베르그송, 듀이, 러셀 등의 이름과 함께 마르크스, 레닌, 트로츠키, 콜론타이, 샤이레만 등의 이름이 오르게 되었다.

이 단계에서 또 하나의 지도적 지식인 이대교가 『신청년』과 청년, 학생의 이론·사상적 리더 그룹에 참여하게 된다.

이대교는 일본에서 경제학을 했고, 유학 중에도 원세개의 제정 복구 반대와 일본의 20개항 요구 반대운동에 적극 참여했다. 그렇지만 글로써 『신청년』과, 그리고 그것을 매개로 전국 학생, 청년을 계몽하게 된 것은 비교적 뒤늦게였다. 이대교는 노신, 진독수, 호적 등과 동시기에 채원배 총장의 초빙을 받아 북경대학의 정치경제학 교수 겸 도서관 주임으로 있었다. 그때 시골에서 올라온 모택동이 나이 20세 청년으로 대학도서관 사서로 그의 밑에서 잠시 근무한 것은 널리 알려진 일이다.

1917년 러시아 2월혁명의 세계적 의의를 처음으로 파악한 중국인이 이대교였다. 러시아 2월혁명(양력으로는 3월)에 관해서 바로 그 달에 「러시아 대혁명의 영향」을 썼을 만큼 그는 당시의 지도적 지식인들 중에서 시대정신과 국제감각에 예민했다. 중국 지식인들은 다시 러시아 10월혁명의 의의를 그가 쓴 「서민의 승리와 볼셰비즘의 승리」를 통해서 알게 된다(『신청년』, 1918년 10월호). 『신청년』, 1919년 5월호는 중국의 잡지들 중 처음으로 '마르크스주의 특집호'로 지식인에게 전달되었다. 바로 5·4운동의 달이다. 진독수와 이대교는 1919년부터 20년까지 마르크스 이론에 관해서 집중적으로 썼다. 많은 지식인, 학생이 자본주의와 개인주의 외의 원리에 접하고 이를 정력적으로 수용하게 된다. 앞서 인용한 버트런드 러셀의 중국 대학 학풍과 교수·학생들의 경향에 관한 관찰과 지적이 바로 이 시기의 현실을 말한다.

마르크스주의가, 이처럼 중국의 장래를 위해서 암중모색하던 지식인들에게 강력한 호소력을 갖게 됨에 따라서 '신청년'과 그 주변 지식인들 세계는 분열이 생겼다. 호적의 '문학개량'론 단계에서 서구 자본주의적 자유주의(리버럴리즘) 입장에 선 호적은 진독수, 이대교와 결별하게 된다. 채원배와 노신은 그 중간적 입장을 택한다. 북경대학을 비롯한 전국의 중학생, 대학생과 청년 지식인들도 각자의 경향에 따라, 그와 같은 지도적 지식인들의 정점에서의 분열에 따라 하부에서 복잡하게 계열화되었다. 여기에는 물론 엄복, 양계초 등의 복고적 계열도 포함된다.

마르크스주의에 관한 논의가 지식인 잡지들의 주류를 이루게 되자 호적은 과감히 반격을 하고 나섰다. 그는 자신이 초기에 협력해서 키운 『신청년』과의 관계를 끊었다. 특히 5·4운동이 지식인만의 운동에서 노동자와의 연대로 전국적 민중운동으로 확대 고양됨을 목격하게 된 '문학개량'론 단계의 의식 수준의 서구적 자유주의 지식인들은 불안을 느끼게 되었다. 이렇게 해서 호적과 진독수 사이에 맹렬한 논쟁이 전개된다. 호적은 리버럴리즘의 입장을 대표하여, "주의를 덜 논하고 문제를 더 연구하자"(多研究些問題 少談些主義)고 비판했다(『每周評論』 제35호, 1919.8.17). 진독수는 즉각 이를 반박하는 글로 대응했다. 이것이 중국 현대사상사에서 유명한 '다연구·소담' 논쟁으로 알려진 것이다.

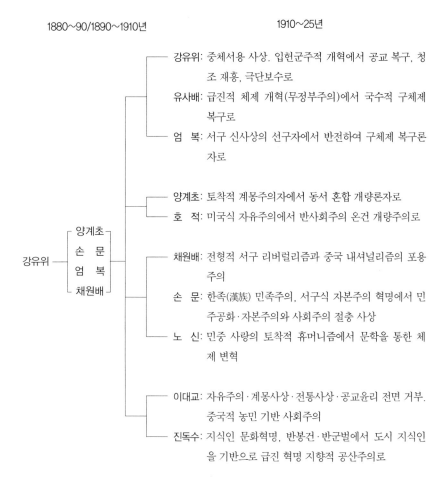

1880~90/1890~1910년   1910~25년

강유위
양계초
손 문
엄 복
채원배

강유위: 중체서용 사상. 입헌군주적 개혁에서 공교 복구, 청조 재흥, 극단보수로
유사배: 급진적 체제 개혁(무정부주의)에서 국수적 구체제 복구로
엄 복: 서구 신사상의 선구자에서 반전하여 구체제 복구론자로

양계초: 토착적 계몽주의자에서 동서 혼합 개량론자로
호 적: 미국식 자유주의에서 반사회주의 온건 개량주의로

채원배: 전형적 서구 리버럴리즘과 중국 내셔널리즘의 포용주의
손 문: 한족(漢族) 민족주의, 서구식 자본주의 혁명에서 민주공화·자본주의와 사회주의 절충 사상
노 신: 민중 사랑의 토착적 휴머니즘에서 문학을 통한 체제 변혁

이대교: 자유주의·계몽사상·전통사상·공교윤리 전면 거부. 중국적 농민 기반 사회주의
진독수: 지식인 문화혁명, 반봉건·반군벌에서 도시 지식인을 기반으로 급진 혁명 지향적 공산주의로

대체로 이상에서 '신문화운동' 시기 중국 지식인의 신사상 수용·발전·대응의 유형을 살펴보았다. 중국 현대 사상에서의 맥락과 계보를 다소 지나치게 단순화하는 흠을 무릅쓰고 상징적으로 보자면 왼쪽과 같은 도식화가 가능할 것으로 보인다.

이 도식화는 되풀이 강조하지만 다소 지나친 단순화로, 가치판단 없는 상대적 계열화의 시도일 뿐이다. 각각 인접한 경향의 지식인 사이에는 공통적 성격과 요소가 혼재하는 까닭에 엄밀한 유형화는 불가능하다. 그렇지만 그 같은 유보조건들을 전제로 한다면 이 시기 약 20년간의 역사적 대전환기에 있었던 중국 지식인을 대표하는 지도자들의 사상적·실천적 제도를 대강 조감할 수는 있다.

• 1984

3

심청이의 몸값

먼 베트남이라는 나라의 가엾은 백성들이 전쟁의 불바다 속에서 타 죽어가고 있던 무렵에 나는 옛 조선의 딸 심청 아가씨와 심청이를 사서 황해 바닷속에 집어넣은 중국의 소금장수를 생각했었다. 그렇다고 뭐 『심청전』의 현대적 해석이니 '중국 소금장수의 휴머니즘 재발견' 따위로 민속학계나 전통문학회를 깜짝 놀라게 하려는 생각은 아니니 안심해도 좋다. 이야기는 단순하고 허황되다. 아무럼 남의 나라의 죄 없는 백성들이 무더기로 타 죽어가는데 그 불행을 재료로 삼아서 학계를 놀라게 할 업적으로 삼을 수야 있겠는가. 그거야 중국 소금장수보다도 못한 악인이나 할 짓이지!

아무튼, 베트남전쟁이 해를 거듭할수록, 미워했던 그 중국인 소금장수에 대해 나는 존경심을 갖게 되었다. 그리고 베트남인이 더 많이 희생되는 과정에서 이 소금장수에 대한 나의 존경심은 거의 경외로까지 승화되었다. 통신사의 외신부장으로 베트남전쟁에 관한 기사를 매일 매시간 다루고, 쓰고, 생각하던 나는 가끔 펜을 집어던지고 벅찬 감정으로 외치곤 했다.

"심청이를 쌀 300석에 산 중국 소금장수, 만세!"

1970년 2월의 어느 날 새벽, 하루에 20여만 단어의 국제 뉴스를 홍수처럼 흘려 내보내는 텔레타이프 앞에서, 그리고 산더미처럼 쌓이는 뉴스더미 속에서 나는 정신없이 중요 뉴스를 골라내고 있었다. 그날의 신문들에 깜짝 놀랄 만한 기사들을 고르고 다듬어서 전해줄 작업을 하는 숨가쁜 시간이었다.

'특보'니 '지급전'(至急電)이니 하는 요란스러운 뉴스를 골라내느라고 바삐 움직이던 나의 손과 눈동자가 한 작은 기사에서 딱 멈추었다. 그것은 특보도 아니고 지급전도 아닐 뿐더러, 큼직한 기사들 사이에 끼어 있는 4행의 '쓰레기 뉴스'였다. 사실은 뉴스일 수도 없는 것이었다. 넉 줄짜리 기사 따위는 사실 그 바쁜 시간에 들여다볼 필요도 없는 것이다.

뉴욕에 본사를 둔 미국의 대통신 AP의 편집국장은 아마도 버리려다 말고, '특보' 기사가 들어오는 것을 기다리는 동안의 '시간 메우기'로 무심코 흘려 보냈을 것이 틀림없었다. 기사에도 우람한 것이 있고 초라한 것이 있다.

그 초라한 쓰레기 기사에 나의 바쁜 눈알이 돌다 말고 딱 멈춘 까닭은, 그것이 '사이공 발(發)'이었기 때문이다. 나는 '사이공 발' 기사라면 베트남전쟁 기간 동안 아무리 초라한 것이라도 무심히 넘기지 않았다. 그 쓰레기 기사는 이런 내용이었다.

The United States Government paid to Cambodian Government yesterday $11,400 as a compansation to the 35 Cambodian farmers who had earlier been killed by American fighter bomber which had crossed the borders and bombed the village 'by mistake'.

베트남에서 출격한 미국 전투폭격기들이 '실수'로 국경선을 넘어 들어가, 캄보디아의 시골마을을 '실수'로 폭격하여 폭사시켰던 35명의 캄보디아 농민의 생명에 대한 배상금으로 미국 정부가 1만 1,400달러를 캄보디아 정부에 지급했다는 것이다.

국민학교에서 대학까지 나는 수학이라면 딱 질색이어서, 무엇이건 숫자만 나오면 비실비실 비켜서는 버릇이 있다. 숫자가 나온 것을 보고는 찔끔했지만, 인간의 목숨값에 대한 나의 흥미가 순간적으로 고개를 들었다. 작업의 손을 잠시 멈춘 나는, 외신기자 두루마리 종이의 그 쓰레기 기사 옆의 공백에 나누기 계산을 해보았다. 답은 생각보다 쉽게 나왔다.

캄보디아인의 생명과 신체의 값=1인당 325.71달러

캄보디아 통화와 미국 달러화의 환율을 찾아볼 시간은 없었다. 뭐, 그럴 것까지도 없다. 우리 돈으로 환산해보는 게 좋겠다. 또 계산을 해보니 답이 나왔다.

캄보디아인의 생명과 신체의 값=1인당 약 9만 7,000원

캄보디아 농민의 목숨값을 325달러나 치다니, 이건 미국 정부의 무슨 '실수'일 것이다. 베트남전쟁에서 미국 전폭기들이 곧잘 '실수'로 남의 국경을 넘고, '실수'로 농촌마을을 폭격하듯이 이 배상금의 캄보디아인 목숨값 평가 역시 '실수'의 결과일 것이라고 생각했다. 그렇게 많이 줄 까닭이 없지 않은가!

나는 그날 아침의 일을 끝내고 날벼락으로 죽어간 캄보디아 농민들에 관해 생각했다. 그렇게 거액의 배상금을 안 주어도 되는 '과학적' 근거를 나는 생각하고 있었다. 두 가지 근거가 생각났다. 한 이야기는, 최근에 어떤 미국인 과학자가 인간의 신체를 정밀하게 해부한 결과, 인간의 화학물질적 가치가 2달러 70센트라는 놀

라운 발견에 도달했다는 기사를 보고서다. 이 과학자의 과학이론
적 분석 방법은 정밀하기가 아주 경탄할 만한 것이었다. 그에 의
하면, 인간을 칼슘, 지방, 인 등의 순수 화학성분으로 물질화해보
니, 그 값이 겨우 2달러 70센트에 지나지 않더라는 것이다. 인간
이 이렇게도 무가치하다니!

캄보디아인의 목숨값으로 325달러는 미국인 학자가 과학적으
로 계산해낸 기준에 따르면 100배가 넘는다. 미국인들의 눈에야,
그까짓 땅 파먹고 사는 두더지 같은 캄보디아 농민의 여윈 몸뚱이
에 미국인 과학자의 인간가치 기준인 2달러 70센트어치보다 더 많
은 지방분, 칼슘분, 인분 등이 들어 있을 까닭이 없을 터인데 말이
다. 그런 한심스러운 아시아 농민의 목숨과 몸값으로, 9만 7,000
원을 지급하다니! 아메리카 합중국 정부가 '실수'로 그렇게 했다
하더라도 그 미국인 과학자보다는 '인간의 존엄성'에 경의를 표했
다는 증거다. 아메리카 정부의 온정을 고마워해야 할 까닭이 또
한 가지 있다.

몇 해 전의 일이다. 미국군의 전폭기 편대가 역시 '실수'로 베트
남 농촌마을을 폭격했는데, 그때는 죽은 베트남인 1인당 위자료로
3달러씩을 지불했던 사실이 있으니까. 베트남에서 미국의 민간인
마을 폭격은 반드시 '실수'라는 것을 알면 당신의 마음은 가벼워
질 것이다.

희생자가 백인이건 황색인이건, 어떤 나라의 정부가 그 희생자
의 목숨값을 올렸다는 사실을 알면서 마음이 흐뭇해지지 않는 황
색인이 어디 있겠는가! '황색인 만세!'다.

그런데 미국 정부의 온정에는 그보다도 더 특별히 감사해야 할
또 다른 이유가 있다. 그것을 이해하려면 약간의 경제 지식이 필

요하다(놀랄 것은 없다). 금년 초에, 리처드 닉슨 미합중국 대통령이 미합중국 상하 양원 의회에 제출한 연두교서와 예산보고에 따르면, 베트남 농민의 목숨값이 3달러였던 때와 캄보디아 농민의 목숨값이 325달러로 올라간 같은 기간에 미국의 물가 인플레이션은 10퍼센트를 조금 넘은 수준인 것을 알 수 있다. 미국의 통화가치는 10퍼센트 정도 하락했는데 인도차이나 반도의 인간의 목숨값으로 100배(즉 1만 퍼센트)나 인상해주었으니 말이다. 이 계산이 뜻하는 통화가치의 변화를 알고서도 미국 정부의 너그러움에 뜨거운 감사의 마음이 우러나오지 않는 아시아인이 있다면 그것은 배은망덕이다! 그날 나는 하루 종일 감격과 흥분 속에서 일했다. 기쁜 날이었다.

집에 돌아온 나는 그 감격을 아내와도 함께 나누고 싶어졌다. 무식한 아내에게는 비유로 설명해야 실감이 날 것이라고 생각한 나는 심청이와 중국인 소금장수 이야기가 제일 좋겠다는 생각이 들었다. 그래서 아내에게 요사이 시장에서 쌀 한 섬(石)의 값이 얼마냐고 물어보았다. 대두(大斗) 한 말에 1,200원 조금 넘는다고 하니 한 섬은 1만 2,000원 정도일 것이라는 대답이었다. 그러나 아내는 그 대답 끝에 바로 "그렇게 많은 쌀을 사본 일은 없으니까 다만 계산이 그렇다"는 말을 첨가했다.

그렇게 많은 쌀을 한번에 산 일이 있는지 없는지는 지금의 나의 문제와는 무관하다. 나의 관심은 다만 그 중국인 소금장수가 산 어린 처녀의 몸값이 백미 300석이었다는 것, 그리고 지금의 쌀값으로 환산하니, 놀라지 마시오, 360만 원이라는 사실을 알게 되었다는 것으로 충분했다. 나의 한 달 월급 3만 원. 아이고! 120개월분. 꼭 10년간 쓰지 않고, 먹지 않고 모아야 할 돈이구나!

그러고 보니, 그 옛날 그 인색하기로 이름난, 짜디짠 중국 소금 장수가, 아무리 청정무구한 '처녀'라 하더라도 조선의 한낱 시골 처녀의 몸을 360만 원에 샀으니, 오늘의 우리보다, 그리고 미합중국 정부보다 인간의 생명과 몸의 값을 훨씬 소중히 여겼던 것임이 분명하다.

이런 이야기를 읽은 독자들 가운데서 혹시라도 다음과 같은 질문을 하고 싶어지는 분이 있을지도 모르겠다.

"그런데 말이에요, 한 가지 물어봅시다. 그곳이 베트남이나 캄보디아처럼 황색인의 나라가 아니라 어떤 백인종의 나라였다면 어땠을까요?"

아! "If……"라는 말이구만. 미국인은 "If……?"를 제일 싫어한다고 한다. 특히 자기들이 '실수'(이것이 중요하다)를 저질렀을 때에는.

"피해자들이 누렁이가 아니고 흰둥이였다면 목숨값으로 얼마를 지불했을까요?"

역시 "If……?"로 시작되는 질문이군.

그 같은 의문에 대해서는 나는 미국 정부 대변인들이 그런 경우에 원칙적으로 답변하는 표현을 빌려 당신을 무안하게 해줄 수 있다. 나는 국제문제를 오랫동안 다루어온 외신부장이니까. 답변은 이렇다.

"우리는 가정(if)적 질문에 대해서는 가부간에 답변을 안 하는 것이 정부의 원칙이라는 사실만 답변합니다."

사실이 그렇지 않소? 가정은 추리에 별로 도움이 안 된다는 것을 당신은 중학교의 대수, 기하학에서 배웠을 것이고, 대학의 논리학에서 잘 배웠을 터인데도 그런 어리석은 질문을 하시오?

그런 따위 가정으로 골치를 썩이기보다는 단순하게 생각하는 게 좋다. 단순함 속에 진리가 있다고도 하니까. 즉 그 베트남의 죽은 농민의 가족들이, 아버지, 어머니, 남자형제, 여자형제, 삼촌 또는 조카의 누군가가 영원히 돌아오지 않게 되었다는 '별로 대수롭지도 않은' 변화 때문에 미국 돈 거금 3달러를 받았다는 사실은 훨씬 큰 의미가 있다. 아버지, 어머니는 죽었어도, 캄보디아의 가난한 농민의 아들이 325달러 71센트만큼 부자가 되었다는 변화, 이것이 중요하다는 진리 말이다. 심지어 자기 자신이 남의 나라 비행기의 폭격 '실수'로 죽는다 하더라도 3달러의 위자료 또는 325달러의 위자료가 나온다는 것이 확실하다면, 베트남이나 캄보디아의 농민들은 언제 죽어도 행복할 것이 아닌가? 미국 공군 조종사는 유럽 같은 데서는 별로 '실수'를 안 하는데 동남아 지역에서는 곧잘 '실수'를 하는 것 같다. 당신이라면 그렇게 생각하지 않겠는가?

그런데 사람의 목숨값에 관해서라면 멀리 동남아시아의 낯선 나라 백성들에 관해서가 아니라 당신의 생활 주변에서도 쉽게 계몽받을 수 있다.

나는 얼마 전, 신문을 읽다가 기사면의 아래에 있는 광고들 속에서 몇 줄짜리 작은 광고를 본 적이 있다. 지금은 충격도 가라앉았으니 태연한 마음으로 당신에게 사무적으로 말해줄 수 있다.

"나의 몸을 10만 원에 살 사람 구함. 나의 신체를 무슨 목적에, 어떻게 사용해도 절대로 이의 없음."

10만 원? 베트남인보다 30배가 넘고, 캄보디아인보다도 몇천 원 비싸구나! 비싼 광고료를 내면서까지 이런 농담을 할 사람이 있을까? 나는 신문을 내려놓고 눈을 감았다. 귀여운 아기가 병으로 죽어가는데, 병원에 갈 돈이 없어 비장한 결심을 한 어떤 아버지(또는 어머니)의 얼굴이 떠올랐다. 아니면 자신이 여러 날 굶주린 나머지 부리는 발광일까? 또는 ……?

어쨌든, 절체절명의 지경에 몰린 사람이 아니고서는 그런 결심을 내릴 수 없을 것임은 분명하다. 동남아시아건 어디건, 백인이건 황색인이건, 인간이 이처럼 '물질'로 취급되어야 하는 사회, 제도, 사상을 곰곰이 생각하면서 나는 우울해졌다.

그러기에 나는 '전투폭격기'라는 문명의 흉물이 인간의 머리에서 생겨나지 않았던 멀고 먼 옛날을, 모든 무섭고 가증스러운 일들이 '실수'의 이름으로 이루어지지 않는 세상을, 몸을 팔지 않고서도 자식의 병을 고칠 수 있는 사회를, 심지어 인색하기로 세상에서 으뜸가던 중국의 소금장수가 조선 아가씨의 몸값으로 자그마치 백미 300석을 지불할 줄 알았던 머나먼 그 옛날을 그리워하는 것이다.

"중국인 소금장수 만세!"

• *Korea Times*, 1970.2.26, "The Thoughts of Times" (영어로 게재)

영등포의 자유와 평등

배낭을 내려놓고 앉아, 국냄비가 끓고 있는 옆에서 대학생들과 토론이 벌어졌다. 어느 여름날의 도봉산 계곡.

"……그렇지만 우리 사회에서는 누구나 가고 싶은 곳에, 가고 싶을 때, 마음 내키는 방식으로 오고 가고 할 수 있는 자유가 있지 않습니까? 그리고 그밖의 여러 가지 자유가 있지 않습니까?"

학생들의 이 말에 며칠 전의 신문기사 한 토막이 생각났다. 영등포에 있는 어느 막걸리 도매가게에서 자전거로 막걸리 배달을 하고 사는 20대 초반의 젊은이 두 사람이, 추석 전날 밤 하숙방에서 소주 한 병씩을 사다 마신 뒤 극약을 먹고 자살했다는 이야기였다.

추석은 되었고, 1년 전에 떠난 전라도 시골의 부모 동생들에게 선물은 고사하고라도, 차례를 지낼 몇 푼의 돈이라도 들고 가야 할 터인데 귀성할 차비조차 없었다. 같은 시골에서 함께 올라와서 같은 일로 먹고 살아온 두 젊은이는 자기들의 처지와 신세를 한탄하던 끝에, 부모형제들에게 애끓는 유서를 남겨놓고 자살하기로 결심했다는 사연이었다.

나는 대학생들에게 이 이야기를 들려주기로 했다. 그리고 학생들이 해석하는 식의 자유는 분명히 일반론적으로는 가능하고 또 이 사회에서 누구에게나 승인된 것이다. 그러나 공인되어 있다는 것과 구체적으로 가지고 있거나 현실적으로 누릴 수 있다는 것은 전혀 다른 것이 아니겠는가를 생각해보고자 제의했다.

어딘가로 가고 싶은 심정으로 말하자면 그 두 젊은이가 고향에 가고 싶은 마음만큼 인간적으로 간절하고 사회적으로 타당한 것이 또 어디 있겠는가?

학생들은 조금 이상하다는 가벼운 당혹감을 얼굴에 나타냈다. 당연하다고 생각했던 일이 반드시 그렇지만도 않다는 가벼운 놀라움도 곁들여 있는 성싶었다.

"가고 싶은 곳을 자유롭게 선택하고 가고 싶은 마음이 있어도, 갈 여비가 없는 사람에게는 '가고 싶은 곳에, 가고 싶은 날에, 마음 내키는 대로 갈 수 있는' 자유와 그밖의 모든 자유란 존재하지 않는 것이나 다름이 없지 않을까? 인간적으로 최소한의 간절한 '자유'를 누릴 수 없다는 것은 그 사람에게는 자유가 '박탈'당한 상태가 아닐까?"

이렇게 말하고 나서 나는 "정도의 차이를 고려한다면 이와 비슷한 '자유의 상실'은 예외라고 하기보다는 차라리 일반적인 현상일 수 있지 않을까?"라고 반문해보았다.

나는 학생들에게, 대학을 다닐 수 있다는 경제적인 여유와 사회적 특혜 때문에 그 두 청년의 현실적 조건, 즉 '자유'의 조건이 눈에 띄지 않고 자유의 환상을 품게 한 것은 아닐까 하는 문제도 제기해보았다. 이 나라에서 대학을 나왔다는 사람이거나 소위 인텔리라는 사람일수록 이러한 경향이 강해 보이는 것은 딱한 일이다. 그럴 수밖에 없는 것이, 그런 사람들일수록 이 사회가 가진 모순의 한 측면의 수혜자인 까닭에 그런 관념이 오히려 가장 구체적이고 또 현실적인 것처럼 비쳐지는 것이 아닐까 하는 주석도 달았다. 학생들은 이해하는 듯 못 하는 듯한 반응을 보였다.

학생들과의 대화는 결국, 자유라는 것은 평등의 토대 위에 존재할 수 있는 것이 아니겠느냐의 문제에 이르렀다. 그러자 학생들은 이어 우리 사회에서는 누구나 한 표의 투표권을 가지고 있고, 고정된 신분제도가 있는 것도 아니고, 어떤 특수한 종교나 인종이 차별대우를 받지도 않으니 그것이 평등 아니냐고 되물었다. 여기서 이야기는 다시 출발점으로 돌아갔다.

막걸리 배달 젊은이들의 경제적 문제다. 구름 잡는 소리 같은 1980년대의 개인소득 1,000달러 목표가 이루어져야 그때 비로소 자유를 누릴 수 있고, 모두가 잘살 수 있다고 주장하는 일부 '초자유', '초평등'을 누리고 있는 사람들을 제외하더라도, 경제적 불평등이 순전히 '개인의 탓'이고, '어떤 사회에도 있는 것'이 아니냐로 토론이 옮겨갔다.

마침 경제학 전공의 학생은, 경제적 불평등이야말로 인간(개인)에게 출세, 발명, 노력, 근면, 절약의 자극제가 된, 사회발전의 촉진제가 아닌가라고, 산업혁명 시대의 자본가 같은 이론을 들었다. 또 사회학 전공의 학생은 "빈부의 차는 인간의 게으름과 낭비벽에 정비례하는 것이므로 사람의 인간적 덕성에 비례한다"는 풀이를 하는 것이었다.

내가 잘 아는 사람 가운데 많은 돈을 번 분이 있다. 재산이나 가난 따위의 이야기만 나오면 이분은 핏대를 세우면서 '못사는 사람＝인간적 덕성의 결함'이라는 한마디로 여지없이 단죄해버린다.

그런데 바로 그분의 인간적 자질, 심지어 사회인적 덕성은 어떤

가 하면, 여기서 내가 글로 밝히기가 꺼려질 정도다. 이것이 이분만의 사고방식일까? 학생들과의 대화는 여기서 비로소 '자유'의 실질적 조건이자 전제인 물질적 내용은 한 단위사회의 생산의 양이 결정적인 것도 아니며, 하물며 좋은 뜻에서의 능력이나 사회에 대한 개인의 기여와도 실제적으로는 별로 관계가 없을 수도 있다는 의문이 제기되었다.

다 끓는 국이 식는 줄도 모르고 이야기는 계속되었다. 우리 사회에서는 지금 대다수의 구성원이 부자유 또는 무자유일 때, 그리고 많은 대중이 불평등한 사회·경제·문화적 및 제도적 제약에 억눌려 있는데 오히려 교육을 받았다는 사람들의 관념 속에 자기뿐만 아니라 사회 전체가 자유롭고 평등하다고 착각하게 하는 그런 제도가 유지되는 것이 아닐까. 학생들의 화제는 제도의 문제로 옮겨갔다.

나도 오래전, 나 자신이 신문기자로 일하던 시절의 관념을 뒤늦게 재검토해보게 되었다. 그 당시만 해도 기자에게는 상당한 언론의 자유가 있었다. 그러니 사회의 시민 누구나가 한결같이 언론의 자유를 누리고 있는 줄 착각했던 것이 사실이다.

영등포의 막걸리 배달부 청소년의 언론자유가 '유서'만으로 간신히 표현될 기회를 얻게 되는 사회란 어떤 것인가? 권세 있고 부유한 소수의 사람들이 누리는 의사 표시의 자유를 보편적 자유와 기회의 평등으로 착각하면서 기자생활을 하지는 않았던가? 학생들과 나는 아울러 귀한 반성의 한때를 가졌다.

계곡을 내려오면서, 영등포 막걸리 배달부의 버림받은 죽음의 뜻을 우리는 곰곰이 생각했다.

• 1972

키스 앤드 굿바이

'교복 자율화'의 소식

그는 아까부터 그 자리에, 그런 자세로 앉아 있었다. 탁자 위에는 읽다 만 석간신문이 펼쳐진 채 놓여 있다. 얼마나 되었을까? 벌써 반 시간은 족히 되었을 것이다. 마루의 한 구석, 의자 다리옆에까지 서향 창문으로 누운 듯이 들어와 비추던 늦저녁의 햇빛이 창밖으로 물러난 지도 한참이 되었으니까.

그는 오래간만에 혼자 집을 지키는 정숙 속에서 뭔가 회상하고있는 것 같았다. 겉으로 보기에, 나이는 버스에서 앉았던 젊은이들이 냉큼 일어나 좌석을 비켜줄 생각이 날 정도는 아니고, 그렇다고 모르는 척하고 앉아 있기에는 좀 미안해질 그 정도의 지긋한 반백의 용모다.

한참 만에 명상하듯 감고 있던 눈을 뜬 그의 시선은 다시 신문기사의 커다란 글자의 제호에 멈추었다.

오늘부터 중고교생 자유복

오랜 제복 역사에 종지부!

제호를 둘러싼 지면에서, 남녀 고등학생들이 제복을 벗고 자유스러운 옷차림으로 등교한 첫날의 풍경이 묘사되어 있었다. 그는 몇 번 읽은 기사의 제목을 다시 한번 훑어보았다. 제복에 대해서 각별한 감회가 있는 사람임을 쉽게 알 수 있는 분위기다.

사실, 그는 늦게 배달된 석간 신문을 읽고 나서, 아까부터 그 자세로 앉은 채 제복 속에 묻혀가버린 자기의 낭비된 인생을 회상하고 있던 것이다. 왜정 때, 색 바랜 국방색 제복에 중대가리로 깎은 머리, 그 위에 일본제국 군대식 전투모를 반듯이 쓰고, 다리에는 그것도 국방색 각반을 치다가 세월 보낸 중학생 생활 4년간. 5학년이 되어보지도 못하고 해방되자, 남북 분단으로 먹고 살 길이 없어, 돈 안 들고 공짜 공부시켜준다는 특수한 대학에서 제복에 제모 쓰고 지내버린 4년간. 제복이라는 굴레에서 벗어나 홀가분한 기분으로 시골 고등학교 교사가 되어 취미를 붙이려는데, 3개월도 안 돼서 전쟁이 그곳까지 밀어닥쳤다. 다시 외국인이 입히고 신겨준 서양식 군복 차림으로 형제끼리 죽이고 찌르는 군대생활이 시작되었다. 들어간 날과 나온 날에 하루의 가감도 없는 만 7년간. 군복을 벗어던지고 시작한 자유인으로서의 일은 황홀하기만 했다. 신문도 만들어보고, 많이 생각도 하고 글도 많이 썼다. 학생도 가르쳐보고 지식인들과 나라의 꼴을 걱정하는 많은 이야기도 했다. 그의 주조는 언제나 '제복(制服)의 사상'을 반대하는 정신이었다. 이 시기는 그가 '생각하는 인간'으로서 진정 살아 있다는 희열에 잠겼던 생활이었다.

그러나 제복의 사상을 역겨워하는 그에게 제복의 우상의 노여움은 항상 따랐다. 한 번은 한 달, 다음은 2년, 세 번째는 두 달, 이렇게 높은 벽돌담과 깊은 지하실 속에서 푸른 제복의 생활을 되풀이해야 했다.

그는 신문을 놓고 눈을 감고는 제복에 묶여서 마모되어버린 과거를 회상하고 있는 것이다. 왜정 아래서 4년, 해방된 나라에서 13년 2개월. 합쳐서 17년 2개월! 철들기 전의 소년시절을 뺀, 지나간 전체 삶의 꼭 절반을 제복에 묶여서 지낸 셈이다. 그의 닫혀진 두 눈, 어두운 망막의 스크린에 그 17년 2개월이 주마등처럼 지나갔다.

제복을 입은 자들에 의해서 강요된 2년간의 푸른 제복의 고역을 치르고 나온 지 얼마 되지 않은 어느 날의 오후다. 그는 인생의 절반이 제복 속에서 해지고 닳아버렸다는 데 생각이 미치자 자기도 모르게 부르르 몸을 떨었다. 그리고 감았던 눈을 뜨고, 앞에 펼쳐진 채로 놓여 있는 신문기사의 제목을 다시 들여다본 것이다.

현관문이 열리는 소리가 들렸다.

후다닥, 신 벗는 소리가 나더니, "학교……습니다"라는 소리가 끝나기도 전에 먼저 가방을 든 여고생이 들어섰다. 고등학교 3학년의 딸 정이었다.

생각지 않은 시간에 생각지 않은 모습으로 앉아 있는 아버지를 발견한 딸은 또 한 번 같은 인사를 바삐 뇌었다.

"학교……습니다."

"어서 오나, 정아! 오늘은 참 기분 좋았겠다?"

딸은 앞뒤 없이 불쑥 나온 질문의 뜻을 미처 알아차리지 못하고 아버지의 얼굴을 바라보면서 서 있었다.

"네가 그렇게 싫어하던 제복을 여러 해 만에 벗어버리고 홀가분하게 자유로운 옷차림으로 학교 갔다오니 말이다."

"아, 예, 뭐라고요. 정말 기분 좋았어요. 마음이 한결 가벼워요."

아버지는 그 대답에 만족하는 표시로 고개를 가볍게 끄덕여 보였다.

"다른 학생들도 모두 좋아했겠지……?"

이 무렵에 딸은 잠깐 망설이면서 생각하는 듯했다.

"아니에요, 아버지. 그렇지도 않아요."

딸의 뜻하지 않은 대답에 그의 눈이 크게 뜨였다. 이해가 안 간다는 표정이었다.

"무슨 말이냐? 그럼, 그애들은 자유를 좋아하지 않는단 말이냐?"

"그게 말이지요, 아버지……. 좋아하기보다는 오히려 걱정하는 아이들이 많아요."

아버지의 얼굴에는 감출 수 없는 당혹감이 떠올랐다. 무슨 어려운 철학문제의 질문을 받은 학생처럼.

"그래……? 그 이유가 뭐지?"

"간단해요. 제복을 안 입으면 공순이들하고 구별이 안 된다는 거예요."

"뭐하고 구별이 안 돼?"

"아버지, 몰라요? 공장 여직공들 말이에요. 식순이, 공순이, 그러지 않아요?"

20척 높이의 붉은 담에 갇힌 푸른 제복의 사회를 2년 동안 이리저리 끌려다니다 갓 나온 그에게 처음에는 쉽게 들어오지 않는 말이었다. 공장 여직공, 공순이!

학생 제복을 안 입으면 같은 나이 또래의 노동하는 여직공들과 구별이 되지 않는 것이 큰 걱정이라는 이 사회의 학생들! 자유보다도 신분적 허영심이 훨씬 소중하게끔 되어 있는 사회! 그런 정서를 의식화시킨 '제복의 사상'의 교육!

누구나가 속박에서의 해방을 갈구하는 것으로 확신하고 있던 그에게는 큰 충격이었다. 구속은 비인간화이기에, 그 철저한 인간 부정 상태에서 2년간을 겪고 나온 오늘의 그였기에 더욱 그러했다.

한참 동안 생각하던 그는 딸에게 앉으라고 하고는 입을 열었다.

"너의 말을 들으니 이 민족의 상당히 많은 젊은이들이 왜 일제 시대에 자기 발로 일본 제국주의 군대에 지원병으로 장교로 그리고 식민통치의 경찰에 들어갔는지 이유를 알겠다. 나는 그들의 제복을 비인간화와 구속, 굴종과 민족에 등을 돌리는 타락의 틀 속으로 몸을 던지는 것으로 생각했지만 사실은 그렇지 않았던가 보다. 그들은 그 식민군대의 제복을 걸침으로써 일본 황국이라는 막강한 권력체계의 가장 밑바닥에서 한 단계 위의 사다리 발판에 올라선 셈이었다. 같이 짓눌리는 종족과는 다른 종류의 인간이 될 수 있는 가장 빠른 계급적 상승의 길이 그 제복을 입는 것이었다는 말이다. 일본 군국주의 군복을 자진해서 걸쳐 입고 그 칼을 차고 삐스또루를 찼을 때, 어제의 비천한 '조센징'은 오늘의 '충직한 일본 황국신민 '천황 폐하의 적자'가 될 수 있었다. 분명히 계급적 이전이다. 제복이란 그렇게 신통력을 가진 것인가보다."

제복의 사상 또는 규격화의 사상

그의 말은 여기서 갑자기 중단되어야 했다. 조용히 듣고 있던 딸이 이 대목에 오자 느닷없이 못 참겠다는 듯이 웃음을 터트린 것이다. 그는 깜짝 놀라고 의아해했다.

"왜 웃니, 정아. 뭐 잘못 됐니?"

"그럼요. 크게 잘못됐지요. 아버지는 해방된 지 40년이 가까워 가는데 지금도 '도락꾸' 타고 가느니, '삐스또루' 찬 사람들이라느니, 일본식 발음을 못 고치고 있어요. 밤낮 '도라무통'이라 하고 '곱뿌' 가져오라 하고……. 아버지도 일본 식민주의 교육에 보통 물든 게 아닌 것 같아요."

아버지는 송곳 끝처럼 쑤시는 이 말에 자기도 모르게 폭소를 터뜨렸다. 딸과 아버지는 한참 동안 두 세대의 거리를 날려 보내기나 하듯이 함께 웃었다.

"네 말이 옳다. 50대 이상은 자신을 뭐라고 생각하든 머리 속에 든 것이 자기 민족의 것이 아니야. 그래, 피스톨이다. 도락꾸도 아니고 트럭으로 해두자."

18세의 해방 제2세대와 52세의 일제 식민지 마지막 세대의 웃음이 다시 한바탕 유쾌하게 합주했다. 아버지는 말을 이었다.

"정아, 내딴에는 일제의 제복사상을 철저하게 청산하려고 적지 않게 애쓰는 줄 생각하는데도 그렇다. 그런 의식적 개혁을 하지 않거나, 식민지 시대의 경력과 그 제복화된 사상을 오히려 해방된 나라에서 강요하려는 사람들이 있었다면 어떡하겠니?

'제복의 사상'은 '규격화 사상'이다. 삐스또루야 피스톨로 바꾸어 부를 수 있다. 그러나 일제 아래서 '삐스또루' 찼던 사람들이 해방된 신생 민주국가 사회에서 '피스톨'로 갈아 찼다고 해서 그 머리 속에 박힌 일제식 '국민 총규격화 사상'이야 어찌 쉽게 고쳐지겠니?"

여기까지 단숨에 이야기한 아버지는 딸이 잘 알아듣는지를 살펴려는 듯 말을 멈추고 딸의 얼굴을 바라보았다. 딸은 다만 가볍게 웃음지어 보였다.

"삐스또루 찼던 세대는 이제 사라져가고 있다. 해방 후에 삐스또루 찼던 선배 세대에게서 배운 피스톨 찬 세대의 사상이 그대로 삐스또루 사상이면 큰일이라는 생각을 해본 적이 없니?"

"아버지 책에서도 읽었고 좀 생각도 해봤지만 잘 모르겠어요. 일제 시대의 선배들에게서 해방 후, 특히 6·25 이후, 직접 정신적·사상적 영향을 받은 해방 제1세대가 오늘의 이 나라 각 분야의 지도자들이라는 말씀이지요?"

"그렇지. 바로 그렇다."

"그리고 그들의 사상이 반드시 삐스또루 사상, 다시 말해서 선배들의 규격화 사상이 아니라고 말하기 어렵다는 뜻이지요?"

"잘 이해했구나. 바로 그렇단다."

"그러면 그 제복의 사상, 즉 아버지가 걱정하시는 엘리트 의식, 지배자 의식, 규격화 사상이라는 것이 현재 어떻게 나타나고 있는지 쉽게 설명해주세요."

"바로 학생 교복 자유화 문제를 놓고 단적으로 드러나고 있지 않냐?"

"그런데 선생님들은 큰 걱정이래요. 학생들의 복장 자유화가 자칫 사고방식의 자유화로 확대된다는 거지요. 학생이 자유롭게 사고하면 교권 확립이 어렵다는 거예요. 그래서 시기상조라는 말씀들을 오늘 많이 하시던데요."

딸은 교복이 자유화된 첫날, 학교에서 교사들과 학생들 사이의 이야기, 교사들끼리의 담화, 학생들 사이에 있었던 이야기들을 자세하게 재현하여 들려주었다. 그러고는 아버지의 답변을 기다렸다.

"참 좋은 이야기를 들었다. 형식은 내용을 규정하고 구속하는 것이기 때문에 학생들의 생각이 차츰 정당한 자유를 요구하게 되리라는 것은 당연하지. 이 나라의 교육에서 80년 만에 제복이 사라졌다. 그것을 발전으로 보지 못하고 교권에 대한 잠재적 위협으로 보는 기성세대들이 말하는 '교권'이라는 것이야말로 해방 후에도 인간의 자유와 해방을 저지해온 지배자의 철학이었다. 세계 어느 나라의 중고·소학생에 교복이라는 것이 있니? 머리도 마찬가지란다. 군대를 제외한 제복은, 비민주적 지배자가 시민 개인에게서 '개성'을 몰수하는 가장 효율적인 방법의 하나인 것을 너도 알고 있지?"

"알아요. 며칠 전에 텔레비전 다큐멘터리에서 방영된 히틀러의 나치당 청소년의 제복 행렬은 소름이 끼치던데요."

"바로 그래. 참으로 흥미 있는 일이지만, 세계의 모든 독재자나 독재체제는 반드시 청소년뿐 아니라 전 국민의 제복화를 시도했다는 역사적 사실이야. 이제 우리도 비로소 그 범주에서 벗어나려는 거다. 그런데 시기상조라는 선생들이 있다니 한심한 일이다."

아버지는 여기서 잠시 멈추었다가 곧 말을 이었다. 그것만으로는 문제점이 충분히 지적되지 못했다는 생각에서인 듯 보였다.

"그렇지만 말이다, 정아. 잘 들어둬. 제복은 눈에 보이는 것만이 제복이 아니다. 제복의 부자유는 벗기면서도 제복이 상징하는 규격화된 사상이나 획일적 세계관을 강요할 수도 있어. 현대와 같이 대중 조작의 기술이 고도로 발달한 사회에서 강한 자들에게는 외형적 제복을 벗기고도 사상과 정서의 제복이라는 내면적 굴레를 씌울 수 있는 충분한 지능과 힘이 있단 말이다. 사실은 이 점이 더

중요하고 무서운 것이지……. 그런 뜻에서는 요새 말썽인 헤어 스
타일도 그래……."

'제복의 사상'을 생각하는 그 머리

이야기를 계속하려던 아버지는 현관문 열리는 소리에 말을 멈
추었다. 딸과 아버지는 문 쪽을 돌아다보았다.

"학교……습니다."

남자 목소리였다.

소리가 난 뒤에도 한참 지나서야 책가방 하나가 툭 하고 마루에
던져져 들어왔다. 키가 볼품없이 길기만 한 남자 고등학생이 들어
섰다. 막내아들 석이었다. 고등학교 2학년인데 키는 아버지보다
세 치나 크다. 아버지와 누나가 마주 앉아 있는 것을 본 동생이 묻
기도 전에 누나가 입을 열었다.

"지금 아버지하고 제복 이야기를 하다가 머리 스타일 문제가 나
온 거야."

소년은 아직 교복을 입고 있었고 손에 교모를 들고 있었다. 장대
같은 키에 빡빡 깎은 머리가 어울리지 않았다. 아들은 이야기의 뜻
을 알았다는 듯이 옆자리에 다가와 아무렇게나 털썩 주저앉았다.
소년은 한 손으로 이마의 땀을 닦으면서 대화에 끼어들었다.

"우리는 내년부터 자유복을 입는대요. 머리도 그때까지는 깎아
야 한대요."

이렇게 말한 소년은 투덜거리기 시작했다.

"어차피 실시할 일이면 금년부터 할 것이지 뭐 내년이야! 교장
선생님이 말이지요, 아버지……, 몇몇 선생님들도 그래요……,

하기는 교련 교관이 제일 그렇지만, 고교생이 머리를 기르는 데 굉장히 반대예요. 남자란, 머리를 바짝 깎고, 용감하고, 씩씩하고, 절도 있고, 일사불란하고, 눈에서 불이 번쩍번쩍 나는 그런 것이어야 한다는 거지요……."

소년은 교장의 말이 우스웠던지 말을 하다 말고 픽 웃었다. 누나와 아버지도 따라 웃었다.

"너희들도 텔레비전에서 기록영화로「히틀러 유겐트」를 봤겠지. 청소년 교육의 모범으로 그런 것을 생각하는 사람도 없지 않다. 파시스트적 경향이 강할수록 그렇지. 북한 청소년의 집단적 행동을 모방하고 싶어하는 사람들이 우리나라에도 있는 것 같다. 전체주의적 사고방식이지. 그게 될 말이니.

그런 전체주의적 청소년관은 위험하기 짝이 없는 것이다. 제복의 사상은 통제된 사상이고, 획일화된 사상은 또 '일사불란'의 사상이야. 일사불란에는 그 나름의 미학(美學)이 있다고 역설하는 교육계의 훌륭한 분도 있기는 있더라. 나는 독일유학을 못해서 잘 모르겠다만……."

아버지는 여기서 말을 중단했다. 자기의 교육과 지식으로 이런 이론을 펼 자격이 있을까, 좀 망설이는 눈치였다. 그는 그 흔한 외국유학과 몇 개씩의 박사학위를 가슴에 매달고 다니는 학식 높은 이들 앞에서 늘 주눅이 들어 있는 자신을 마음의 거울이 비쳐보는 것 같았다. 그는 이야기의 격조를 한결 낮추면서 말을 이었다.

"너희들에게는 부끄러운 아버지라서 좀 자신있게 답변하기 힘들구나. 학식도 덕망도 없고, 애국심도 모자라서, 있던 대학에서도 쫓겨난 주제에 좀 주제넘은 생각일는지 모른다. 그렇지만, 남자라고 어째서 한결같이 씩씩하고, 용감하고, 일사불란하고, 눈에서 번쩍번쩍 불이 나야 하는지 잘 모르겠다. 무슨 도깨비도 아니고……. 남자가 갖추어야 할 덕성과 품격은 그것 말고도 여러 가지가 있지 않겠냐? 나도 그런 헤어 스타일이 반드시 좋다는 것은 아니야. 오해하지는 마라.

하지만 교장 선생이 숭상하는 남자관은 지나치면, 지난날 히틀러, 무솔리니, 스탈린, 프랑코, 도조 히데끼 같은 사람한테서 너무나 많이 듣던 남성관이 된다. 아버지의 세대에는 대일본제국 육군대신 겸 수상 겸 광인이었던 도조 히데끼 대장이 그 철학의 교조였지. 그는 히틀러의 『나의 투쟁』을 아침저녁으로 암송하고, 작은 히틀러가 되려고 꽤나 몸부림쳤지. 그래서 1억의 일본 국민을 한결같이 씩씩하고, 용감하고, 머리 빡빡 깎고, 애국심의 불덩어리가 되어, 눈에서 살기가 번쩍번쩍 불튀는 남자로 만들어 전쟁판에 몰아내어 수백만을 개죽음시켰단다. 아시아의 수천만 생명을 죽였지.

그런데 그 다음이 재미있다. 전쟁에 참패하자 이 전쟁 광인은 삐스또루로……, 그때는 피스톨이 아니고 삐스또루였으니까……."

아들 딸 아버지의 웃음이 한꺼번에 터졌다.

"이 전쟁의 신이 그의 피스톨로 자결하려다가 총알이 빗나가는 바람에 자결미수가 되어, 결국 교수대의 밧줄에 매달려 죽었단다. 육군대장의 피스톨 솜씨치고는 졸렬했지. 모두 비웃었어.

그와는 반대로 몇 번에 걸쳐서 총리대신을 지낸 문신(文臣) 고노에 후미마로(近衛文麿)는 순백의 수의를 입고 사상(死床)에 누워서 깨끗이 음독자결했지. 고노에에게 일제의 전쟁 책임이 없다거나 그러려는 것은 아니야. 다만 요란스러웠던 군신(軍臣)보다는 염치가 있었고, 덜 광적이었다고 말하려는 것뿐이다. 결국 이렇게 말할 수 있을 거다.

헤어 스타일이 문제가 아니라, 머리칼이 덮고 있는 두개골 속에 들어 있는 물렁물렁한 것이 간직하고 있는 그 보이지 않는 무엇이 중요한 것이 아니겠냐는 거다."

고등학생은 한 손으로 자기 머리를 만지작거리고 있었다. 여학생 딸은 남동생의 머리와 아버지의 머리를 힐끗 비교해보았다. 아버지는 아들 쪽으로 몸을 돌리면서 말을 이었다.

"우리 정부도 이제 대담하게 학생에게서 제복을 벗겨버리기로 했으니 참 다행이다. 올림픽이니 관광객 유치니 해서 외국인 보기가 창피하니까 그랬는지는 모르지만 어쨌든 잘된 일이다. 그런데도 아직 일부 교육자들이 학생에게 제복을 입히고, 자기 머리칼보다 짧게 깎은 머리여야 통제하기 쉽다는 생각이라면 참으로 문제다. 제복뿐만 아니라 국민생활의 모든 면에서 말이다.

머리칼의 길이를 일정한 센티미터로 규격화하려는 '제복의 사상'이 혹시라도 그 머리 속에 들어 있는 사상과 정서를 몇 센티미터로 규격화하려는 발상이라면 곤란하지. 그렇지 않겠니……."

제복의 변종 '유행의 사상'

세 부자녀 간의 대화에 별로 관심 없이 부엌을 드나들던 아내가 저녁 식사를 알리러 나왔다. 무슨 이야기가 그렇게 기냐고 남편을 나무란 아내는 아이들에게 빨리 저녁을 먹으라고 재촉했다.

그러자 아들이 어머니에게 잠깐만 기다려달라고 청했다.

"지금 중요한 이야기를 하고 있는 중이에요. 어머니도 들으세요."

아들은 어머니에게 대충 이야기의 줄거리를 설명해주었다. 한참 서서 듣던 어머니가 왔던 목적을 잊어버리고 참견하고 나섰다.

"나도 교장 선생님과 같은 생각이에요. 사실 제복을 없애면 학생들이 옷치장, 얼굴치장, 노는 꼴이 세태의 유행·사치를 따를 테니까 걱정이 앞서요. 당신의 주장은 이상론이고 추상론이에요. 특히 여자들의 유행이 조석으로 바뀌는데 그것을 어떻게 감당할 거예요. 그렇다고 유행에 뒤떨어질 수도 없고……."

잠자코 듣고 있던 남편이 아내를 향해 손을 저어, 앉기를 청했다. 그러고는 이번에는 아내를 상대로 입을 열었다.

"당신 걱정이 맞아. 여성의 유행 문제도 잠깐 이야기하고 저녁을 듭시다. 마침 좋은 주제를 제기했어."

그는 아내와 딸을 향해 말을 시작했다.

"유행은 제복의 변형일 뿐 본질적으로 제복과 같고, 유행을 따르는 심리도 제복에 길들여져서 제복을 자연스럽게 받아들이는 사상과 통해."

여기까지 이야기한 그는 일어나 책상 쪽으로 갔다. 잠시 살피고 더듬은 뒤에, 그는 외국서적 한 권을 끌어냈다. 책의 제목은 에두아르트 푹스의 『풍속의 역사』였다. 목차를 살피고, 찾는 페이지를 펼쳐든 그는 아내와 딸과 아들을 향해서 말했다.

"유행의 본질을 무서울 만큼 정확하게 정의한 글이 있으니 읽어보겠다. 아버지보다 월등 유식한 학자의 말이니까."

그는 나직한 목소리로 낭독하기 시작했다. 식구들은 책의 표지와 그의 입에 교대로 시선을 집중했다.

현대적 의미에서 모드(유행과 사치)는 개인적 동기가 아니라 사회적 동기를 지니고 있다. 그것은 한 사회의 높은 계급이나 부강한 계층이 사회경제적으로 낮거나 빈약한 계급(층)으로부터 자기를 구별하려는 노력이다. 자기보다 낮거나 가난한 계층과 혼돈되는 위험을 예방하려는 외적 표현이다.

특히 여성의 유행과 사치는 자기와 같은 지위를 모방하려는 하층 여성의 모드를 파괴하기 위해서 끊임없이 새롭게 고안되는 하나의 계급적 표지이다. 말하자면 신분적·계층적 허영심의 경주(競走)인 것이다.

그 경주는, 한쪽에서는 조금이라도 앞섬으로써 자기와 자기에 대한 경쟁자를 구별하려는 노력이고, 다른 쪽에서는 새로운 모드를 모방함으로써 경쟁자에게 뒤떨어지지 않으려는 투쟁이다.

듣고 난 딸이 먼저 반응을 보였다.

"아까 제가 말씀드린, 많은 여학생이 교복을 안 입으면 여직공과 혼동될까봐 자유복을 꺼린다는 그 심리와 같군요."

"잘 봤다. 바로 그 점이란다. 이 나라의 교육이 무엇을 가르쳤기에 학생들까지 그런 신분관을 갖게 되었는지 참으로 한심스럽다.

그것은 그렇고, 진실로 문제되는 점은 유행과 사치가 여성의 예속 상태를 영속화하는 효과라 하겠다. 그것은 여성의 해방을 방해하고 나아가서는 민족의 해방까지 저해하는 기능을 한단다. 유행과 사치는 3중의 예속 관계를 조성한다. 첫째는 여성의 남성에 대한 예속, 둘째는 자본에 대한 인간의 예속, 셋째는 한 국가 또는 민족의 다른 국가에 대한 예속이다."

"어려워서 잘 모르겠어요. 쉽게 설명해주세요."

딸이 요구했다.

"그래, 예를 들어 이야기해보자. 작년(1982년 초)의 연구기관

발표 기사에 따르면, 우리나라 근로자 중 월수입 7만 원 미만이 59퍼센트라 하더라. 그런데 그 대부분이 너희들 여학생들이 '공순이'라고 천시하는 여직공들이라 한다. 7만 원에서 한 여공의 한 달 밥값을 제하면 뭣이 남겠니? 그런데 여공이 자기의 지체를 감추고, 수입이 많은 여성을 모방하려면 그 여인들이 그 값을 치를 밑천이란 뭣이겠니? 이 나라의 많은 가난한 여성이 유행의 사치를 따르기 위해서는 자기의 몸을 남자의 애무의 재료로 맡기거나, 생명의 창조와 사랑의 행복을 위해서 신이 갖추어진 몸을 상품으로 팖으로써 남자에게서 그 대가를 받을 수밖에 무슨 밑천이 있니? 여공보다 조금 나은 지체나 직장이나 수입의 여성은 여공이 자기의 몸을 상품으로 내놓은 대상보다 조금 더 수입이 많은 남성에게 같은 행위를 함으로써 여공보다 한 급 위의 사치를 구하리라는 것을 이해할 수 있지. 많은 탤런트가 재벌의 아들이나 정계의 거물들한테서 그렇게 해서 유행과 사치를 누린다는 것은 이 사회의 상식이 아니냐? 그 순서대로의 관계가 여러 가지 형태로 상층 사회 여성에까지 적용되는 현실을 우리는 매일 매스컴을 통해서 보고 들어 알고 있지 않니? 남자가 여자보다 수입이 많고, 큰 경제권을 갖게 되어 있는 사회·경제구조에서 유행과 사치는 여성 스스로 남성의 예속물로 전락하는 가장 쉬운 길이야. 허영, 사치, 유행 때문에 신성한 결혼 관계가 깨어지고, 여학생이 홍등가에서 공공연히, 또는 사통(私通) 관계로 그 자금을 조달하고, 남학생이 그 밑천을 마련하려고 살인, 절도, 강도질을 하는 일까지 있다지 않니? 어른도 꼭 같지. 그 수법이 더욱 교활할 뿐이지. 결국 이것은 여성의 남성과의 관계에서 '인간소외'와 '불평등'을 영속화하고 '여성해방'을 스스로 거부하는 것이 된다는 말이다. 헌법에 남녀평등이 규정되어 있다고 해서, 여성이 유행에 따라 담배 피우고, 술 마시고, 남자의 팔에 매달려서 걷는 따위로 평등하거나 해방된 것은 아니야. 우리나라 여성은 사치와 유행을 거부할 줄 알게 될 때, 비로소 남성과 평등해지고 인간적으로나 사회적으로 해방이 된다는 말을 이해할 수 있니?"

"잘 알겠어요, 아버지."

"그래 좋다. 그런데 인간의 해방이나 평등은 이성에 대한 관계에서만이 아니다. 그것은 제1단계의 평등·해방일 뿐이야. 다음은 자본의 논리, 쉽게 말해서 물질의 지배로부터 해방이 돼야 해. 유행과 사치와 허영의 재료는(일부 정신적인 것을 제외하면) 물질적 생산품이야. 그리고 그것은 자본에 의해 우리 사회의 경제적 생산과 분배제도를 통해서 상품화된다는 것을 이해할 수 있지."

"예, 그 정도는 고등학교 1학년 교과서의 수준인걸요."

아들의 소리였다.

'소비미덕주의'의 논리와 모순

"그런데 그렇게 쉽지만도 않단다. 자본주의 사회구조에서의 자본은 이윤의 극대화를 위해서 실질적으로는 동일한 것을, 수백 수천 가지의 현상적 변화로 유행을 창조해내는 거야. 미국의 자동차가 가장 좋은 예지. 미국 자동차의 꼬리에 물고기 지느러미 같은 날개가 두 개 있는 것을 본 적이 있니, 석이야?"

"자세히 못 보았는데요."

"그래, 옆으로 누운 것도 있고, 45도 정도 또는 60도 정도로 기운 것도 있고, 바로 서 있는 것도 있고, 큰 것, 작은 것, 뒤로 조금

젖혀진 것, 앞으로 수그러진 것, 끝이 뾰족한 것, 조금 뭉툭한 것, 아주 둥근 것, 그런 것이 있단다.

전문 서적에서 봤는데, 그 변형에는 실질적으로 아무런 효과나 성능의 차이가 없다는 거야. 그런데 미국의 자동차 기업은 해마다 그 하찮은 변형을 가해가지고는 '뉴스타일'을 좇는 사람들의 정신을 어지럽게 만드는 거야. 이것이 어찌 자동차뿐이겠니. 의복, 헤어 스타일, 구두, 액세서리, 물방울 다이아몬드, 반지, 시계에서부터 냉장고, 텔레비전, 가재도구에서 자동차, 주택, 콘도미니엄 등등 한이 없어. 이것은 여성만의 문제가 아니라 남성도 그렇지. 생활의 본질적 가치의 추구는 제쳐놓고, 상품의 현상적 변화를 허겁지겁 따르다 보니, 인간은 그가 소유하는 물질(상품)의 주인이 아닌 노예가 돼버리는 격이야……."

그의 말이 중단되었다. 아내가 이의를 제기하고 나섰기 때문이다.

"여보, 그렇지만 그래야 정부나 학자들이 주장하는 경제발전과 현대화, 그리고 또 생활수준 향상이 되지 않겠어요? 또 우리 국민이 존경하는 높은 지도자께서 언젠가 '소비는 미덕이다'라고 말하면서 열심히 유행을 따르고 정신없이 소비하라고 국민에게 간곡히 훈시하신 일도 있지 않아요? 당신은 아까부터 훌륭한 지도자들의 말과는 걸맞지 않는 이야기만 계속 하고 있어요……. 야, 석아, 정아, 아버지 이야기 그만 듣고 밥이나 먹자. 아버지의 말이 좋다면 어째서 그 좋은 직장에서 계속 쫓겨나겠니?"

남편은 미소를 지으면서 아내의 웅변에 귀를 기울이고 있었다.

"미안하우. 내가 그런 물건들을 사 갖추지 못하고, 해마다 바꿔대는 유행의 생활을 당신에게 누리게끔 해주지 못해서 참으로 미안하우…….

그렇지만 잠깐만 더 들으시오. 그것은 내가 그럴 경제적 능력의 유무의 문제는 아닌 것이에요. 존경하는 지도자들의 '소비미덕주의'가 지금 빚어낸 이 사회의 꼴을 보시오. 물질적 생산, 즉 인간의 노동의 결과가 허영, 유행, 사치를 위해서가 아니라 물질적 궁핍이나 부족 때문에 억제되어 있는 인간 능력의 다방면적 발전과 해방을 목적으로 하는 경제·문화제도라면, 어째서 공업화되고 소비재가 늘고 이른바 생활수준이라는 게 향상한다는데 인간의 도덕적 타락, 정신적 빈곤은 더해가는 거요? 우리 사회의 인간과 인간 사이에 어디 '인간애'가 있소? 개인의 삶이 왜 이렇게 일그러지고 잔악하기만 하오? 선하고, 순수하고, 사랑하고, 위하고, 서로 돕고, 서로 주고……의 인간정신, 사회정신은 없고, 왜 그렇게 서로 빼앗으려는 풍조뿐이요? 당신은 설명할 수 있소? 한마디로 표현해서 '인간(성) 파괴' 말이오.

에머슨이라는 이가 'simple life, high thinking'이라고 말했지. 물질생활을 간소하게 할수록 인간정신은 충족되고 높이 솟을 수 있다는 의미요. 알겠어요?

그러기 위해서는 상업주의의 논리와 주의와 제도의 밖을 볼 수 있는 의식과 사상이 필요하지요. 그렇지 못하고 허영, 사치, 유행을 찬양하는 자본의 논리에 묶여 있는 한, 인간의 해방은 기대할 수 없다는 말이요. 이것이 제2단계의 여성, 나아가서는 인간의 해방이요."

아내는 알 듯 모를 듯한 표정으로 서 있다.

"당신 친구 중에 그 누구더라, 회사 사장 부인 말이요……. 예수 믿는다고 조상 제사 안 지내고, 우상숭배라고 부모의 묘지 앞에서 발딱 뒤로 자빠지는 여자 있지요? 그러면서 밀수 다이아몬

드가 들어왔다는 정보만 있으면 수표꾸러미 꿰차고 서울의 보물상과 호텔을 뒤지고 다니는 여자 말이요. 하나님의 사랑의 말씀을, 누가복음 15장인가 87장 몇 절인가를 줄줄 외우면서, 하나님은 차별 없이 인간을 사랑하신다는 것을 당신에게 열심히 설교하던 그 여자 말이에요. 그런데 그 여자의 회사와 공장의 노동자 임금이 너무나 수탈적이어서 노동자들의 원망의 대상이 되고 있다는 말을 들은 것 같은데. 그리고 밤낮 경쟁회사나 공장에 노동자·기능공을 빼앗기고서는 그들을 '배은망덕한 놈들'이라고 매도한댔지요. 그의 저택에는 마당에 수영장이 있고, 승용차가 세 대나 있고, 아들 딸 모두 미국에 집 사 보내고, 가내 장식 한 가지도 몇천만 원이고, 아들 결혼에 혼수감만도 1억 원어치를 하고, 아침 나들이 나갈 때마다 다이아 반지, 귀고리, 목걸이, 팔찌, 구두, 브로치 등을 절대로 같은 것은 안 한댔지요.

이만하면 당신도 알겠지. 생활수준, GNP, 경제발전, 공업화, 어느 나라는 굶주리고 우리는 어쩌고…… 등이 중요한 것이 아니라는 것을 알겠지요.

사치, 허영, 유행은 하느님도, 공자도, 부처도 쫓아버리는 위대한 마력을 가진 것이오. 요새 저 절과 교회 짓는 꼴들 보시오. 위대한 유행의 광증이요. 그 속에는 허위와 위선과 물질숭배가 가득 차 있을 것만 같소. 유행은 우상이에요. 우상을 안 믿는다면서 최고의 우상을 섬기는 꼴들을 보시오. 그것이 유행이란 말이에요."

더 무서운 것은 자기문화 상실증

남편의 말이 차츰 열을 띠고, 그 소리가 높아지고 있었다. 아들,

딸, 아내는 저녁 식사를 잊고 있었다.

"아……. 미안하다. 석아, 정아. 그럼 마지막 이야기를 하고 끝내자. 유행은 국가와 민족을 외세에 예속시킨다는 제3의 명제에 관해서다. 그중에서도 '문화적 종속'이다. 우리 사회를 한번 살펴보아라. 서울뿐이 아니다. 지리산 기슭의 마을까지 왜 그리 외래 유행이 판을 치니? 아이스크림이 어째서 외국 특허품이어야 하니? 운동화 한 켤레가 어째서 외국 자본의 상표만 붙으면 3만 원이어야 하니? 아까 말한 한 달 임금 7만 원의, 이 나라 근로자의 59퍼센트 남녀 노동자 월수입이 그 운동화 두 켤레 반이라는 사실을 알고서, 무슨 나라는 어쩌고, 어느 제도는 어쩌고 하는 것인지……. 넥타이, 헤어핀, 핸드백, 드로즈, 슈미즈, 와이셔츠, 팬티, 양말, 브래지어, 구두, 코카콜라, 화장품, 술 심지어는 아이들이 먹는 알사탕에 이르기까지 외국 상표 안 붙은 것이 없어. 이거 왜 이러는 거지? 값진 고가품은 말할 필요가 없어. 그리고 그런 상품이 즐비한 것을 처음 봤다는 사람이 이 나라의 풍요에 놀랐다는 따위의 말을 한다는 기사도 보았지. 아마 삐에르 가르댕 넥타이와 와이셔츠 뒤에 400억 달러가 넘는 나라의 빚은 보이지 않았던가 보구나.

가난한 나라의 유행은 나라와 민족을 외국의 탐욕스러운 자본에게, 그리고 마침내는 그 자본들의 소속국인 외국들에 예속시키는 결과를 초래한(했)다는 것을 생각해본 일이 있니?

우리나라 정치·경제 분야에서의 '소비미덕주의자'들은 그 이권관계로 인해서 자기 나라 국민의 이익보다는 그들의 이익을 뒷받침해주는 외국의 경제권이나 그것을 후원하는 외국 정치권력의 이익 옹호에 기울기 쉽다고 한다. 그 결과는 국민대중의 이중의 종속 관계지. 국내적으로는 국민대중이 그런 소비미덕주의 세력에 예속되고, 소비미덕주의 세력은 외국의 소비미덕주의 세력에 예속되니까. 또 깊이 생각할 현상이 있지. 잠시도 조용히 생각할 수 있는 시간을 안 주고 텔레비전 앞에 청소년을 붙들어 매놓는 저 야구소동 등 스포츠 폭풍, 텔레비전 프로그램을 꽉 메운 연애물, 이거, 과거의 식민주의 3s(스리 에스=스포츠 · 섹스 · 스크린) 정책 풍토가 아니구 뭐니?"

아버지는 아들과 딸의 반응을 살피면서 잠깐 이야기를 멈추었다.

"그런데 지금까지 제일 중요하고 핵심적인 사실을 말하지 않고 미루어왔는데, 그것은 외국에 대한 우리 한국인의 '문화적 예속', '정신적 예속'이다. 물질적 유행을 매개로 해서 외국의 자본주의적 소비문화에 길들어버리면, 자기도 모르는 사이에 자기 개체의 인간적 자율성을 상실할 뿐 아니라 국민적으로나 민족적으로도 외국문화 숭배자로 전락해버리기가 쉽다는 말이다. 인간적으로, 국민적으로, 민족적으로 '총자기상실'(總自己喪失) 상태가 되어버리지. 나는 지금의 우리가 바로 그런 상태의 환자라고 본다. 특히 미국의 그 추악한 소비문화에 대해서다. 해방 후 38년간 미국의 소비문화에 길들여진 결과, 우리는 뭣이건 US 것이면 무조건 숭상하는 문화적 정신파탄자가 되어버린 것 같애.

정아, 너에게 묻고 싶은 일이 하나 있다. 나도 미국인과는 꽤 오래 같이 생활하고, 영어도 남 못지않게 할 줄 알고, 그들의 생활속에서도 살아봤다. 그런데도 모를 일이 하나 있어. 우리나라 젊은이들, 특히 여학생들이 미국의 무슨 가수, 무슨 유행가가 나왔다 하면 바로 그날로 그 음악 같지도 않은 소음에 정서적으로 감정적으로 순식간에 도취해버리는 작태 말이다. 텔레비전에서, 야

외에서, 캠퍼스 미팅에서, 길가의 레코드 상점에서, 디스코홀에서, 그리고 국가 공영의 중앙방송에서, 흘러나오는 것은 오로지 팔다리 흔들고, 몸통을 비틀고, 소리를 빽빽 지르고, 남녀의 무엇을 형태화하는, 그런 노래뿐이니, 나는 정말 알 수가 없다. 구역질이 난다고 하면 내가 고루한 탓이니? 미국이나 서양의 무슨 유행가수, 무슨 팀이 왔다 하면, 우리나라 젊은이들이 그 앞에서 광적인 흥분을 하는 작태를 텔레비전 화면에서 자주 보는데, 어떻게 됐길래 그럴 수가 있니?

광란증이야. 최면술에 걸린 거야. 완전히 민족적 이성을 상실한 상태야. 듣자니, 그런 노래와 작태에 흥분해서 브래지어며 팬티까지 벗어던지고 난리가 난다고 하는데. 이거 미국 유행의 마력에 신들려버린 철저한 문화적 노예가 아니고서야 그럴 수가 있겠니? 민족적 이성이나 교양의 그루터기조차 찾아볼 수가 없구나.

우리 자신의 문화의 빈곤 탓일까? 그렇다면 우리 자신, 특히 문화활동과 관련된 이들의 책임일 수 있겠지. 하지만 나에게는 그렇게만 보이지는 않더라. 아까도 설명했듯이, 외국 문화, 특히 저속하고 경제불평등적 물질문화를 나라의 정책으로 추진해온 세력의 사상적·철학적 빈곤 때문이기도 하겠지. 그 위험성은 아까 제2의 해방이라는 대목에서 잘 설명했다고 생각한다.

그러다 보니 이제는 우리나라 가요에서도 유행했다 하면 으레 그런 양키 음악조의 곡조인 것 같다. 우리 국민은 몸은 한국인인데 머리와 가슴은 미국인인 것만 같아 보인다. 정치·군사·경제적으로 뭣이 되어도, 도덕·문화·사상적으로 예속되지 않으면 민족이 헤어날 길이 있을 거야. 유행이란 이토록 엄청난 의미를 갖는 것이 아니겠니?"

그는 딸과 아들과 아내의 반응을 살펴보았다.

"그렇게 깊이 생각해본 적이 없어요. 저는 유행이란 여성의 경우엔 여성의 아름다움의 권리라고 생각했어요. 우리 여학생 친구들도 그런 생각인걸요."

딸이 대답했다.

"나도 그랬어요. 하기는 우리 남학생들은 별로 유행을 따를래야 그럴 만한 것도 없는걸요. 그래도 나이키 운동화는 좀 신어보고도 싶기는 한데……."

운동을 좋아하는 고등학교 2학년짜리 아들이 조금 아쉬운 표정으로 대답했다. 사달라고 할 구실과 기회가 미리 봉쇄됐다는 걱정 때문인 것 같다.

아버지가 다시 말을 이었다.

"그럼 종합해서 이야기를 끝내자. 제복과 유행은 인간의 도덕적·정신적 위대성에 씌워진 굴레야. 제복과 유행은 하나는 고정적이고 하나는 변화적이니까 상반된 본성인 것 같지만, 인간의 해방, 특히 여성의 진정한 남녀평등과 여성해방을 저해하는 아름다운 독약이라고 말할 수 있지. 인간의 사회적·정신적·예속 관계의 의지가 그 속에 관철되고 있을 뿐만 아니라 사회정신을 타락시키고 궁극적으로는 국민의 의식을 '3s'로 마비시키고, 국가나 민족까지 외국의 자본과 외세에 예속시키는 결과를 초래하는 허울 좋은 현대화, 생활수준 향상의 알맹이다. 얼마나 무서운 일이냐!"

아버지는 벽에 걸린 시계를 올려다보았다.

"시간이 늦었구나. 미안하다. 피로할 테고 시장하기도 할 터이니 그럼 그만 하자. 하고 싶은 말은 많지만, 유행의 사회학을 좀더 깊이 연구하고 싶거든 이 책을 앞으로 공부해서 한번 읽어보아라."

아버지는 책장에서 앞서 인용한 몇 권의 책과 푹스의 『풍속의 역사』를 탁자 위에 펴놓았다.

창밖은 벌써 컴컴해져 있었다.

네 식구는 저녁밥을 먹기 위해 자리에서 일어나 부엌으로 갔다. 마지막으로 일어난 딸이 지나가는 길에 라디오의 스위치를 눌렀다. 디스크 자키의 호들갑 떠는 목소리가 흘러나왔다.

"방금 야구중계 프로가 끝났습니다. ……그럼, 다음은 미국 헐리우드에서 바로 오늘 아침부터 유행하기 시작한 대 히트곡, 차아리 리치 양의 「키스 앤드 굿바이」를 보내드리겠습니다. 「키스 앤드 굿바이」…… 얼마나 달콤한 노래입니까? 우리 젊은이들의 마음이 한껏 부풀어질 겁니다. 자, 그러면 미국의 차아리 리치 양의 「키스 앤드 굿바이」에 도취해보십시오……."

어느 젊은 농사꾼에게

임군. 팔다리 걷어붙이고 분무기 둘러메고 논밭 속에 묻혀 노동하는 임군을 오래간만에 보고 돌아온 후부터 나는 농촌생활에 관해 자꾸만 생각하는 버릇이 생겼네. 그전에도 생각하는 마음이 없었던 것은 물론 아니지만, 괴물과 같은 이 대도시 서울에서 보고 듣고 느끼는 것이 모두 임군과 같이 농사짓고, 농촌에서 일하는 사람들과 그 환경문제와 관련시켜서 생각하는 동기가 되었단 말일세. 결론적으로 말하면 나는 농촌문제나 농민에 관해서 말하는 이 사회의 지식인이라는 사람들을 멸시하고 농업과 농민의 복지니 발전이니 하는 구호를 앞세우는 정부, 관료, 지도자들에게 거의 신뢰감을 갖지 않게 된 지 오래지. 그런 까닭에 대도시에 앉아서 지식인의 한 사람을 자처하면서 사는 자신도 속이 훤히 들여다보이는 소리가 아니고서는 할말이 없다고 스스로 반성하는 거야.

오늘은 그런 답답하고 괴로운 심정을 못 이겨서, 극진한 대접으로 나를 맞아주었던 그 며칠 동안, 임군과 임군의 가정과 그 마을의 주변에서 보고 느꼈던 일을 몇 가지 적음으로써 임군과 가족의 호의에 답하고 싶어 펜을 들었네.

추수도 대강 끝날 무렵일 테니 한가한 시간이 나면 이 글을 읽으면서 함께 생각해보세. 내가 그곳에서 보면서 느꼈던 것을 두서없이 적어볼 테니 무슨 심오한 이론이나 학설이나 정책이 들어 있지 않다고 실망하지는 말게. 나는 본시 학자도 아니며, "농민과 농촌을 사랑하고 걱정한다"고 말끝마다 되풀이하는 정부나 정치계나 관료들과는 관계도 없는 사람이니까.

임군의 가정도 많이 달라졌더군. 라디오야 없는 가정이 거의 없게끔 되었으니까 그만두고라도, 텔레비전도 갖추어놓고, 서울에서 출판되는 주간지도 있었으며, 정기적으로 구독은 안 한다지만 중앙의 신문도 보고 있는 것을 알았네. 한마디로 말해서 농촌의 문화가 발전했다는 이야기가 되겠지. 그래서 오늘 이야기하고 싶어진 것은 그 '농촌문화'라는 것에 관해서일세. 그 많은 음파와 전파와 활자의 혜택이 농촌 구석에까지 미치게 된 것을 난들 반대할 이유가 있겠는가. 그러나 그 속에 많은 문제가 있다는 것만은 분명하게 인식하고 나서 그 소위 '문화'라는 것을 받아들여야 한다고 생각하네.

며칠 동안 묵으면서 보고 들은 텔레비전과 라디오, 읽은 잡지와 신문 그 속의 어느 하나, 어느 짧은 시간이나마 진정 농촌과 농민을 위하고, 생각하고, 아끼는 마음으로 꾸며진 내용이 있었던가? 한마디로 말해서 그것은 이 나라의 도시문화, 그것도 '서울문화'를 그대로 농촌과 농민에게 내려 먹이는 것 외에 아무것도 아니라는 것이 시골에서 듣고 볼 때 더욱 확연해지더군. 많은 마을사람들이 그것들을 즐기는 듯했고, 사람이야 집에 있건 없건, 하루 종일 틀어놓은 그 라디오에서 흘러나오는 소리 가운데, 이미 도시인

들을 완전히 타락시켜버린 찌꺼기 문화가 농촌 사람들을 침식시
키고 있다는 생각에 나는 불쾌감을 금할 수가 없었네.

오늘날 우리 사회의 도시문화, 특히 농촌을 덮어버리고 있는
'서울문화'란 그 본질이 무엇인가? 그것은 한마디로 말하면 농민
을 희생으로 해서 만들어진 문화 형태지. 물론 전적으로 그렇다는
것도 아니고, 처음부터 의도적으로 하나하나의 글이나 말이나 놀
음 모양이 그것을 위해서라고 단언하는 것도 아닐세. 공업화니 현
대화니 하는 것이 끊임없이 외국의, 특히 최근에는 일본의 정치·
경제·군사·문물의 개입과 작용으로만 가능한 그런 방향으로 치
닫고 있으니, 자연 우리 사회의 가치관도 선진공업국의 그것으로
물들 수밖에 없지 않겠나. 그들 사회의 가치관이 무엇인가? 그것
은 '물질주의' 즉 물질적 생산을 위해서는 인간적 가치는 거의 돌
볼 필요가 없으며, '돈' 즉 '이윤'의 극대화를 위해서는 인간에게
가장 중요한 '인간다운 조건'도 거의 무시되는 원리가 아니겠는
가. 이익만 있으면 사람을 죽이는 음식도 제조해내는 실례를 임군
도 잘 알 테지. 왜 그렇게 많은 광고가 라디오, 텔레비전, 신문, 잡
지를 채우고 있는가. 그 물건과 그런 생활방식이 인간의 진정한
행복에 '절대로 없어서는 안 될' 것들이라서가 아니라, 그런 것을
만들어 팔아서 돈을 벌어야 하는 자본, 기업이 끊임없이 대중의
소비성향을 자극하고 조성하고 조장해서 '돈을 벌겠다'는 오직 한
가지 동기에서 나오는 것이 아닌가. 이것을 '소비문화'라고 일컫
는 것을 임군도 잘 알고 있을걸세.

소비적 사회를 만들어야 이 사회에 투자한 외국의 자본은 큰 이
익을 올리는 것이고, 그 외국 자본과 밀접한 정치·경제·사회의
권력은 '적극적으로' 소비문화를 조장하게 마련이지. 외국 자본이

나 외국의 기술이 불필요하다는 말은 아니야. 450억 달러가 넘는 외채가 말해주듯이, 그들의 이익을 받들어서 경제와 정치의 힘을 계속 누려가는 체제를 이 사회의 원리로 만들어버린 그것이 걱정이라는 말일세.

신문, 라디오, 텔레비전, 잡지, 특히 주간지 따위의, 이른바 매스 미디어라는 것이 그 수족 역할을 하는 가장 중추적 매체이지. 신문, 텔레비전, 라디오, 잡지를 접하는 농민에게, 그 인조눈썹, 귓구멍 뚫어서 꿰차는 소 코뚜레가 아닌 인간의 귀뚜레, 수천수만 가지의 화장품, 한 해에도 몇 차례 길어졌다 짧아졌다 하는 여자의 스커트, 넓어졌다 좁아졌다 하는 남자의 넥타이와 양복의 스타일, 손톱 발톱에 물들이는 수십 종의 물감, 농민이 들으면 세상을 뒤집어 엎어버리고 싶은 생각밖에 나지 않을, 한 자리에 앉아서 계집 끼고 수백만 원 쓰는 서울의 환락가와 그렇게 돈을 물(그것도 구정물) 버리듯이 쓰고 다니는 사람들……. 이 모든 유행과 생활양식이 바로 소비경제에 바탕을 둔 이 사회의 경제체제가 만들어내는 것이 아닌가.

임군, 군의 집에서 막걸리 상을 차려놓고 마주 앉아 이야기하던 그 저녁의 텔레비전 프로그램이 생각나는가. 하기야 그 프로그램만이겠는가. 라디오, 신문, 잡지, 텔레비전을 떠들썩하게 하는 노래와 춤과 이야기와 유흥물이라는 것들, 무슨 배우, 무슨 탤런트, 무슨 인사의 정사 이야기, 가을의 여자 옷이 파리의 유행을 따르고, 겨울옷은 도쿄의 유행을 따른다는 식의 온갖 내용이 농민과 무슨 관계가 있단 말인가. 그런데 그런 소리, 그런 내용 없이는 소위 문화의 매체라는 신문, 방송, 라디오, 텔레비전, 잡지 등은 운영을 못 하게 되어 있는 것일세. 그런 '문화'를 일반화시키는 일도 돈 벌고 행세하는 사람들이 그것을 뒷받침하고 있으니 말일세. 그들은 시골에 사는 것이 아니라 도시, 그중에서도 서울에 살고 있는 아주 소수의 사람들이지.

이 겨레, 특히 농촌의 농민과 도시의 하급 노동자와 영세민이 무엇을 원하며, 무엇을 그들에게 주어야 하는가 따위는 대체로 이 소비문화의 제조가들과는 무관한 일이지. 소비문화를 대중화함으로써만 움직임을 계속할 수 있는 전체적 경제의 원리와 구조, 그것을 힘과 제도로 뒷받침하는 정치의 원리와 구조, 이것이 문제란 말일세. 그런 제도들과 그런 문화양식을 나는 시골 처녀들의 몸차림과 얼굴에서, 그 가정의 기구들 속에서 많이 보았네.

농민에게는 그러려야 돈이 없으니까 관계없다고 생각한다면 잘 못이야. 벌써 해방 이후 30년, 물질주의 문화는 농민의 한계적 저항을 무너뜨리고 농민의 가치와 의식을 깊이 좀먹어들어가고 있으니까 말일세.

그럼, 그런 제도를 지배하는 사람들의 성분이랄까, 속성을 알아야 하겠지. '지식인'의 문제야. 그것은 이 사회의 교육, 그 본질의 문제와 깊이 관련되지.

조금 어려운 말이 되지만 '인간의 존재피구속성'(存在被拘束性)이라는 말이 있네. 쉽게 풀이하자면, 누구나 그가 사회생활을 해나가는(또는 태어나 살아가는) 과정에서 사회적 조건을 그의 생활목적, 생활양식, 가치관, 사고방식, 행동 형태로 무의식중에 형성하게 마련이라는 말이지. 농민에게 농촌지도를 한다는 관리나, 농민의 이익을 도모하겠다고 약속하는 정치가·국회의원·지도자들, 농민에게 필요한 물자를 제조하는 자본가나 기술자, 농민의 안방까지 파고들어가는 매스컴을 움직이거나 그 속에 나오는 사람들,

심지어 임군의 어린 아들과 딸을 학교에서 가르치는 교사……, 이 모든 사람이 소위 '인텔리'라는 사회분자이고, 그것을 양성해내는 기관의 제도가 교육이 아니겠는가.

우리 사회의 교육은 초등학교에서부터 대학을 통한 전 과정의 목표, 교육 내용, 교육 방법, 그리고 교육을 받으려는 사람 자신의 동기가 이마에 땀 흘리고, 손발과 등뼈를 가지고 노동하려는 사람을 존중하기 위해서가 아니라 조금이라도 덜 일하고, 조금이라도 덜 육체노동을 하고, 조금이라도 움직이기보다는 책상머리에 앉아서 남을 지배하고, 명령하고 부릴 수 있는 그런 인간을 우러러보는 것을 이념으로 하고 있다고 보여지네. 노동을 멸시하고 천시하여 오직 머리와 턱을 가지고 펜대를 움직여 편안하게 명령하면서 살아가거나, 돈 버는 방법을 가르치는 것이 우리 사회의 교육의 특성이라고 나는 생각하지. 내 자신도 몇 해 동안 대학생을 가르쳐본 경험이 있지만, 예외적인 젊은이를 발견한 기억이 나질 않네. 그리고 그 사람들은 교육의 과정에 바친 돈을 서양의 자본주의 경제이론으로 '투자'라고 말하면서, 투자를 한 이유는 '육체적 노동'에서 면제되기 위한 것으로만 생각하고 있더군. 그 부모도 물론이고 교사도 그렇고, 교육 내용도 물론 그렇게 되어 있으니까.

그런 교육을 받는 사람들의 의식이 농촌 출신이면서도 농민과 노동자를 멸시하게 되는 것은 조금도 이상할 것이 없지. 그런 교육을 받은 인텔리가 정부, 관청, 경제, 금융, 교육, 매스컴, 법원, 생산기술 등 이 사회의 온갖 '제도적 파수병'이 되고 있으니 '투자'에 대한 '이윤'을 생각하지 않을 이유가 있겠으며, 농민이나 노동자를 경멸하지 않을 이유가 있겠는가. 그런 교육을 받아 그런 의식을 갖게 되고, 그런 위치와 기능을 담당하게 된 사람들이 바로 국회의원, 행정부 관리, 판사, 장교, 기술자, 교육자, 기업가, 회사원이며 그들이 이 나라 지도계층을 구성하고 있으니 농민이나 노동자나 가난한 대중을 위한 정책이 우선적으로 발상될 수 있을까를 생각하게 되네. 그들 자신의 직접적·개인적 이익은 소비사회의 각종 제도를 유지하고 더욱 굳혀나가는 데 있는데, 자신의 이익과 상반되는 농민이나 노동자들의 이익을 위해서 법률을 만들고, 가르치고, 신문기사를 쓰고, 텔레비전 프로그램을 짜는 등등의 일은 쉽지 않을 것만 같네.

그런 성분의 인간 계층이 모여서 만들어내는 문화(통틀어 제도와 정책)란 그들이 지배하고 있는 하층의 가난한 사람들이 그런 제도에 대해서 비판력과 반항심을 갖지 않도록 정신적·심리적·의식적으로 다독거리는 일이 고작일 것이라고 임군은 생각해본 일이 없는가?

나는 서울 시내의 으리으리한 호텔, 바, 카바레, 관청, 무역회사의 뒷골목에서, 때로는 출근길에 빈민촌을 지나갈 때마다 목격하는 한 가지 장면이 있네. 천대받고 찢어지게 가난하게 살면서 그 갖가지 매스컴이 뿜어내는 '가진 자' 취미의 마취적 향락에 넋을 잃고 도취하는 모습 말이지. 사람이란 아무리 괴롭고 울화가 치밀어올라도 울고만 살 수는 없는 동물이니 웃기도 하고, 춤도 추고, 노래도 불러야겠지. 그렇지만 멸시와 천대를 받고 소외된 사람들이, 그 사회 속에서 소비문화가 뿜어내는 마취적 작용 때문에 마치 자기도 그 혀 꼬부라진 노래, 그 돈 많은 사람의 생활, 그 탤런트의 값진 옷, 주체할 수 없이 많은 돈을 뿌리는 사람들이 고급 요정에서 노는 작태······그것들과의 아무런 위화감도 반항감도 없이 일체화된 생활을 누리고 있는 국민의 한 사람이라는 착각을 하고 있는 것을 보면 그만 괴로움에 가슴이 조여드는 것을 느끼곤 하네. 이 사람들이 대부분 소비문화를 찾아 서울로 모여든 남녀들이라는 것을 생각해보게.

의식을 갖는다는 것이 존중되지 않고 권장되지도 않을 뿐더러 오히려 소비문화적·물질주의적·귀족 취미적·지배자적·명령자적 생활을 지향하는 생존양식과 의식이 조장되고 있으니 딱한 일이 아니겠는가.

그러니 2,3년의 군대생활을 하고 나면 농촌으로 돌아갈 생각은 이미 없고, 차라리 도시의 뒷골목에서 비인간화된 생활을 갈망하게 되는 젊은이들의 사례를 많이 볼 수밖에. 시골의 색시들이 도시, 서울에 와서 땀 흘려 일하며 살기보다는 술집, 화류계, 사창가에서 스스로 비인간화된 생활을 고집하는 모습을 텔레비전의「추적 60분」같은 프로에서 자주 보았겠지. 나는 도학자(道學者)가 아닌 까닭에 나 자신이 직접 체험하는 일도 적지 않지만, 그런 아가씨들을 대하면서 시골에 있는 이 여성의 부모형제는 무엇을 생각하고 기대하고 있겠는가를 늘 생각해보네. 언젠가는 영등포의 초라한 술집에서 친구 두 사람과 겨우 3,000원 남짓한 술을 팔아주었더니 나오는 길에 그 집 아가씨들이 밤중에 따라나오지 않겠는가. 갈 곳이 있으며, 여자의 서비스는 그것으로 족하다고 해도 막무가내로 따라가겠다는 거야. 웃지 말고 들어주게, 임군.

사연인즉, 셋이서 그만큼 팔아준 손님은 단골로 잡아야 하니 함께 가서 밤시간을 즐겁게 해주라는 마담의 명령이라는 걸세. 만약 그렇지 못하면 그대로 돌아갈 수 없고 갈 곳이 없으니, 사정을 봐달라는 하소연이 아니겠는가. 생각해보게. 3,000원어치를 셋이서 팔아준 것뿐일세. 그러니 그 시골 처녀들의 그 술집에서의 생존이 어떤 것이겠는가는 짐작이 갈 줄 믿네.

시골에서 놀고 먹을 수 없는 일이니 도시에서 몇 푼이라도 버는 것은 좋은 일이 아닌가고 반문하는 사람도 있지. 좀더 유식하게 말하기를 좋아하는 학자들은 '취업'의 기회가 확대되고 '고용률'이 높아졌다고도 말하지. 인간을 비인간화하려는 과정에서 주고받는 대가도 그들이 말끝마다 내세우는 국민소득의 증대 속에 포함되고, 이른바 GNP의 큰 몫으로 계산된다는 것을 알면 현실을 보는 눈이 좀 달라져야 하지 않겠는가.

지금 가을이 된 서울의 중심가에 농촌에서 올라온 수학여행길의 초등학생, 중고등학생들의 대열을 다시 보게 되었네. 수학여행의 뜻이나 서울에 오기까지 집안에서 비용 만들기에 관해서는 이야기하지 않기로 하지. 다만 그 학생들의 대열을 볼 때마다 내가 생각하는 것은 서울이나 도시의 국민학교, 중고등학교 학생들은 어째서 농촌에 내려가서 농사짓는 것을 배우는 '수학'을 하지 않느냐 하는 문제일세. 그런 생각은 아예 이 사회에는 불필요한 것이고 교육이란 것이 바로 그것을 낭비라고 보는 듯싶네. 그럴 수밖에 없는 것이, 이 사회의 모든 지배이념은 '지배자 지향 이념'이지 그 반대가 아니라는 것은 앞서 이야기를 끝낸 터이니까 더 설명할 필요조차 없지. 농민, 노동자의 처지와 농사 짓고 물건 만드는 사람들 속에 들어가서 그 체험을 나누려는 지식인은 오히려 위험시되는 풍조인 듯싶네.

나는 농민이 좀더 정치적 감각과 사회에 관한 문제의식을 가져주기를 바라는 마음 간절하네. 그것은 '생각한다'는 뜻인데, 이 사회에서는 생각하지 않고 사는 것이 제일 편하게끔 되어 있다는 것을 모르고 하는 소리는 아닐세.

임군, 생각한다는 것은, 더욱이 생각한 결과를 행한다는 것은 이 사회에서는 자신에게 형벌을 가하는 일이 된 듯싶네. 그러나 '정치는 우리가 할 테니 너희들은 따르기만 하면 된다'는 식이야 성립될 수 없지 않겠는가.

오늘은 늦었으니 이만하고 군의 회답을 기다리겠네.

11월 서울에서

• 1976

신문이 하나 둘 사라지는데

요사이 신문을 들여다보고 있는 사람들이 내뱉듯이 말하는 것을 가끔 들을 때마다 가슴 아파진다. 이런 말이다.

"이럴 바에야 제기랄, 신문 같은 것 하나 남김없이 싹 없애버리지!"

지금 신문들이 겪고 있는 고충을 알지 못하는 시민들의 무책임한 말들이다. 그렇지만 시민들의 그 순간적 감정의 표시가 뜻하는 바를 전적으로 부인할 용기도 없다. 사실 말이지, 이 사회 안에서 또는 밖에서 일어나거나 들려오는 중요한 일치고, 우리 신문, 통틀어 우리 언론기관을 통해서 얻는 정보란 거의 없다. 대부분의 중요한 소식은 정부가 법률로 엄하게 금지하고 있는 바로 그 '유언비어'를 통해서 전해지는 것 같다.

옛부터 공개 미디어의 기능이 마비되면, 으레 쑥덕공론, 귀엣말, 눈치로 때려잡기, 유언비어 등이 미디어의 기능을 대신했다. 그런 뜻에서 유언비어는 동서양을 막론하고 힘없는 백성의 한 문화양식이고 민중의 언론이었다.

귀와 눈과 입의 기능을 상실한 민중은 유언, 낭설, 비어를 접할 때마다 짜릿함을 느낀다. 감았던 귀와 눈을 크게 뜨면서, 그리고 이상야릇한 미소를 지으면서 고개를 끄덕끄덕한다.

"아, 그랬구먼."

"그러면 그렇지."

감탄사를 연발하기도 하고, 그것조차 해서는 안 될 때에는 그저 고개 동작만으로 민중의 지혜를 표시한다.

백성이 이 같은 반응을 보일 때에는, 그 시대와 사회는 공개 미디어가 '체제화'되어 있음을 의미한다. 어용화된 미디어는 민중과 유리된 상태이고, 그것은 민중의 규탄을 받고 원성의 대상이 된다.

"이럴 바에야 신문 같은 것 싹 없애버리지!"라는 말이 여기저기서 튀어나오게 되면 위험한 상황이 되었다는 뜻이다. 대체로 이런 것이 민중적 차원의 위기 감각이었다. 무서운 일이다.

대저 어느 민족이든 사회의 고양기(高揚期)에는 활발한 언론이 그 특징을 이룬다. 우리의 현대사에서만 보더라도, 개화기 3·1운 동 후의 몇 해, 해방 직후의 몇 해, 그리고 4·19 직후의 잠시가 그에 속한 시기가 아닌가 싶다. 새삼스럽게 각 민족, 각 사회의 역사적 고증이 필요하지 않을 만큼 상식화된 일이다.

이에 반하여 사회의 퇴축기(退縮期)에는 언론이 오므라드는 것 같다. 서로가 서로에게 작용하고, 서로가 서로의 척도가 되어준다. 물론 여기서의 언론이란 현대 사회의 신문·잡지·전파 미디어 등의 공중매개체만을 두고 하는 말은 아니다. 마음속에 있는 것을 털어놓고, 알고 있는 것을 말할 수 있는 개인의 사회적 기능 전체를 두고 말하는 것이다.

마찬가지로, 사회의 고양기라든가 퇴축기라고 하는 것도 정치의 권력이 고양되거나 경제가 표면상 흥청대는 상황 같은 것을 두고 하는 말이 아니다. 문화, 도덕, 백성의 일치된 귀속감 또는 소외감, 활발한 참여의식, 민중의 창조적 협동 등 그 사회의 정신현상을 통틀어 평가하는 말이다.

오늘날 나는 신문, 잡지, 통신, 라디오, 텔레비전 등을 통해서 알고자 하는 노력을 포기했다.

낭설, 풍문, 유언비어, 뜬소문, 눈짓, 귀엣말 등이 언제나 나를 짜릿하게 흥분시켜주는 언론의 미디어다.

최근 잇달아 신문이 폐간되거나 통합되는 상황 속에서 나의 마음은 언제나 짜릿한 것을 찾아 헤맨다

• 1973

왔다(來了)!

노신과 그의 시대

나는 노신(魯迅)의 글은 창작 못지않게 '잡문'을 좋아한다. 노신은 겸손했던 탓인지 자기의 사회시평을 '잡문'이라고 낮추어 불렀다. 그의 잡문 중에서 내가 제일 좋아하는 것은 「페어플레이는 아직 이르다」이지만 그보다 훨씬 짧은 「왔다(來了)!」라는 잡문도 짜릿한 맛이 있어 좋다. 우리나라에서도 이미 노신의 글은 많이 번역 출판되어 있어 대개 읽고 있을 줄 믿지만, 혹시 아직 못 읽은 이를 위해서 인용해본다. 인용하기에는 조금 지루한 글이지만 고인에 대한 예의라고 생각하면 참을 만하다.

라이러(來了)!

최근 들어 사람들은 "과격주의가 왔다!"고들 한다. 신문에서도 날마다 '과격주의가 왔다'(過激主義來了)라고 흥분하고 있다 (과격주의는 공산주의를 말함—필자).

돈깨나 가진 사람들에게는 언짢은 말이다. 관리들도 자기 나라 노동자들을 경계하고, 러시아인의 감시에 야단인 듯하다. 검찰 당국도 관하기관들에 '과격당의 단체 결성 유무'를 엄중 탐사하라는 지시를 내릴 정도다.

야단법석인 것도 무리한 일은 아니고, '엄중 조사'도 그럴 법하다. 그러나 한 가지 묻고 싶다. 과격주의란 무엇인가?

이 질문에 대해서는 웬일인지 그들은 설명하려 하지 않는다. 그러니 나 또한 알 도리가 없지만 다만 이것만은 말할 수 있다. '과격주의'란 절대 올 리가 없다. 두려워할 필요가 없다. 문제는 그 '온다!'는 올 것이고, 그것이 무서운 일이다.

우리 중국인은 박래(舶來)의 어떤 주의(主義)에도 흔들리는 일이 절대로 없다. 그것을 말살하고 박멸할 힘이 있기 때문에! 군국주의는 어떠한가? 우리가 언제 제대로 외세와 싸운 일이라도 있는가! 무저항주의는 어떠한가? 우리는 유럽(제1차) 대전에 참가하지 않았는가! 자유주의는 어떠한가? 우리는 그러한 생각을 말하기만 해도 처벌되고 입만 뻐끔 열어도 당하고 있지 않은가! 그럼 인도주의는 어떠한가? 우리의 인신(人身)은 지금도 매매되고 있는 실정이 아닌가!

그러고 보면 어떤 주의도 중국을 어지럽게 할 수가 없다. 동서고금, 어떤 분쟁도 주의가 원인이었다는 말을 들은 일이 없다. 예를 들자면…….

그 모든 것은 '왔다!'가 왔을 뿐이다. 만일 온 것이 주의라면, 주의가 이루어지면 끝날 것이다. 그런데 그 모든 흥분이 단순히 '왔다!' 때문이라면, 완전히 온 것도 아니고, 다 와버린 것도 아니고, 온들 어떻게 된다는 것도 분명하지 않다.

민국(民國, 1911년 신해혁명)이 성립하자, 내가 살던 작은 읍에서도 사람들은 재빨리 백기(白旗)를 올렸다. 그리고 남녀노소가 정신나간 듯이 야단법석이었다. 성내(城內) 사람은 시골로 도망가고 시골 사람은 성내로 도망왔다. "무슨 일이 일어났소?"라고 묻자 그들은 허겁지겁 대답했다.

"뭔지, 하여간 왔다고 합니다."

모두가 떠들썩 두려워하는 것은 '왔다!'였다. 나도 그랬다. 그 당시에는 다수주의(多數主義, 공화제의 뜻 - 필자)가 왔을 뿐 '과격주의'는 없었던 때인데도 말이다.

노신의 이 짧은 글의 정신을 이해하기 위해서는 그 글이 씌어졌던 시대적 상황을 알 필요가 있다. 타락·탐욕·무능·전제의 세계적 상징이던 만족(滿族)의 청조(淸朝)가 무너지고 한족(漢族)의 중화민국이 들어섰다. 질식할 듯 몸부림치던 중국인 지식인들은 이제부터 속임수가 없고, 순리가 통하고, 소수의 압제가 다수에 의한 공화적 정치로 대치되는 것으로 알고 가슴 뭉클했다. 중국 천지를 무겁게 억누르고 있던 비리(非理)와 역리(逆理)의 구름이 탁 트이고, 그곳에 단순한 민중적 상식의 햇살이 눈부시게 비쳐올 것으로 알고 기뻐했다. 노신도 그중의 한 사람이었다.

그런데 현실은 그들을 배반했다. 그 혁명은 꼭대기의 사람을 바꾸었을 뿐, 정작 필요한 사회혁명으로 발전하지 않았다. 구·미·일 선진 제국주의 세력의 비호를 받는 군벌들이 한 사람의 황제를 대신해서 지배자로 들어앉은 것뿐이었다. 지식인의 자유와 정의는 말뿐이고, 민중의 무지와 빈곤은 오히려 날로 더해갔다. 혁명가(당시는 손문을 비롯한 중화혁명동맹회)의 피는 헛되이 흘려졌고, 그나마 잊혀가고 있었다. 천지에 다시 암흑이 깔렸다.

새 군벌 통치자들은 이 같은 현실에 대한 민중의 의식이 트이는 것을 두려워했다. 원세개, 단기서, 장훈(張勳), 풍국장(馮國璋) 등 군벌들의 통치 무기로서 '과격주의 왔다'가 등장한다. 그들의 절대적 통치에 불편한 것은 그 무엇이나 가릴 것 없이 '과격주의'의 탓으로 돌려졌다. 군벌 통치의 지적·이데올로기적 봉사를 맡은 지식인과 신문과 잡지(당시는 아직 라디오와 텔레비전이 없던 시대다)는 날이면 날마다 과격주의 '왔다'를 외쳐댔다.

왔다!……
왔다!……
무엇이 왔어?……
……하여간 왔다!……

이 상황은 노신에게 견딜 수 없는 일이었다. 그 때문에 그는 거의 절망 상태에 빠졌다. 이 상태에서 그는 해병장교(南京江南水師學堂), 광산·철도기사(江南陸師學堂附設 礦務鐵道學堂), 의사(日本仙台醫學專門學校)의 길을 버리고 문학의 길을 택한 것이다. 노신은 통치자들의 '대중몽매정책'에 대항해서 중국 대중의 '의식'을 깨우치는 것이 자기의 할 일이라고 깨달은 것이다. 이 같은, 중국 사회의 절망으로부터의 탈출(극복)이 노신의 문학적 출발에 결정적 동기가 되었다는 것은 어느 노신 전기나 한결같이 쓰고 있는 것이기에 더 이야기할 필요도 없는 일이다. 그는 칼과 대포, 측량기, 청진기와 메스를 놓고 펜을 들었다.

노신이 해군 제독이 되었다면 그 자신과 중국 해군은 어떠했을까? 그가 광산왕이 되고 철도 재벌이 되었다면 차라리 중국을 위해서 낮지 않았을까? 그가 이름난 의과대학 교수나 의사가 되었더라면 수많은 중국 민중이 5천 년의 신체적 질병에서 구제되지 않았을까? 그러나 그는 중국 사회와 중국인의 문제는 물질적 쇠약함이나 신체적 질병이기보다는 통치세력과 그 제도에 의해서 길들여진 '정신적 무기력'과 '지적 몽매'라고 진단한 것 같다. 어쩌면 이것은 의사가 되기에 실패한 노신의 유일한, 그리고 가장 위대한 진단이었는지도 모른다. 사실, 역사는 그 진단이 옳았음을 기록하고 있다.

도대체 무엇이 왔단 말인가?

5억의 '길들여진 인간' 아큐(阿Q)가, 잠에서 깨어 눈을 뜨고 귀를 후비면서 입을 벌려, 무엇인가 외치려고 꿈틀거리는 모습이 눈에 선하다. 그 앞에 펜 하나밖에 든 것이 없는 노신이 보인다. 잠에서 깬 중국 민중의 입을 벌리려는 순간, 여기저기서 귀에 익은 소리가 더욱 무섭게 윽박지른다.

과격주의가 왔다!
과격주의가 왔다!

이것은 무서운 소리다, 누구도 되물어서는 안 되는 소리다. 되물으면 바로 '과격주의자'가 된다. 그것이 무슨 말이냐고 질문한 바보가 그 전날 어떤 꼴이 되었는가를 그들은 똑똑히 보아서 알고 있는 터다. '왔다!'면 온 것이지, 그 이상 물을 것도 알 것도 없는 것이다. '무엇인가 온 것'이다! '하여간 온 것'이다!

겨우 무엇인지 어렴풋이 보일 것 같기도 하고, 아득히 들릴 것도 같았던 중국 민중은 겁에 질린 얼굴로 다시 그 자리에 드러누우려고 움츠렸다. 몽매하고 무기력한 중국인에게는 하나의 위대한 지혜가 있다. 그리고 영원히 잠드는 것이다. 깊이 잠든 민중을 군벌과 향신(鄕紳)들은 지극히 사랑할 만큼 자비롭고 너그럽다는 것을 중국인은 체험으로 터득한 지 오래니까. 그것이 바로 동시대의 임어당(林語堂) 같은 서양인의 사랑을 받는 문인들, 군벌이 치켜세우는 도희성(陶希聖) 같은 학자들이 달콤한 목소리로 민중의 귀에 대고 속삭여주던 '중국의 지혜'라는 것이었으니까.

　　왜 보려고 하는가? 왜 들으려 하는가? 왜 알려고 하는가? 왜 생각을 하려는가? 왜 입을 열려고 하는가? 왜 주먹을 쥐려고 하는가? 왜 생각을 하려는가? 모두 철없는 짓이다. 하나를 보면 둘을 보고 싶어지게 마련이다. 소리를 들으면 뜻을 알고 싶어지게 마련이다. 알게 되면 감정이 격하게 마련이다. 생각을 하면 절규하게 마련이다. 주먹을 쥐면 부수고 싶어지게 마련이다. 뛰면 몸을 다치게 마련이다. 모두 헛된 일이다. 그 모든 것은 힘 있는 사람과 학식과 덕망 있는 사람들에게 맡기고, 너희들은 나른한 몸으로 달콤한 꿈을 꾸어라. 꿈은 현실이다. 현실을 깨면 너에게는 꿈마저 없을지도 모른다. 그리고…… 과격주의가 올지도 모르지 않는가!……

노신이 「왔다!」를 쓴 심정을 어렴풋이나마 이해할 수 있을 것 같다. 도대체 "뭣이 왔단 말인가?"

기억도 아득한 한 시대 전 일이라 확실치는 않지만, 우리 주변에도 '왔다!'가 온 일이 있었던 것으로 생각난다. 뭣인지 크고 작은 일이 벌어지면 으레, 힘 있는 어른들과 학식 많고 덕망 높은 지식인들은 입을 모아 '왔다! 왔다!'라고 친절하게 우리를 깨우쳐주었다. 그럴라치면 또 으레, 신문과 잡지가(이때는 노신의 시대보다 발달하여, 라디오라는 것과 텔레비전이라는 문명의 이기까지 들러붙어) 하루 종일, 아니 1년 내내, 화성과 지구의 충돌 시간이나 다가온 것처럼 법석을 떨었다. 하도 세상이 떠들썩하기에 좀체 동할 줄 모르는 지둔하고 무감각한 나이지만 왕년의 중국인처럼 부스스 잠을 깨어 귀를 기울였다.

왔다!
무엇이 왔어?
왔다!
뭔지, 하여간, 왔어!

금세라도 천지가 무너질 듯 소란스러운 소리의 홍수 속에서 간혹 가다 들리는 말이 있었다. '의식'(意識)이라는 비명소리였다. 더욱 귀를 기울여보니, 온 누리를 시끄럽게 하는 그 소리들은 '의식이 왔다!'는 것 때문에 가누어 들을 수가 있었다. '의식화'(意識化)가 왔다는 겁나는 소리도 들린다.

정신을 못 차리고, 넋을 잃은 듯, 세상이 시끄러울 때마다 몇 권의 책 이름이 들먹거려진다는 것도 차츰 알 수 있었다. 꽤 옛날 일이라서 지금은 그 책과 저자 이름조차 제대로 기억나지 않는다. 무슨 『우상과……』 어쩌고, 『전환시대의……』가 어쩌고저쩌고 했던 정도의 어슴푸레한 기억밖에 없다. 글쓴이의 이름도 공자나 노자의 동시대 인물만큼이나 기억의 안개 속에 희미하다. 워낙 오래 전 일이고, 나의 머리는 오랜 잠에 취해 있던 터이라 양해해주기 바란다. 그것은 어쨌든, 왔다면 의식이고, 의식 하면 루소도 아니고 헤겔도 아닌, 노신은 더군다나 아닌, 이름도 들어본 일이 없는 그『……과 이성』이니 『……의 논리』니 하는 저서가 들먹여진다는 것이 신기했던 것만이 뚜렷이 기억에 남아 있다. 그 책을 읽으면 뭔가가 온다는 것이었다.

책은 방방곡곡의 서가에서 거두어들여졌다. 온다는 것을 막기 위해서라는 것이었다. 무서운 병원균을 박멸하는 것과 같은 정열이었다. 지식인들은 호기심과 두려움이 뒤섞인 겁먹은 표정으로, 읽어보지도 못한 그 이름을 놓고 수군댔다고 한다. 많은 대학생과 지식인이 그 '병원균'에 감염되었기 때문에 격리되어 모진 치료를 받았다고도 들린다. 감염 여부를 진단하는 재판도 매일같이 열렸다고 한다. 그러자니 나라의 재정이 적지 않게 낭비되었으리라는 것도 짐작이 가는 일이다.

그런데도, 그 왔다고 외쳐대는 이들은 왔다는 의식이 무엇이며, 어째서 그토록 태산이 명동해야 하는지 납득할 만한 설명을 못하더라는 이야기였다. 그 사회의 이름은 '민주주의'였다고 한다. 민주사회의 시민이 민주사회의 원칙들에 관한 의식을 갖는 것이 어째서 죄가 되어야 하느냐를 이해하지 못한 나는 어느 날 전문가에게 물어보기로 했다. 내가 평소에 존경하는 그분은 친절하게 나를 깨우쳐주는 것이었다. 그의 말인즉, 세상이 '왔다!'고 떠드는 그 책들은 다만 민주사회의 초보적 상식에 관한 평범한 내용이라는 것, 그 저자라는 사람을 놓고 말하면, 별로 배운 것도 없고, 놀랄 만한 이론도 철학도 가진 것이 없는, 나나 별로 다름없는 평범한 사람이라는 것이었다.

그분의 설명은 계속되었다. 단순히 세상의 일을 있는 그대로 보면서 마음이 괴롭지 않은 선량한 시민에게는 명명백백한 이야기 밖에는 씌어진 것이 없다고 했다. 그러니까 읽을 가치도 없다는 말이었다. 읽어봐야 올 것도 없고 갈 것도 없는, 보잘것없는 책들이니 아예 읽어볼 생각은 하지도 말라는 친절한 그의 충고만은 지금도 잊혀지지 않는다.

나는 그래도 뭔가 미진한 느낌이었기에 한마디 물어보고 싶어졌다.

"그렇다면 왜 그렇게 야단들이지요? 건전한 상식밖에 아무것도 아니라면 말입니다."

그분은 발을 돌려 가려다 말고, 질문의 뜻을 알겠다는 듯이 말을 이었다.

"바로 그 건전한 상식이 문제인 거지요."

그러고는 한참 머뭇거리더니 입을 열었다.

"당신은 중국의 작가 노신의 글을 읽어본 일이 있소?"

나는 왠지 무시당하는 듯한 가벼운 반발심이 속에서 일어남을 느끼면서, "예, 한두 가지는⋯⋯"하고 중얼거렸다.

"그럼 됐습니다. 노신의 시대, 중국 민중에게 필요했던 것은 요란한 경륜이나 난삽한 이론이 아니라 다만 '건전한 상식'이었어요. 그리고 그 건전한 상식을 민중이 알아들을 수 있는 평이한 표현으로, 실례를 놓고 설명해주는 일이었어요. 노신의 작품에는 단한 편의 글도 어려운 것이 없습니다. 서양의 말에, 어려운 이론이나 철학으로 풀리지 않을 때에는 건전한 상식에 물어보라는 말이 있다는 것은 당신도 아시지요? 그의 글들은, 민중에 대한 사랑을 갖지 않는 권력자나, 박사학위를 몇 개씩 가졌다는 이들이 들러붙어, 요사스러운 이론과 남에게서 빌려온 철학으로 토막내고, 비틀고, 뒤집고, 난도질할수록, 평범하고 착한 마음의 눈에는 더욱 그 뜻과 정신이 선명히 드러나 보였다고 합니다. 문제는 그것이겠지요."

그는, 지금 한창 구설에 오르는 책들은 보잘것없는 것임을 강조하면서도, 시간의 낭비를 마다하지 않는다면 한번 읽어봐도 무방하리라는 말을 남기고 가버렸다.

내부 비판을 겁내는 사람들

이런 긴 과정과 오랜 생각 끝에, 이런 계몽적 민주시민을 만난 것이 계기가 되어 나도 그 책들을 구해 읽어보기로 결심했다. 무식할수록 잘 이해된다는 격려의 말이 도움이 된 것은 두말할 나위도 없다. 합법적 절차를 거쳐서 출판된 책이라는 보장이 준법정신에서 누구에게도 뒤지기를 원치 않는 나의 용기를 돋워준 것도 적어야겠다.

나의 실망은 컸다. 밤을 새워 읽고 난 나의 배신감이 이만저만이 아니었음을 고백해둔다. 허탈감도 대단했다.

"이럴 수가 있을까?"

나는 다 읽은 마지막 페이지를 넘기고 책을 내려놓으면서 혼자 중얼거렸다. 세상이 온통 나를 속인 것만 같았다. 공자의 말씀으로 말하자면, 우리 같은 범부야 생이지지(生而知之)할 만큼 영특하기는 고사하고, 학이지지(學而知之)할 만큼 깨우칠 줄도 모르는 둔

재다. 그런 나인데도 그처럼 세상이 무너지기나 할 듯이 '왔다!'고 떠들어대는 그 책들에는 이렇다 할 만한 '의식화'될 새롭고 어려운 것이란 아무것도 발견할 수가 없었다. 나 같은 배우지 못한 사람이 그러거늘 각 영역에서 이 나라를 주름잡는다는 사람들이 떼를 지어 '왔다!' '왔다!'라고 법석을 떠는 것이 기이하게 생각되기만 했다.

나의 고민은 그치질 않았다. 새로운 고민이 시작된 것이다. 지극히 당연하게 여겨지는 그 사실들을 놓고 이토록 온 누리가 시끄러울 때는 내가 아직도 이해하지 못한 무슨 심오한 지식이라도 그 속에 숨어 있는 것일까? 그 책을 읽거나 심지어 가지고 있는 것만으로도 신문에 났을 정도라면, 아직 내가 깨우치지 못한 것이 있을 게 확실하지 않겠는가? 굉장한 조직을 가진 기관들이 그렇게 단정하고, 학식과 덕망을 아울러 갖추었기에 현란한 지위에 올라 있는 분들이 병원균에 닿은 듯이 치를 떤다면 확실히 오기는 온 것이 아니겠는가? 온 것이 뭐냐?

그런 자기반성 끝에 다시 책을 들었다. 벌써 몇 밤을 읽고, 생각하고, 지새웠는지 모른다. 이젠 무식도 위안일 수가 없고, 요사한 이론에 병들지 않았다는 순박한 마음도 자랑일 수 없어 보였다.

이번에는 한 가지 한 가지 메모를 하면서 생각해보기로 했다. 이 저자는 이 책을 통해서 무슨 말을 하려는 것일까? 과연 무슨 의식이 온 것일까? 아니면 다만 '왔다!'가 온 것일까? 낱낱이 점검을 해볼밖에 도리가 없다.

처음에 나오는 이야기는 민주주의 사회에서는 시민이 각기 생각을 달리할 수 있다는 내용이었다. 불현듯이 아득한 기억 하나가 떠올랐다. 외국 영화의 한 토막이었다고 기억한다.

어떤 마을에서, 동네를 무척 시끄럽게 하던 청년이 주민회의 결정으로 마을에서 쫓겨난 후, 국가가 위기에 처했던 전쟁에 나가 세상이 깜짝 놀랄 만한 전공을 세우고, 용약 금의환향하게 되었다. 제2차 대전 때의 일이다. 마을 사람들은 형식적이나마 이 용사의 귀향을 환영할 것인가를 놓고 회의를 열어, 표결에 붙였다. 만장일치일 줄 알았는데 개표 결과 한 표의 반대가 있었다. 모두 깜짝 놀란 것은 당연하다. 용사의 귀향은 '만장일치'로 환영해야 할 것이 아닌가? 영광스러운 훈장을 가슴에 단 지난날의 탕아가 두 손을 번쩍 들고 자랑스럽게 입장했다. 박수는 우레와 같았다. 그때, 용사의 아저씨가 단상에 올라가 조카를 힘껏 포옹하고는 군중을 향해 입을 열었다.

"아까 여러분이 놀란 반대표는 내가 던진 것이요. 이 영웅을 맞는 기쁨이 나보다 더한 이는 없을 것이요. 그렇지만 나는 아무리 좋은 일이라도 만장일치는 싫소. 어떻게 모두가 꼭 같은 생각을 해야 한단 말이오. 그러기에 나는 반대표를 던지고, 이렇게 만장하신 여러분의 누구보다도 나의 조카의 귀향을 환영하는 바요."

모두가 두 번 놀랐다. 박수가 두 번 공회당을 흔들었다.

중국의 현대사에 등장하는 원세개는, 구한말에 12년이나 이 나라에 체류하면서 한국의 조정과 정사를 쥐고 흔들었던 흉물로 우리에게도 낯설지 않은 인물이다. 노신의 글에는 원세개의 작태가 동기가 된 것이 여럿 있다. 수많은 혁명가와, 당시 중국 민족의 가장 선량하고 애국적인 정열에 불타는 지식인들의 피로 이루어진 신해혁명의 함성이 가라앉기도 전에 원세개는 손문에 이어 민국 총통이 된 지 3년도 못 되어서 황제가 되고자 했다. 그가 황제가 되기 위해서 우매한 중국 민중을 어떻게 다루었는지는 설명이 필요하지 않다. 노신이 미워했던 것은 시대 역행적인 황제제도의 복구 못지않게, 전국 400여 주에서 북경에 모인 '국민대표' 1,993명이 1,993표의 찬성표를 던진 사실이었던 것 같다.

이런 것을 읽고 보니 결국 '일사불란'이나 '만장일치'는 반드시 미덕일 수만은 없다는 것을 알게 되는 것 같았다. 또 결과가 아름답기 위해서는 그 절차와 과정에 불순함이 없어야 하는 것도 비로소 깨우치게 되었다. 이 저자는 일사불란과 만장일치가 최상급의 미덕으로 추앙되었던 나라나 사회가 어떤 길을 걸었는가를 특히 힘주어 설명하려는 인상이었다. 파쇼 이탈리아, 나치 독일, 군국주의 군인 지배체제의 일본, 스탈린의 소련, 프랑코의 스페인, 장개석의 중국, 대외 의존적 소수 지배의 베트남 등 현대사에 명멸한 수없이 많은 실례를 그 속에서 읽으면서도 깨달음이 없었던 나의 몽매와 암우(暗愚)를 비로소 뉘우치게 되었다.

만장일치주의와 일사불란주의는 내부적 비판을 사갈시(蛇蝎視)한다는 것도 알게 되었다. 그 속에서 지적된 그 많은 만장일치주의의 지도자들은 관념주의를 좋아했다는 공통성도 차츰 알아차렸다.

상대적 가치가 있을 뿐, 절대적 가치란 없다는 것을 배운 것도 그 속에서였다. 절대화된 가치개념은 추상화 논리를 전제로 하는데, 그 결과가 국가지상, 민족지상, 질서지상, 안정지상 등 '지상주의'로 나타난다는 사실을 배운 것은 적지 않은 수확이었다. 구체적인 '인간'의 '구체적'인 차이성, 개성, 행복과 염원 등 구체적인 요소들을 사상해버리고 추상화된 '관념적 존재'들을 숭상하게 될 때, 바로 그 사회는 그 주장하는 목표와는 반대로 분열되고, 타락하고, 창조력을 상실하게 된다는 점도 그 책이 나에게 가르쳐준

귀중한 교훈이었다. 한마디로, 다양성을 토대로 한 통일, 자율·자발성을 원칙으로 하는 복종과 지지의 중요성도 비로소 배웠다. 그 책들에는 바로 그와 같은 구체적·현실적인 사례가 무수히 열거되어 있었다. 나 같은 추상적 이론은 질색인 사람의 눈을 뜨게 해주는 데 크게 도움이 되었다. 아, 그렇다면 이것이 그토록 몰매를 맞는 '의식'이라는 것인가보다!

무슨 무슨 주의를 절대화하는 사람들일수록 그 행동은 의심스러운 사람들이라는 것을 알게 된 것도 한 깨달음이었다. 한 시기 전의 일이지만, 나라를 제일 사랑하고, 반공을 제일 강하게 부르짖던 지도자들이 있었다. 정의와 민주와 국민복지를 입버릇처럼 훈시하던 지도자들이 있었다. 그들이 권력의 자리에서 추방되자, 그들이 틀고 앉아 있던 둥지에서, 현금 수천억 원, 토지 몇백만 평, 금송아지, 금병풍, 다이아몬드더미, 버스를 타고 달려도 한 시간이 걸리는 광대한 농장, 수십억 원짜리 저택과 별장, 남의 이름으로 돌려놓은 수천억 재산의 기업체·증권·사채, 도피된 외화, 네로 황제가 아연실색할 사치·방종·타락의 사생활 등이 드러났다는 말을 들은 일이 있다. 그토록 아름답고 숭고한 말과 그토록 추악하고 범죄적인 행동의 뿌리를 이해하게 된 것도 그 책 덕택이었다.

진정한 의식은 오고 있는가

1930년대의 중국의 일이라고 노신은 쓰고 있다. 일본이 만주를 삼키고 화북(華北)을 말아먹어, 국토의 3분의 1이 일본의 손에 들어가고 있을 때, 장개석과 그 지도자들은, 그리고 그 추종자인 학자·교수·문인들은, 중국 국민의 반일감정을 마비시키는 데 전력을 다했다. 반일적인 행동은 '반국가적'로 처벌되었다. 외국에 대한 비판자나 행위자는 '국적'(國賊)으로 다루어졌다. 그들의 그 같은 이데올로기와 법률과 정책의 철학적 명분이 다름 아닌 "과격주의가 온다!"라는 것이었다고 한다. "과격주의가 온다!"의 한마디는 모든 반상식적인 사고와 행동을 정당화하고 합리화하는 영효(靈效)를 발휘했다고 한다. 모든 것이 거꾸로 서 있는 시대상을 그의 작품은 너무나도 실감나게 말해준다.

노신의 문학을 문학으로 이해할 능력이 없다 보니 그 정신인들 이해할 수 있으랴마는, '왔다!'식 사고방식에 마비된 중국 민중의 인식을 깨우치려는 뜻이었던 것만은 알 수 있을 것 같았다. 현대적 표현을 빌리면 '의식화'라고나 할까.

어느 시대, 어느 사회에서나 맑은 의식을 갖게 된 민중이 거추장스러운 존재로 비치는 사람들이 있었던 것 같다. 민중의 높은 의식을 환영하고, 사회정신으로 부추기고 아낄 수 있는 제도가 민주주의라는 것을 알게 된 것은 나의 큰 수확이었다.

지나간 한 시대에, 이 나라에서 '왔다!' 언론의 기수를 자처하고, 글을 썼다 하면 '왔다!'로 시작하여 '왔다!'로 끝나는 C라는 신문의 S라는 논객이 있었다고 들었다. 베트남전쟁 시절이 그 논객의 가장 화려한 활동기였다고 한다. 베트남 사정을 만고불역(萬古不易)의 모범으로 설정하여, 마치 노신 시대의 '왔다!'주의자들처럼 '왔다!'주의가 철저하지 못해서 베트남이 망했다고 주장하는 '왔다!' 유일사상의 신봉자였다고 한다.

그런데 얼마 전, 나는 큰 이변을 보았다. 나라의 경제를 밑뿌리에서부터 흔들어놓은 어떤 여인과 권력자들에 의한 무슨 천문학적 숫자의 금융부정 사건이 세상을 떠들썩하게 하고 있던 때였던 것으로 기억한다. 그 사건과 관련된 높고 낮은 모든 사람은 지난 날 '왔다!'를 직업으로 삼았던 사람들이라는 것도 밝혀졌다. 정치, 사회, 경제, 도덕, 윤리, 안보 등 한마디로 국가적 존재의 바탕이 되는 권력자들에 대한 '신뢰감'이 전면적으로 휘청거린다고 야단들이었다. 이것이야말로 정말로 '왔다!'라고 할 것이었다. 그런데 그 이변이라는 것이 다름 아니라 그 C신문의 S씨의 사태 분석이었다.

이 저명한 논객은 신문 한 면을 이러쿵저러쿵, 좍 써내려간 끝에 다음과 같은 결론을 내리고 있었다.

"……베트남의 비극의 근본 원인이 무엇인가? 바로 이번 사건과 같이 권력자들의 부패와 부정과 타락이 그 사회의 중추부를 병들게 한 것이 베트남의 오늘을 만든 최대 원인인 것이다."

낱말 하나하나의 정확한 인용은 아니지만 대체로 그런 결론이었다. 그것을 읽으면서 이것은 확실히 이변이라고 생각했다. 이 고명하고 정열적인 논객은 지난 2, 30년 동안, 모든 사회적·국가적 비극은 오직 '왔다!'주의 정신이 투철하지 못한 데서 기인한다고만 주장했던 분이다. 이런 희대의 이론가가 설마 정신에 이상이 생겼을 리는 없는 일이다. 이제 그의 머릿속에도 비로소 '의식'이 싹튼 것일까?

그의 글을 읽으면서 생각했다. 진실로 위험한 것은 '왔다!'를 외치는 사람이 두려워하는 그 무엇이 아니라, '왔다!'를 앞세우고 오는 바로 그것들이 위험한 것임을. 이 논객은 자기논리의 자가당착 속에서 깨어난 셈이다.

'전환시대'가 어쩌고 '우상과 무엇' 저쩌고 한 그 책들은 바로 그런 말을 하려는 것이었다고 한다. 그렇다면 정말로 "왔다! 만세" "의식화 만세"다.

• 1982

참는 용기와 기다림의 지혜

나날의 생활에 쫓기다 보니 올해가 벌써 해방 뒤 36년째의 해라는 사실을 잊는 일이 많다. 민족이 남의 지배 밑에서 종살이를 했던 쓰라린 36년과 맞먹는 긴 세월이다. 통일의 낌새도 없이 지나간 세월! 게다가 그 절반에 해당하는 지난 10여 년은 나에게는 인간적인 권리와 학문적인 자유를 도둑맞은 괴로운 기간이었다.

"어둡고 괴로워라, 밤도 길더니……."

나라 잃은 망국인의 지난 36년, 그 얼마나 지루하고 욕된 세월이었을까.

그것을 상상할 때마다 많은 애국선열, 독립지사, 사회혁명가들이 그 암흑 같은 세월을 참고 견딜 수 있었던 요체가 무엇일까를 가끔 생각해보곤 했다.

내 생각에는 그 선배들의 '긴 기다림'을 지탱해준 것은 바로 '싸움'이었던 것 같다. 그들 자신의 인간적 양심과 민족적 정기에 비추어서 자유의 강탈자인 일제에 대한 싸움만이 그들에게 '참을성'도 주고 '기다림'의 지혜도 주었을 것이다. 강력한 억압자에 대한 피압박자의 싸움은 긴 세월에 걸칠 것이며, 싸움의 기간이 길수록 참을 줄도 알아야 하고, 싸움의 끝에 올 승리도 기다릴 줄 알아야 한다. 참음과 기다림은 우리의 독립선열에게는 바로 싸움의 형태였다. 싸움 없는 참음은 노예의 철학이다.

그 반대의 경우를 생각해본다. 식민지시대의 우리 민족신문들을 훑어보면 한 가지 뚜렷한 변화의 경향을 발견하게 된다. 1920년대에는 신문지면에 나오는 이 사회의 지식인들이 입을 모아 일제 통치체제를 부정하고 민족의 독립과 자유, 한국인의 인권 등을 부르짖고 있다. 1930년대 초에 들어서면서는 그 가운데 적지 않은 지식인이 횡설수설하기 시작한다. 만주사변으로 일제체제가 확고해져 보이는 시기다. 일제의 중국 침략전쟁이 승승장구하고 태평양전쟁의 초기에 해당하는 1930년대 말과 40년대 초 사이에 민족정기, 자유, 해방, 인권을 부르짖던 선배들의 이름은 신문 지면에서 하나 둘씩 밀려나고, 사라진 그 자리에는 이모, 최모, 한모 따위와 이들에 빌붙는 이른바 '식민지 지식인'들이 일제의 폭정을 오히려 구가하고 나선다.

일제는 이제 영원 부동하고, 독립은 필요 없고, 탄압은 자유이고, 민족 수탈의 공업은 현대화이고, 도조 히데끼는 종신 지도자라는 것이다. 그 당시 이 사회에서 머리 좋기로는 그들 이모 최모와 친일파 지식인을 당할 사람이 없었을지도 모른다. 그러나 머리 좋기로 소문난 그 사람들은 길어야 10년, 사실은 바로 3, 4년 후면 그들이 온갖 요사스러운 구호와 이론과 논리로 동포 대중을 현혹 기만하려던 그 체제가 끝날 수밖에 없는 방향과 내용으로 치닫고 있는 것을 통찰할 능력이 없었다. 머리가 좋으니 반민족적체제에서도 출세의 경쟁에 도취되고, 사회의 명사가 되고, 일제 총독이 '임명'하는 중추원 참의가 되어 우쭐하고⋯⋯.

한마디로 말해서 이들은 머리만 좋았지 진실을 볼 능력이 없었다. 진실을 외면하니 역사의 방향을 통찰할 수 없고, 역사를 증인으로 삼는 준엄한 삶을 거부하니 부정의에 대해서 싸울 용기가 날리 없었을 것이다.

싸우는 자만이 가질 수 있는 참을성의 용기도, 기다림의 지혜도 없고 보니 친일어용의 학자, 지식인은 비열한 체제 수호의 앞잡이로 1945년 8월 15일의 변혁을 맞게 되는 것이다. 우리가 역사를 배우는 것은 그 속에서 현재와 내일을 위한 교훈을 찾으려는 뜻에서다.

교수직을 쫓겨난 지 만 4년, 그 가운데 2년을 징역살이를 하고 나와 5년 만에 다시 강단에 서서 학생들을 대하게 되었다. 내가 학생들에게 가르칠 수 있는 지난 10여 년의 한 시대의 체험은 참는 용기와 기다림의 지혜다. 그리고 그 정(靜)적인 듯, 소극적인 듯 보이는 덕성(德性)은 사실은 사회의 진실을 볼 줄 아는 지식과 소극의 흐름을 예시하는 사상성을 전제로 해서만 가능하다는 체험이다.

그것은 또 인간성을 파괴하려는 자에 대해서 분노할 줄 알고 자유와 권리를 일방적으로 억압하려는 체제에 대해서 '싸울 줄' 아는 사람에게만 이해되는 민주주의적 덕성이다. '민주주의적 덕성'은 외국(인)의 지배(체제)에 대해서보다도 오히려 '동민족의 정부'라는 명목으로 파쇼적 전제체제를 정당화하려는 바로 자기의 정부나 권력에 대항해서 요구되는 현대사회의 덕성이다.

이탈리아의 무솔리니는 1922년 파쇼체제를 선포하면서 전국 대학교수에게 파쇼체제에 대한 지지 서약서를 서명하게 했다. 르네상스의 요람인 이탈리아임에도 불구하고 이를 거부할 용기를 가졌던 교수는 놀랍게도 단 12명뿐이었다. 이 사실을 통해서 또 우리 자신의 과거에 비추어서 나는 우리 사회의 내일에 희망을 버리지 않는 것이다.

•1980

1929.12.2	부친 이근국(李根國, 平昌 李)과 모친 최희저(崔晞姐, 鐵原 崔) 사이에서 평안북도 운산군 북진면에서 출생. 이후 이웃 삭주군 외남면 대관동에서 성장.
1936(8세)	대관공립보통학교 입학.
1942(14세)	일본인 위주로 소수의 조선인만 입학이 허용된 갑(甲)종5년제 중학교인 경성(京城)공립공업학교 입학.
1945(17세)	중학교 4학년 때 근로동원을 피해 귀향한 고향에서 해방을 맞음.
1946(18세)	다시 상경하여 국립한국해양대학에 입학(항해과 2기).
1947(19세)	부모와 동생 명희 이남으로 내려옴.
1950(22세)	해양대학 졸업 후 경북 안동의 안동공립중(고등)학교에서 영어교사로 근무.
	6·25전쟁이 발발하자 입대. 대한민국 육군중위로 '유엔군 연락장교단' 근무. 만 3년간 주로 (휴전선) 남북 동부 최전선 전투지에서 근무.
1953(25세)	휴전과 동시에 시행된 최전방 전투지 장기복무 장교의 후방교류에 따라 마산 육군군의학교로 전속됨. 일반병과 장교는 휴전으로 예편되었으나 특수 병과장교의 제대는 전면 불허되어 3년을 강제로 더 복무함.
1954(26세)	부산의 육군 제5관구 사령부로 전속. 대민사업을 총괄하는 민사부(民事部)의 관재과(管財課)로 배속되어 미군과 유엔군이 사용하던 토지·시설·건물 등을 접수하는 업무를 맡음.

고등고시 합격자의 제대가 허용됨에 따라 군에서 나오기 위한 일념으로 고시 3부(외교) 준비에 몰두함.

1956(28세)   윤평숙(坡平 尹) 씨의 장녀인 영자(英子) 씨와 군산에서 결혼.

1957(29세)   만 7년의 군복무를 마치고 대한민국 육군 소령(보병)으로 예편. 예편과 동시에 해방 후 처음으로 실시된 언론계 공개입사 시험을 거쳐 서울의 합동통신사에 입사. 기자(외신부) 생활 시작.

1959(31세)   부친 고혈압으로 서울에서 별세(향년 65세).

1959~1960   풀브라이트 계획으로 미국 노스웨스턴대학에서 신문학 연수.

1959~1961   미국『와싱톤 포스트』의 통신원으로 활동(익명으로 이승만 독재 비평·한국내정에 관한 평론 기고).

1960(32세)   4·19혁명으로 이승만정권이 붕괴되고 민주당 정부가 수립됨. 4·19혁명 당시 데모대와 계엄군 사이의 유혈충돌을 막기 위해 각방으로 노력.

1961(33세)   박정희 육군소장의 5·16쿠데타 발발, '국가재건최고회의'가 수립되고 군부정권이 들어섬. 박정희 국가재건최고회의 의장의 첫 미국방문에 수행기자로 지명되어 동행. 박정희-케네디 회담 합의 내용에서 군부정권에 불리한 내용의 특종보도로, 수행 도중 본국 소환당함.
             장남 건일(建一) 출생.
             미국의 진보적 평론지『뉴 리퍼블릭』에 한국 사태 기고.

1962(34세)   정치부로 옮김. 중앙청과 외무부 출입.
             장녀 미정(美晶) 출생.

1964(36세)   차남 건석(建碩) 출생.
             『조선일보』 정치부로 옮김. 11월 필화사건(유엔총회 남·북한 동시 초청안 관계 기사)으로 구속·기소됨. 같은 해 12월 불구속으로 석방. 제1심에서 징역 1년 집행유예. 제2심에서 선고유예 판결 받음.

1965(37세)   『조선일보』 외신부장 발령.

1967(39세)   『창작과비평』과『정경연구』등에 본격적으로 국제 논평을 기
            고하기 시작.

1969(41세)   베트남전쟁과 국군 파병에 대한 비판적 입장 때문에 박정희
            정권의 압력으로 조선일보에서 퇴사(제1차 언론사 강제해직).

1970(42세)   합동통신 재입사. 외신부장으로 근무.

1971(43세)   군부독재·학원탄압 반대 '64인 지식인 선언'으로 해직됨(제2
            차 언론사 강제해직).

1972(44세)   한양대학교 신문방송학과 조교수로 임용.
            앰네스티 인터내셔널 한국지부 창설 발기인.

1974(46세)   한양대학교 부설 '중국문제연구소' 설립.
            군부독재·유신체제반대 '민주회복국민회의' 이사.
            『전환시대의 논리』(창작과비평사) 출간.

1976(48세)   제1차 교수재임용법에 의해 교수직에서 강제 해임(제1차 교
            수직 강제해직). 실업자가 됨.

1977(49세)   『우상과 이성』(한길사) 출간.
            『8억인과의 대화: 현지에서 본 중국대륙』(편역·주해, 창작과
            비평사) 출간.
            『전환시대의 논리』『우상과 이성』『8억인과의 대화』내용의
            반공법 위반혐의로 구속·기소되어 징역 2년형을 선고받음.
            구속·기소된 날인 12월 27일 모친 별세(향년 86세).

1979(51세)   서울구치소·광주형무소에서 2년 복역.
            박정희 대통령 피살.

1980(52세)   광주교도소에서 만기출소. 곧 사면 및 복권되어 해직 4년 만
            에 교수직 복직.
            5월 16일 '광주민주화운동' 일어남.
            5월 17일 '광주소요 배후 조종자'의 한 사람으로 날조되어 구
            속됨.
            7월, 석방과 동시에 한양대학교 교수직에서 다시 해직(제2차
            교수직 강제해직). 4년간의 제2차 실업자 생활 시작됨.

1982(54세)	『중국백서』(편역·주해, 전예원) 출간.
1983(55세)	『10억인의 나라: 모택동 이후의 중국대륙』(편역·주해, 두레) 출간.
1984(56세)	'기독교사회문제연구원'(기사연) 주관 '각급학교 교과서 반통일적 내용 시정연구회' 지도 사건으로 다시 구속·기소되었다가 2달 만에 석방(반공법 위반혐의).
	한양대학교에 해직 4년 만에 제2차 복직.
	『분단을 넘어서』(한길사) 출간.
	『80년대의 국제정세와 한반도』(동광) 출간.
1985(57세)	일본 도쿄대학교 사회과학연구소(社研) 초빙교수(1학기).
	하이델베르크대학교와 독일 연방교회 사회과학연구소(FEST) 공동초청 초빙교수(1학기).
	『베트남전쟁: 30년 베트남전쟁의 전개와 종결』(두레) 출간.
	일본어판 역서『分斷民族の苦惱』(동경, 御茶の水書房) 출간.
1987(59세)	『역설의 변증: 통일과 전후세대와 나』(두레) 출간.
	미국 캘리포니아 주 버클리대학교 아시아학과 부교수에 임용되어 '한민족 현대정치운동사' 3학점 강의(1987.8~1988.3).
1988(60세)	현대사 사료연구소 이사장,『한겨레신문』창간, 이사 및 논설고문 역임.
	한국 군부의 광주대학살 사건 배후의 미국 책임문제로 릴리 주한 미국대사와 언론지상 공개 논쟁을 벌임.
	「남북한 전쟁능력 비교연구」(월간 평론지『사회와 사상』, 9월호) 발표.
	'자전적 에세이'『역정』(창작과비평사) 출간.
	『반핵: 핵위기의 구조와 한반도』(공동 편저, 창작과비평사) 출간.
1989(61세)	주한 외국언론인협회 제2회 '언론자유상'(Press Freedom Award) 수상.
	『한겨레신문』 창간기념 북한 취재기자단 방북기획건의 국가

보안법 위반 혐의로 안기부에 구속·기소. 제1심 징역 1년 6월, 자격정지 1년, 집행유예 2년 선고받고 160일 만에 석방. 추후 사면·복권됨.

회갑을 맞아『華甲記念文集』을 받음.

1990(62세) 『自由人, 자유인: 리영희 교수의 세계인식』(범우사) 출간.

1991(63세) 『인간만사 새옹지마』(범우사) 출간.

1994(64세) 『새는 '좌·우'의 날개로 난다: '전환시대의 논리' 그후』(두레) 출간.

1995(67세) 한양대학교 정년퇴직(만65세). 동대학 언론정보대학원 대우교수로 강의.

한길사 '단재상' 수상(학술 분야).

1998(70세) 53년 전 헤어진 형님과 둘째 누님의 생사확인을 위해 북한 당국의 개별 초청으로 방문. 두 분 모두 사망하여 조카만 만남.

『스핑크스의 코』(까치) 출간.

1999(71세) '늦봄 통일상' 수상(통일맞이 늦봄 문익환 목사 기념사업회)

『동굴 속의 독백』(나남) 출간.

『반세기의 신화: 휴전선 남북에는 천사도 악마도 없다』(삼인) 출간.

2000(72세) '만해상' 수상(실천부문)

『반세기의 신화: 휴전선 남북에는 천사도 악마도 없다』의 일본어판『朝鮮半島の新ミレニアム』(조선반도의 새로운 밀레니엄, 동경, 社會評論社) 출간.

11월 집필중 뇌출혈로 우측 반신마비. 모든 공적 활동·직책 및 집필활동 중단함. 이후 건강회복에 전념.

2005(77세) 자전적 대담『대화: 한 지식인의 삶과 사상』(한길사) 출간.

2006(78세) 한국기자협회 제1회 '기자의 혼 상' 수상.

심산사상연구회 심산상(心山賞) 수상.

『리영희저작집』(전12권, 한길사) 출간.

2010(82세) 지병으로 타계.

리영희 李泳禧

1929년 평안북도 운산군 북진면에서 태어났다.
1950년 한국해양대학을 졸업한 뒤, 경북 안동시 안동중(고등)학교
영어교사로 근무중 6·25전쟁이 발발, 1950년 7월 군에
입대하여 1957년까지 7년간 복무했다. 1957년부터 1964년까지 합동통신 외신부 기자,
1964년부터 1971년까지 조선일보와 합동통신 외신부장을 각각 역임했다.
1960년 미국 노스웨스턴대학교 신문대학원에서 연수했다.
1972년부터 한양대학교 문리과대학 교수 겸 중국문제연구소(이후 중소문제연구소)
연구교수로 재직 중 박정희정권에 의해 1976년 해직되어 1980년 3월 복직되었으나,
그해 여름 전두환정권에 의해 다시 해직되었다가 1984년 가을에 복직되었다.
1985년 일본 동경대학교 초청으로 사회과학연구소에서 그리고 서독 하이델베르크 소재
독일 연방교회 사회과학연구소에서 각 한 학기씩 공동연구에 참여했다.
1987년 미국 버클리대학교의 정식 부교수로 초빙되어
'평화와 갈등' 특별강좌를 맡아 강의하였다.
1995년 한양대학교 교수직에서 정년퇴임한 후 1999년까지 동대학 언론정보대학원
대우교수를 역임했다. 2000년 말 뇌졸중으로 쓰러져 투병하다 회복하였고,
이후 저술활동을 자제하면서도 지속적인 사회참여와 진보적 발언을 해왔다.
불편한 몸으로 대담 형식의 자서전 『대화』(2005)를 완성했다.
2010년 12월 5일 지병의 악화로 타계했다.
지은 책으로 『전환시대의 논리』(1974), 『우상과 이성』(1977),
『분단을 넘어서』(1984), 『80년대의 국제정세와 한반도』(1984), 『베트남전쟁』(1985),
『역설의 변증』(1987), 『역정』(1988), 『自由人, 자유인』(1990),
『인간만사 새옹지마』(1991), 『새는 좌우의 날개로 난다』(1994), 『스핑크스의 코』(1998),
『반세기의 신화』(1999) 및 일본어로 번역된 『分斷民族의 苦惱』(1985),
『朝鮮半島의 新ミレニアム』(2000)이 있다. 편역서로는 『8억인과의 대화』(1977),
『중국백서』(1982), 『10억인의 나라』(1983)가 있다. 위의 주요 저서와 발표되지 않은
새 글을 모아 『리영희저작집』(전12권, 2006)을 펴냈다.